品牌学校建设的 多维度探索与实践

阮美好 等◎著

◇ 同行教育
◇ 生态化教育
◇ 书道立人教育
◇ 本真教育
◇ 小梅花教育
◇ 敦本教育
◇ 同行·美好教育
◇ 幸福教育
◇ 儒风匠韵教育
◇ 赤子教育

安徽师范大学出版社
ANHUI NORMAL UNIVERSITY PRESS
·芜湖·

图书在版编目（CIP）数据

品牌学校建设的多维度探索与实践 / 阮美好等著． -- 芜湖：安徽师范大学出版社，2024.8

ISBN 978-7-5676-6632-0

Ⅰ．①品… Ⅱ．①阮… Ⅲ．①中小学－学校管理－研究－东莞 Ⅳ．① G637

中国国家版本馆 CIP 数据核字（2024）第 046900 号

PINPAI XUEXIAO JIANSHE DE DUOWEIDU TANSUO YU SHIJIAN

品牌学校建设的多维度探索与实践

阮美好　等◎著

责任编辑：房国贵　　　　　　　　　　　责任校对：陈贻云
装帧设计：张　玲　　　　　　　　　　　责任印制：桑国磊
出版发行：安徽师范大学出版社
　　　　　芜湖市北京中路 2 号安徽师范大学赭山校区
邮政编码：241000
网　　　址：http://www.ahnupress.com
发 行 部：0553-3883578　5910327　5910310（传真）
印　　刷：东莞市比比印刷有限公司
版　　次：2024 年 8 月第 1 版
印　　次：2024 年 8 月第 1 次印刷
规　　格：787mm×1092mm　　1/16
印　　张：14
字　　数：291 千字
书　　号：ISBN 978-7-5676-6632-0
定　　价：68.00 元

凡发现图书有质量问题，请与我社联系（联系电话：0553-5910315）

名校长工作室培养需要个性化方案

◎ 龚孝华

名校长工作室是由工作室主持人和入室校长组成的通过以师带徒的个性化培养方式促进学员专业成长的重要平台。校长的个性特质不同，所在学校情境不同，名校长工作室的培养方案亦应有所不同。如何精准研制并形成基于特定校长、特定学校的个性化培养方案，是名校长工作室培养工作中必须深入研究的课题。工作室须根据入室校长学员个性特质、所在学校区域情况及其研究课题，多措并举地引领入室校长推进多维度探索，实现其个性化成长与所在学校高质量发展。

一是诊断个人：基于校长特长形成培养初案。了解入室校长学员的个人特质是对其进行个性化培养的基本前提。诊断个人的目的即帮助入室校长认识自我，发现特长，初步拟定未来发展目标和需要研究的问题，进而形成培养初案。为了进行精准诊断，广东省中小学校长培训中心研制了《校长自我发展分析及提升计划表》，作为工作室指导入室校长进行自我诊断的工具，内容包括入室校长的个人基本信息、教育主张、管理风格、学习研究情况、入室学习目标、担任校长的动机等方面。通过对入室校长的自我诊断进行分析发现，校长的工作经历、家庭背景、性别、年龄、职称等因素中隐藏着非常重要的个人信息；同时家庭背景、工作经历、年龄、性别等因素对校长的思维方式和行为影响很大，构成校长专业发展的底色。此外，工作室要基于对入室校长个性特质的诊断，从校长的实际和个人特长出发，帮助他们拟定适切的发展目标，努力让校长成长为更好的自己。

二是诊断学校：基于学校特征调整培养方案。诊断入室校长所在学校，目的在于研究校长培养目标的可行性以及所研究课题的合理性。校长的成长不囿于书本，不限于课题，必须扎根于真实的学校管理实践。校长的办学思想是在办学实践中形成的，研究成果也应该是基于办学实践的系统思考，是面对复杂办学情境的理性探究，而不是脱离现场的抽象论证，更不能是剑走偏锋的偏执结论。基于此，对校长进行个性化培养必须依托学校具体实践，工作室要指导入室校长分析研究所在学校，寻找学校的特征优势，在最大化引领学校发展的同时实现校长个人专业成长。我们认为，学校和企业一样，同样具有生命周期，并且在不同发展阶段存在不同的问题和优势。因此，在学校现场诊断中，需要研究学校所处的生命周期，快速识别学校发展的阶段特征，分析学校发展的优势和问题，寻找学校发展的最优路径。

三是聚焦发展：基于专家视角形成"一校一案"。众多校长的办学实践表明，校长个性特征不同，所在学校不同，相应的管理思想和治校策略就会不同，甚至同一所学校在不同发展阶段，也需要不同的管理思想和治校策略。名校长工作室研训目标在于帮助入室校长充分利用自身特长和学校优势，找到发展的突破口与适合自己的发展路径，提炼出高质量办学的攻关项目，借助专家指导及工作室团队共研，实现自我发展和学校变革。首先是帮助校长明确发展方向。个人与学校的发展方向必须基于学校发展中的真实问题，同时体现校长追求、区域诉求、国家要求的统一。其次是帮助校长明确发展路径。校长的发展路径是多元的，主要包括开展专业阅读（推荐阅读书目、组织读书分享会等）、提升专业知识（参加相关课程学习等）、提升专业能力（承担相关专题讲座或业务培训等）、参与教育科研（完成课题立项、研究论文或论著等）、导师专业指导（配备理论导师和实践导师），以及制定年度目标和培养计划等。最后是帮助校长确立攻关项目，形成"一校一案"。确立攻关项目可以帮助校长拓展研究思维空间，建立理论与实践的相互关联，形成自己的办学思想，达到理论引领、提升自我、改善实践的目的，并通过攻关项目研究带动学校系统性变革，促进学校实现跨越式发展。

广东省阮美好名校长工作室主持人充分发挥示范、引领和辐射作用，以"在三年内打造一支在全市乃至全省范围内具有较高知名度的专业发展领军团队"为总体目标，以"推进品牌学校建设经验传播"为任务，以"课题研究、实践创新、示范引领"为主线，以"理论提升、跟岗学习、诊断指导、共同研究、成果汇报"为技术路线，积极探索以"师徒制"为培养机制的个性化培养模式。通过帮助学员形成并凝练教育思想，推进教育思想引领的品牌学校创建，以品牌办学赋能学校高质量发展，努力造就教育家型校长，实现工作室主持人与学员的跨越式专业发展。主持人阮美好校长于2022年被评为东莞市首批教育家型校长培养对象、2023年晋升为东莞市基础教育领军人才培养对象，学员蔡敏胜被评为东莞市教育家型校长培养对象，工作室助理郑俊强、胡国谋分别被评为东莞市名师工作室主持人、东莞市学科带头人，阮美好、陈映章当选为东莞市第十七届人大代表，阮美好、蔡敏胜通过广东省（2024—2026）名校长工作室主持人遴选。

广东省阮美好名校长工作室主持人所在学校东莞市东城虎英小学办学刚满四年就被评为"东莞市第二批品牌学校"，2021年成立东莞市品牌学校工作室。阮美好名校长工作室通过理论指导、成果推广、跟岗研修、团队共研等方式，对入室校长进行个人诊断、办学诊断，帮助入室校长提炼并推进攻关项目研究，引领入室校长形成鲜明的教育思想，并以教育思想引领学校文化体系建设，整体推动学校系统性变革，卓有成效地推进品牌学校建设：松山湖第一小学建成"生态化教育"品牌、寮步镇石步小学建成"书道立人教育"品牌、高埗镇西联小学建成"本真教育"品牌、麻涌镇第二小学建成"小梅花教育"品牌、道滘镇四联小学建成"儒风匠韵教育"品牌、虎门镇赤岗小学建成"赤子教育"品牌、韶关市始兴县隘子镇中心小学建成"敦本教育"品牌、揭阳市榕城区地都镇军民小学建成"同行·美好教育"品牌、揭西县五云镇龙江小学建成"幸福教育"品牌。其中，东莞市松山湖第一小学、寮步镇石步小学、高埗镇西联小学、麻涌镇第二小学等四所学校，均以优异业绩通过"东莞市第三批品牌学校"评定。

本书由阮美好名校长工作室主持人及入室校长共同撰写，共收录十个品牌学校建设的案例，全面立体地呈现了广东省阮美好名校长工作室主持人及入室校长推进品牌学校建设的成果。每个品牌学校从品牌播报、我的教育思想录及品牌建设等方面，立体呈现来自城市与乡村多个层面的工作室入室校长教育思想的形成过程，及其以教育思想引领品牌学校建设的多维度探索与实践成果，充分体现东莞等市品牌学校建设成就及其示范性与影响力。该成果也为全国各地推动名校长工作室建设，发挥名校长工作室主持人的示范引领作用，进一步扩大优质教育资源的覆盖面，推进学校教育高质量发展，提供了广东样本。

路虽远，行则将至；事虽难，做则必成。是为序。

龚孝华：教育管理学博士，教授。教育部中小学校长和幼儿园园长培训专家工作组成员，教育部校长国培计划、教师国培计划专家；广东第二师范学院培训与社会服务处处长，广东省中小学校长培训中心常务副主任，广东教育督导学会副会长，广东教育学会校长领导力专委会理事长。出版专著10余部，在《课程·教材·教法》等核心期刊发表论文40多篇，主持、参与国家级、省级课题研究多项。

序二

从"研训共同体"
走向"品牌共同体"

2021年5月,"广东省阮美好名校长工作室"经广东省教育厅批准和授牌,是由广东省中小学校长培训中心直接领导,集品质办学、教育管理、教育科研、专业培训于一体的名优校长培育团队组成的。工作室以"在三年内打造一支在全市乃至全省范围内具有较高知名度的专业发展领军团队"为总体目标,以"推进品牌学校建设经验传播"为主要任务,探索以"师徒制"为培养机制的个性化培养模式,建立"课题带动、跨校联动、同侪互动"共研机制及"1+3"研训模式,通过理念引领、项目攻关、成果论坛等方式,提升入室校长的教育理论素养和学校领导管理能力,致力于培养一批胸怀教育理想,具有先进的办学理念、较强的研究和管理能力、鲜明办学风格的优秀校长,使工作室成为具有广泛影响力的品牌学校、享有较高知名度教育家型校长的成长摇篮。近几年,工作室从"研训共同体"走向"品牌共同体"。

(一) 组建工作室专家与学员团队

工作室主持人阮美好:广东省东莞市东城虎英小学党支部书记、校长、正高级教师,东莞市第十七届人大代表,东莞市基础教育领军人才培养对象。曾获南粤优秀教师、广东省特级教师、全国模范教师、全国教育系统巾帼建功标兵等荣誉称号。华南师范大学教师教育学部兼职教授,广东省中小学校长培训中心兼职教授。曾作为广东省首批教师工作室主持人、广东省第二批教育家培养对象赴芬兰、美国等地研修。荣获东莞市优秀教育教学成果一等奖、广东省中小学教育创新成果一等奖、广东省小语会优秀教育教学成果（专著类）一等奖、广东省基础教育教学成果一等奖。办学成效显著，带领只有四年办学历史的虎英小学顺利通过"东莞市第二批品牌学校"评定。

工作室专家顾问梁惠权：广东省特级教师，曾任广东省、东莞市两级名校长工作室主持人，东莞市首届教育家培养对象，东莞市小语会会长，出版《梁惠权与悦纳教育》《一个校长的"长板"哲学》。曾被评为全国师德先进个人，全国百优校长，广东省先进工作者、首批"百千万人才工程"名师培养对象，东莞市优秀校长、东莞市人大代表等。

工作室理论导师何艳玲：中国人民大学二级教授，博士生导师。主要研究城市与地方治理、社会治理、行政体制改革、行政学理论。出版《公共行政学史》等十多部著作，承担教育部文科基地重大项目、广东省教育厅重大公关项目十多个，曾作为高级访问学者赴美国、英国等地开展研究。

工作室省市级学员和工作室助理：蔡敏胜校长是东莞市松山湖第一小学党支部书记、校长，正高级教师。陈映章校长是东莞市寮步镇石步小学党支部书记、校长，副高级教师。黄桂芳校长先后担任东莞市虎门镇赤岗小学、虎门镇实验小学党支部书记、校长，副高级教师。莫日锋校长是韶关市始兴县隘子镇中心小学党支部书记、校长，副高级教师。陈熙校长是揭阳市榕城区地都镇军民小学党支部书记、校长，一级教师。刘进军校长是揭西县五云镇龙江小学党支部书记、校长，一级教师。刘妙妍校长先后任东莞市道滘镇中心小学及道滘镇四联小学党支部书记、校长，副高级教师。李富祥校长先后任东莞市高埗镇东联小学及高埗镇西联小学党支部书记、校长，副高级教师。郭见明校长是东莞市麻涌镇第二小学党支部书记、校长，副高级教师。工作室助理胡国谋是东莞市东城虎英小学副校长，副高级教师；郑俊强是东莞市东城虎英小学教导处副主任，正高级教师。

工作室网络学员来自东莞市、茂名市、清远市、韶关市、揭阳市。

（二）科学设计，实施合作共研机制

（一）建立"课题带动、跨校联动、同侪互动"共研机制

课题带动：以工作室主持人的立项课题"'同行教育'品牌学校创建路径研究"

为引领，指导学员开展品牌学校创建的相关研究，以品牌学校建设赋能学校新发展。开展大学与中小学联动式研究，确保课题研究的学术性、专业性和可操作性。入室校长以"品牌学校培育"为任务驱动，通过专家引领等方式，开展品牌学校建设的多维度探索与实践。

跨校联动：加强工作室之间的联动研训，通过专题研修促进工作室与专家、兄弟工作室的多方沟通，建立与工作室内外办学团队的合作关系，通过相互合作与支持（支援）等形成彼此间长期的信任（信赖）关系。邀请广东省内其他一些名校长工作室成员一起开展联合研训，高质量完成工作室各项研训任务，努力实现工作室培训效能最大化。

同侪互动：建立工作室研训共同体，引领入室学员校长通过集中研训、阅读分享、专题共研、线上交流、入校诊断、成果论坛等方式，加强彼此间的交流对话、互相学习，促进共同成长。坚持跨省跨市送教送培，鼓励入室校长根据自身特长和优势，带动和推进一两所相对薄弱学校的结对帮扶工作。

（二）建立健全"1＋3"研训模式

"1＋3"研训模式指以工作室研训专题为引领，通过专家引领、团队共研、成果汇报等立体式地推进工作室研训工作。"1"指工作室推进研究与培训的攻关项目，帮助入室校长明确研训核心主题，聚焦专业提升着力点。"3"指工作室研训的方式与路径，即理论提升采取专家指导、阅读分享、聆听讲座等方式，办学改进采取办学诊断、团队共研、榜样示范等路径，办学成效的检验采取品牌发布、成果汇报、成果发表等方式。

（三）确立"2＋5"攻关路径

"2＋5"攻关路径指以工作室主持人为引领，以工作室为平台，通过专家助力、举办论坛、申报奖项、扩大影响、示范引领等途径，实现工作室研训高质量成果的产出。工作室确立"品牌学校培育"攻关项目，做到任务到位、奋斗目标到位；工作室助理协助主持人每月推出具体的研修专题，组织入室校长通过线上、线下开展混合式研修。专家助力工作室确立攻关项目、搭建攻关项目框架、组织攻关项目论证，帮助工作室明确推进项目攻关的技术路线；通过举办各级各类论坛与省、市各级成果奖项申报，促进攻关项目研究的推进与阶段性成果总结；通过论文发表、专著出版、媒体宣传，不断扩大工作室研训成果的示范辐射覆盖面，营造良好的办学研究氛围；通过跨校联合研究、送教送培，实现跨地区联动，提升区域影响力。

（一）理念引领，做好顶层规划

名校长工作室是由名校长和教育专家联手打造的集现代教育思想观念和理论管理知识于一体的学习型组织，是入室校长办学治校新思想、新思路、新举措、新点子、新火花的交流碰撞之地，是全面实施素质教育、推进学校教育教学改革的实践之地，是学校协调发展、质量提高的拉动纽带，是入室校长和学员学校管理发展过程中存在问题的会诊所，是探索未来教育的策源地，是优秀校长和优质学校的孵化器。工作室以"共建共治共享"为治理理念，汇聚并发挥工作室相关利益群体的力量，根据协同互商的制度与规则，同心同德，持续推动工作室发展并有所建树，以高质量的研训成果，积极回应党和国家"加快推进教育现代化"的新要求。

在广东省中小学校长培训中心的指导下，工作室主持人对入室学员进行个人诊断与办学诊断，制定有针对性的培养方案与管理制度，明确工作室主持人与入室学员校长双方的职责和义务，有条不紊地开展工作室研训工作。工作室主持人主要做好三个方面引领：一是帮助学员校长明确个人发展的目标与方向。通过剖析入室学员在专业发展、教育科研、办学治校等方面的优势与存在的问题，指导入室学员制定个人职业生涯发展规划方案，包括学习周期内及年度的发展目标、途径等，填写好材料清单。二是帮助入室学员明确所在学校的发展目标与方向。通过运用"SWOT"（"Strength、Weakness、Opportunity、Threat"的缩写）分析法剖析所在学校发展优势与存在的问题，帮助入室学员校长找到学校高质量发展的路径，确立推进高质量办学的攻关项目，创建推进学校优质特色发展的校本模式。三是指导入室学员校长凝练教育思想。以教育思想赋能品牌学校培育与建设，从治理变革、环境优化、课程改革、队伍建设、特色打造等方面推进学校系统性变革，实现学校跨越式发展。

（二）聚力推进，设立攻关项目

作为学校的办学者，要具备全面的能力和素养，包括对教育现象的了解与分析，对教育规律的理解与遵循，对教育政策的学习与把握，对当下教育的评判与未来教育的研究。校长要持之以恒地开展教育教学的探索，具备鲜明、深刻而先进的教育思想，校长的教育思想应该具备历史性、社会性、前瞻性、继承性等特征，并能转化为科学先进的办学行为。校长的办学行为应该体现为以教育思想引领学校的系统性变革，学校的系统性变革应该充分体现出国家与时代发展的主流趋势，学校的办学成果应该不断彰显办学优势与特色，备受群众认可，充分体现国家育人目标的不断达成。

作为成功创建东莞市最年轻的品牌学校办学者，工作室主持人充分发挥专业特长优势，在教育思想引领优质品牌学校建设方面发挥示范、辐射和引领作用，以"课题研究、实践创新、示范引领"为主线，以"教育思想引领品牌学校培育的多维度探索与实践"为攻关项目，以承担省、市两级优秀校长培养对象跟岗培训为任务驱动，带动粤东粤北地区的入室学员校长凝练教育思想，以教育思想引领品牌学校培育的专题行动研究，以品牌建设赋能学校教育高质量发展，从而实现教育思想指导与服务教育实践的功能。

（三）创设研训专题，助力校长专业发展

针对学员的培训需求与未来教育发展的需要，工作室创设"牢固树立教育初心使命""准确把握教育形势要求""推进学校品牌内涵建设""推进未来教育研究实践""推进品牌学校建设上新台阶"等五个研训专题，邀请北京师范大学张东娇教授、广东第二师范学院龚孝华教授等教育专家开展指导，助力学员校长实现专业发展。

专题一：牢固树立教育初心使命。以习近平新时代中国特色社会主义思想为指导，准确把握党的十九大和二十大报告精神，全面贯彻党的教育方针，坚持社会主义办学方向，紧紧围绕"培养什么人、怎样培养人、为谁培养人"的根本问题，践行"为党育人、为国育才"的初心使命，遵循学生成长规律和教育规律，推进素质教育，落实立德树人根本任务，促进学生德智体美劳全面发展。

专题二：准确把握教育形势要求。以创新、协调、绿色、开放、共享的新发展理念为理论指南，以国家、省、市教育发展"十四五"规划为指引，回归学校育人主体，促进教育高质量发展；坚持改革创新，从教学改革、文化营造、家校共育、教育评价、教育科研、学校治理等角度，系统性重构学生的"一日学习生活"，形成学校减负提质增效、学生全面健康成长的教育新生态。

专题三：推进学校品牌内涵建设。从学校内涵发展的视角，引领学员凝练教育教学思想，并以教育思想为指导，切实推进学校教育教学改革实践，高质量落实国家课程校本化过程，培养新时代高素质专业化创新型教师队伍，优化学校育人环境，打造鲜明的学校特色，不断提升办学品质，扩大品牌学校影响力、辐射力和迁移力。

专题四：推进未来教育研究实践。稳步推进智慧校园的硬件和软件建设，借助大数据平台，以《义务教育质量评价指南》为核心内容，以东莞市东城虎英小学建成的"同行教育可视化评价体系"为例，引领学员校长推进数据评价体系构建，通过具体可行的

评价指标及过程性评价数据采集，让教师、家长看见学生的进步，引领学生实现全面健康发展。

专题五：**推进品牌学校建设上新台阶。**实现"广东省名校长工作室"与"东莞市品牌学校工作室"的深度联动，通过组织品牌学校举办成果论坛、发表成果论文等方式，为品牌学校搭建展示品牌风采、推进品牌内涵发展、实现品牌文化可持续发展的平台，为学校创建品牌提供宝贵经验，带动市内外更多的学校实现品牌培育。

工作室五大研训专题从政策层面、理论层面和实践层面，全方位助力学员校长把准办学方向，切实提高办学水平。专题研训方式丰富多样，从线上到线下，从自主阅读到交流分享，从专家引领到实践探索，从单个工作室研修到多个工作室联合研训，不断拓宽工作室优质资源共享的覆盖面，扩大工作室品牌办学效应与办学成效的示范、引领和辐射作用，从东莞本土到粤东粤北，再到北京，汇聚优质办学的资源，拓宽学员办学视野，为学员及其管理团队开展教育教学改革提供优秀样本。与此同时，工作室积极参加广东省中小学校长培训中心精心组织的专题研修，有效引领新时代校长和教师专业成长。

（四）工作室学员在岗位实践中实现跨越式成长

工作室研训的宗旨在于切实提高入室校长的专业水平和综合素养，全面深化新时代高素质专业化创新型教师队伍建设，打造出一批"师德好、业务精、能力强、善创新"的名优校长，带动一批骨干教师、校长、班主任群体研修，形成整体推进、共同提升的专业成长良性发展机制。

（一）工作室主持人与学员校长实现跨越式专业发展

工作室研训卓有成效地推进，主持人和入室校长迅速成长。近年来，主持人阮美好被评为东莞市首批教育家型校长培养对象、东莞市基础教育领军人才培养对象，蔡敏胜被评为东莞市优秀少先队工作者、东莞市教育家型校长培养对象，阮美好、陈映章当选为东莞市第十七届人大代表，阮美好、蔡敏胜被评为广东省（2024—2026）名校长工作室主持人，莫日锋被评为韶关市优秀乡村校长，陈熙被评为揭阳市优秀教育工作者，黄桂芳被评为广东省中小学教师信息技术应用能力专项课题主持人，郭见明、李富祥被评为广东省"书香校长"，李富祥被评为东莞市名校长工作室主持人培养对象、东莞市普法工作优秀个人，刘妙妍被评为广东省跨区域合作中小学卓越校长培养对象，工作室助理郑俊强、胡国谋分别被评为东莞市名师工作室主持人、东莞市学科带头人，蔡敏胜、郑俊强通过 2023 年正高级教师评审。莫日锋校长晋升为副高级教师。

（二）工作室四所学校通过"东莞市第三批品牌学校"评定

2021 年，东莞市松山湖第一小学、东莞市寮步镇石步小学、东莞市高埗镇西联小学、东莞市麻涌镇第二小学均以优异成绩通过"东莞市第三批品牌学校"评定。

东莞市松山湖第一小学（蔡敏胜校长）：学校建成"生态化教育"品牌，通过"东莞市第三批品牌学校"考核评定。学校建成"生态化教育"课程体系，指向孩子的生命成长；实行"一室、四中心、六级部"扁平化管理架构；进行生态化视域下的"大主题、项目式、跨学科"的课程综合性学习和改革，实现学校治理的生态回归。学校被评为东莞市第二批品质课堂实验学校、广东省绿色学校、广东省中小学校本研修示范学校、广东省基础教育教研基地项目小学音乐学科教研基地学校、小学科学学科教研基地学校、小学数学学科教研基地学校、心理健康教育特色学校、小学科学教育实验中心、小学科学数字化实验创新与应用中心等。校长在中国教育创新年会、中国学校品牌大会、全国最美课程发布会等活动中作主题发言，《当代教育家》对学校办学进行深入报道（两期专辑），学校荣登《当代教育家》《学校品牌管理》《小学语文教师》《南粤名师》等期刊封面，多家媒体进行报道，成为家长和社会认可、孩子喜欢的好学校。

东莞市寮步镇石步小学（陈映章校长）：学校建成"书道立人教育"品牌，以优异业绩通过"东莞市第三批品牌学校"评定。学校将中华优秀传统文化融入环境建设，打造荟星廊、荟萃苑等文化景点，吸引众多兄弟学校到校参观学习。依托教师发展中心，通过"制度化学研""个性化塑造""专业化支持"三大路径促进教师成长。培养市级学科带头人 2 人，教学能手 8 人，镇"三名工程"骨干教师 23 人。教师开展市级以上课题研究 9 项，在各级各类比赛中获奖四百多人次。开展各学科活动，提升学生能力；大力推进课外阅读，丰富学生学识；以书法和足球为特色项目，兼顾学生音乐、美术等艺术素养提升；以项目式学习、科普实践活动为抓手，培养学生创新实践能力。德育组建成"立品"德育课程，语文组编写《小学语文"快乐读书吧"整本书阅读指导》教材，书法组开发《小学语文写字教学通用教程》。学校获得全国青少年校园足球特色学校、广东省中小学艺术教育特色学校、广东省营养与健康示范学校等荣誉，全国各地学校慕名派人到校参观学习，学校突出的办学业绩得到《人民日报》等众多媒体的关注与报道。

东莞市高埗镇西联小学（李富祥校长）：学校建成"本真教育"品牌，以优异业绩通过"东莞市第三批品牌学校"评定。先后荣获广东省书香校园、广东省巾帼文明岗、广东省交通安全文明示范学校、广东省绿色学校、东莞市品牌学校等荣誉称号，连续获得高埗镇学校管理量化考核一等奖。教师被评为市名校长工作室主持人培养对象1人、市名师工作室主持人培养对象1人，省"书香校长"1人，省南粤优秀教师1人，市优秀少先队辅导员1人、市优秀教师2人、市班主任带头人1人、市教学能手9人、镇名校长工作室主持人1人、镇名师工作室主持人8人，副高级教师4人。师生参加各学科竞赛荣获市级以上各类荣誉300余项。以课题研究为引领，学校有省级在研课题1个，市级在研课题9个。数学学科加入全国"生问课堂"联盟，体艺综合学科一直保持镇区内领先势头，版画教学作为市内外知名的特色教学品牌参加了第五届中国教育创新成果公益博览会。

东莞市麻涌镇第二小学（郭见明校长）：学校建成"小梅花教育"品牌，以优异业绩通过"东莞市第三批品牌学校"评定。学校以品牌教育理念"让每朵小梅花活力绽放"为引领，学校在内部管理优化、小梅花课程体系与润梅大德育体系构建、小问号品质课堂建设、雅梅良师成长模式优化、艺梅空间文化打造等方面取得可喜成绩，切实提升学校教育科研与办学质量。学生获得市级或以上奖励500多人次，其中2名学生获得东莞市2021年航模和海模比赛冠军，学校武术队获东莞市2022年青少年武术锦标赛团体总分第一名，语言类节目《春夏秋冬》获东莞市经典诵读比赛特等奖、广东省一等奖。教师获得市级或以上奖励128人次，新增市级教学能手3人、省级优秀辅导员1人。学校被评为广东省科技比赛优秀组织单位、东莞市科技比赛优秀组织单位、东莞市语言文字工作先进单位等。

（三）工作室其他学校实现品牌学校培育新发展

韶关市始兴县隘子镇中心小学（莫日锋校长）：几年来，在工作室品牌学校建设路径研究理论的引领下，学校"敦本教育"品牌文化体系得到进一步优化与提升。通过推进"敦本教育"品牌学校建设，学校物质文化品位得以提高，精神文化更加丰富，责任文化得以培植，组织文化、制度文化和课程文化不断完善，为学生发展、教师发展和学校发展创造优良的人文环境，充分展示学校的个性魅力和办学特色。学校先后被评为韶关市始兴县文明单位、始兴县一级学校和校园建设达标学校、韶关市行为规范示范学校、广东省义务教育规范化学校、全国青少年五好小公民"美丽中国梦，我的中国梦"主题教育示范学校、广东省绿色学校等。

揭阳市榕城区地都镇军民小学（陈熙校长）：在工作室的引领下，学校确立"同行·美好教育"品牌学校培育目标，重新修订"一训三风"，以"同心、同德、同行、同美"为校训，鞭策师生形成"博爱、奉献、严谨、务实"的教风与"自信、乐学、慎思、明礼"的学风，积极营造"平等、互爱、求真、向上"的学校新风尚，凝聚力量推动学校新发展。创立《同行·文苑》校刊，广泛宣传学校同行文化；创建"同行·励志"基金会，与乡贤仁者同行共建，同心协力追求美好教育。在品牌学校培育的过程中，军民小学的学校文化不断彰显其精神伟力，引领全体师生和家长携手同行，为实现更美好的教育而奋斗。教师注重情境导入、问题启思、合作学习和智慧闯关，让学生能够充分培养实践能力，成为学习的创造者，课堂学习样态更加丰富多彩、教学效能更加显著。老师成为思辨方法的探索者，学生成为责任意识的拥有者，家长成为学校教育的积极参与者。每一个"同行"班级都是运动精神的践行者，学生成长为启慧学员，在共同建设陶情花园和怡性乐园中快乐成长。

揭西县五云镇龙江小学（刘进军校长）：几年来，学校建成"幸福教育"品牌文化体系，骨干队伍逐渐形成，5名教师被评为镇级优秀教师，1名教师被评为揭阳市教育系统优秀教师，1名教师被评为揭阳市优秀乡村教师。学校获评镇2020—2021学年度教学质量综合评价二等奖、2021—2022学年度教育先进单位、2022—2023学年度教学质量综合评价一等奖等。4名学生分别被评为2020—2021学年度揭阳市优秀学生干部、2021—2022学年度揭西县优秀学生干部、2022年揭阳市优秀少先队员、2022—2023学年度揭西县优秀学生干部。

东莞市道滘镇四联小学（刘妙妍校长）：几年来，学校建成"儒风匠韵教育"品牌文化体系，办学成效显著：学校荣获广东省绿色学校、广东省防震减灾科普教育基地、东莞市中小学心理健康教育特色学校、东莞市少先队工作先进学校、东莞市少先队红旗中队、东莞市优秀红领巾广播站等荣誉；荣获广东省第十二届"飞扬的红领巾"主题队日网络展示活动二等奖、东莞市中小学生艺术展演一等奖、东莞市科普剧大赛二等奖、东莞市第三届"致经典"双语诵读会优秀组织奖，被评为东莞市第一批中小学科学教育示范学校培育对象，成为道滘镇四联小学教育集团龙头学校。学校师生在各级竞赛中喜获佳绩，素质教育成果遍地开花，建成镇级名师工作室2个，培养市级教学能手共11名，3名教师分别获得全国第四届中华经典诵写讲大赛小学组三等奖、第十七届广东省中小学校长论坛论文评选活动一等奖、广东省优秀自制教具评选活动一等奖。学生在广东省中小学英语朗读能力在线展示活动、东莞市"课文朗读大会"、东莞市水乡新城区中小学科技比赛等各项比赛中获奖，学校击剑队连续三年获镇击剑冠军赛小学团队总分第一名。

东莞市虎门镇赤岗小学（黄桂芳原校长）：几年来，在工作室的指导下，学校卓有成效地推进以"赤子教育"为核心理念的品质教育，围绕"德育为首，教学为主，和谐育人，全面发展"的办学宗旨，确立"三园三习惯"办学目标和"培养正直向善、勇于担当、乐学健美赤小少年"的育人目标，践行"诚信向善，乐学求新"校训，形成

"敬业奉献，团结进取"的校风。建成以感恩文化为核心追求的"赤子教育"品牌文化体系，秉承"赤子之心　屹立于岗"的育人理念，大力推进学校"赤子悦读""赤子德育""山岗体育"等品牌课程群建设，努力打造区域优质学校。全校师生477人次获得镇级以上竞赛奖励。省级课题1个，市级课题7个，基本达到学科全覆盖。培养副高级教师4人，市学科带头人1人，镇学科带头人4人，市教学能手5人，镇教学能手10人，市、镇名师工作室学员10人。未来学校将大力推进教科研、教育评价改革，以促进"赤子教育"品牌走上高质量发展快速道。

阮美好

二〇二三年九月十六日于东莞黄旗山下

目录

品牌：同行教育

东莞市东城虎英小学·阮美好

"同行教育"是东莞市东城虎英小学（简称"虎英小学"）的品牌定位。

虎英小学自2016年9月建校以来，以办好人民满意的教育为目标。基于文化立校的时代走向，探寻学校发展的价值体系与基本逻辑，通过深入研究哲学、教育理论、传统文化、时代生活，结合区域发展实际与人才培养需求，充分论证学校的教育哲学，以"同行教育"整合全校的主体文化，以整体意识和系统思维推进办学。学校建成"同行教育"文化体系，以"同行·未来"为办学宗旨，以"明仁爱大德，育弘毅新人"为办学理念，营造"以文会友，以友辅仁"的校风和"仁为己任，教为事业"的教风与"乐群进学，切磋进思"的学风，通过打造高品位学校文化、高质量课堂文化、多元发展的课程文化，培育具有"与人同心，与物同理"集体理想人格的时代弘毅新人。虎英小学从凝练学校文化引领品牌学校建设，到基于学校文化推进系统性变革，再到推广应用品牌学校建设成果经验，经历了三个阶段探索，建成个性鲜明的小学教育品牌。

校长简介

阮美好，东莞市基础教育领军人才培养对象，现任东莞市东城虎英小学党支部书记、校长。中共党员，广东省特级教师，东莞市第十七届人大代表。曾获南粤优秀教师、广东省名教师、全国模范教师、全国教育系统巾帼建功标兵等荣誉称号。受聘为华南师范大学教师教育学部兼职教授、广东省中小学校长培训中心兼职教授、《广东教育》理事会常务理事。连任两届广东省名校长工作室主持人。出版《语文教师的文本解读》《语文教师教什么》《诗意同行：追寻教育理想国》等著作。其科研成果获东莞市优秀教育教学成果一等奖、广东省中小学教育创新成果一等奖、广东省教育教学成果（基础教育类）一等奖。

我的教育思想录：
与时世同行，育时代新人

作为一种"人为的"与"为人的"存在，教育随着人类的产生而产生，并随着人类社会的进步而动态发展。关爱学生，使学生全面发展是教育的灵魂。学校教育教学必须以传承知识、培育能力、涵养品性、助长生命为基本的功能取向。经过三十多年的教育实践，我的教育思想"与时世同行，育时代新人"逐渐形成，教育教学工作始终充盈着蓬勃的生命力。

（一）"与时世同行，育时代新人"教育思想的形成

每一个现实的人都是历史的存在，积淀着人类的历史，积淀着生命、自然、精神、文化的发展历史，带着厚重而鲜明的成长烙印。我的成长历程充分体现了教育的文化传承，通过亲历其中，融入其内，体察感悟，我产生了美好的教育情愫与憧憬，不遗余力地打造"诗意同行"的教育理想国。我的教育思想的形成，可以分为三个阶段。

（一）体验理想教育的美好，萌发当一名教师的梦想

云凌岭西，漠阳江东，广东阳春春城是我生于斯长于斯的故乡。难忘奔流不息的漠阳江，她见证了我生命的纯真与顽强。读五年级时，"旱鸭子"的我奔入没顶的河水中硬是拉回了邻居男孩的生命。难忘初中美术老师方宣远，因为我的素描透视作业优秀，方老师奖励我两支碳素笔，让我这个毫不起眼的"黄毛丫头"首次得到珍视，让我的生

命得以瞬间敞亮，一个全新的生命从此开启。"不要辜负上天给予你的才华，做一个有追求、有所建树的人！"方老师对教育理想的追求与对学生的殷切期待，照亮了学生的生命成长之路，点燃了我成为一名人民教师的梦想火花，并在我的心田上播下爱与智慧的种子，把孩子的生命成长转化为自己的教育使命。

（二）执着追求教育的理想，点亮自己照亮别人

1995 年 8 月，我来到改革开放前沿——东莞，从此走上小学教育道路。2000 年一举夺得全市语文教学比赛一等奖，我因教学业绩突出备受小语界前辈称赞。2001 年以来，我以现代教学理论为引领，构建起交往型探究性学习模式，让学生在学习共同体中开展充满灵动与趣味性的学习，学生学业成绩快速提高，由此我的"本真"教学风格也日益鲜明。"三名工程"让我从研究型教师转变为教学领导者。我发挥市学科带头人和省市名教师工作室主持人的示范引领作用，培养了一批优秀教师。通过阅读、思考与实践，我归纳出优秀教育者至少具有这三点鲜明特征：对教育事业有强烈的使命感和责任感，对教育的贡献突出，广受赞誉；尊重和敬畏教育规律和价值，有理论功底并能形成独到的教育见解，时刻反思自己的教育实践；不满足于自己的成长，把个人知识转化为人类知识，带动更多人走向成功。2015 年，我成为广东省第二批教育家培养对象，把世界教育的大视野、大格局、大智慧迁移运用到新校（虎英小学）办学和广东省名校长工作室研训的引领上，坚持跨市跨地送培送教，为教育优质均衡发展作出应有贡献。

（三）办好人民满意的教育，满足人民群众对美好教育的向往

2015 年 7 月，我受命承担筹建虎英小学及"两自主"办学模式改革的重任。自 2016 年 9 月创校至今，我始终以高度的责任感和使命感，一手抓硬件建设，面向未来，打牢智慧校园基础；一手抓软件建设，立足中华优秀传统文化，遵循党的教育方针，面向世界构建学校文化体系，探索现代学校治理。基于师生"独行速，众行远，同行方可致远"的共同愿景与价值取向，凝练出"同行教育"学校文化，让广大师生获得从个人到集体、从小我到大我的身心健康成长，成为具有"与人同心，与物同理"集体理想人格的时代弘毅新人。带领虎英小学先后通过"东莞市第二批品牌学校"和"东莞市品牌学校工作室"评定。教育教学的高质量、学生发展的生机活力、显著的办学成效与鲜明的办学特色，让虎英小学赢得了社会好口碑，知名度与美誉度明显提高。

回顾这三个阶段的生命成长与发展历程，可以说是"与时世同行，育时代新人"教育思想的生长与引领的过程，也是我的教育境界和人生境界不断提高的过程。

（一）"与时世同行"的基本释义

"时世"源自《荀子·尧问》"时世不同，誉何由生"。相对人与环境的关系，"时世"涉及政治、经济、文化、生态等领域，是一个融合共时性与历时性的概念。"与时世同行"，强调人与环境互惠共生，共同发展。一方面重视人作为世界万物灵魂的意义。人与世界万物不同而相通，相通的根本前提在于人与世界万物的和谐。另一方面重视环境对人的意义。环境先于人而存在，世界万物以自己的姿态呈现，与人息息相关却无须对人言说。"与时世同行"是一种人生态度，是人感悟到自己与世界万物一样作为主体的存在意义，应与环境建立积极、平等、友好的关系，这既尊重了世界万物发展变化的规律，又能发挥人的主观能动性去创造未来。

（二）"与时世同行"的文化溯源

1. "与时世同行"源自中华优秀传统文化天人合一的思想

天地万物生生不息，各有特色而又内在相通。每个人与他人、他物、社会、自然之间都存在着紧密的共生关系，天赋之善让人能感通他人他物，这亦是理学家所言的"仁者与天地万物为一体"。教育的使命就应该是尽力使人能自觉地将心比心、推己及人，能痛人所痛、乐人所乐，能德业相劝、过失相规、患难相恤，最终使世道人心得以美化，达到《大学》所言的"明明德""止于至善"等境界。

2. "与时世同行"立足人类命运日益相连的大势

天地万物本来相连，时代与社会需要通过深度的合作才能维持和发展。教育应当顺应人类命运日益相连的形势，培养适应这一时代要求的新人才。

3. "与时世同行"借鉴学习共同体的教育理论

教育是一群人相互学习、相互砥砺的过程。《礼记》有言："独学而无友，则孤陋而寡闻。"曾子曰："君子以文会友，以友辅仁。""学习共同体"是古典教学模式的延续，也是对社会生活的情景模拟，其核心在于搭建人与人、人与物之间的生命共振桥梁。学习就是相遇与对话的过程，与教材的相遇与对话，与同伴的相遇与对话，与自己的相遇与对话，学习的目的不再是"传授知识"，而是"格物致知"，是"以友辅仁"。学生所获得的不仅是知识，还伴随着感知能力、理解能力、交流能力的提升。面向社会和未来的教育必须具备这样的能力。

4."与时世同行"珍重本土文化的深沉寄托

东莞市忠孝传家、崇文重教的历史文化底蕴深厚。如今,这一文化传统在黄旗山城市公园也有体现,如孝亲堂、忠义门、清廉亭、乐善亭、抗日驿站等,都寄托着相同(忠孝)的思想情感。孝与忠都是一种大我的情怀,孝是对父母的爱与敬,忠是对集体和国家的爱与敬,不囿于个人的小世界,己欲立而立人,己欲达而达人,自觉去承担更大的责任与义务。

(三)"与时世同行"的哲学溯源

1."与时世同行"源于"万物一体"宇宙观

宇宙万物不同而相通。因为相通,所以相遇;因为相遇,所以同行。对时间的超越而实现古今同行,对在场者的超越而实现有限与无限的同行。有"民胞物与"精神,能唤醒万物并与之作语言交流,能用自己的整个身心对他人他物的全部存在做出回应,建立"互惠共生"的关系。以高尚的人生态度超越"我—它"关系(互为客体,互相索取),走向"我—你"关系(互为主体,亲密无间、相互对等、彼此信赖、共生共存),成为融自然性、精神性和人格性于一身的真正的人。

2."与时世同行"源于马克思主义人学理论

人产生和存在于自然界中,人的生存和活动要受到客观条件和自然规律制约,人必须与自然界互惠共生。人在科学认识自然和尊重自然规律的基础上,按自然规律改造和开发利用自然,在与自然和谐相处中实现生存与可持续发展。人的自然生命组织为人的学习和发展提供了基本的物质基础和可能性,人的各种知识和实践能力是在后天的社会生活中才能获取的。因此,人要不断提升自身素质和能力,就必须开放整个的自己,全身心自觉地参加到各种社会实践和社会交往的行动中去。

(四)"与时世同行"的文化内涵

"与时世同行",是基于历史观的思考,主张通过教育促进个体文化生成,并持续推进个体面向社会发展未来的开拓实践,不断实现自我超越,成为朝气蓬勃的时代新人。"与时世同行"的思想,主张教育扎根在自然万物、历史文化和社会生活的土壤中,在教学活动中展现大时代和大世界的真实景象,与大时代、大世界深度对话,真切地进入真实生活的时空中,把素养定在与大时代、大世界适切的融合中,而这个素养就是与人和物、与大时代和大世界协同的能力。

（五）"与时世同行，育时代新人"的教育观与文化体系

教育的基础在于与他人同行，教育的进阶在于与万物同行，教育的目的在于与家国同行，教育的大成在于与天下同行。"同行教育"以"明仁爱大德，育弘毅新人"为办学理念，以"与人同心，与物同理"为校训，认知并掌握事物的运动变化，做到"格物致知"，具备融通运用、创造发明的能力。学校以文化经典作为人与人相互沟通的纽带，形成"以文会友，以友辅仁"的文化风尚。教师"仁为己任，教为事业"，以仁爱之德教化他人、成就他人。学生"乐群进学，切磋进思"，在学习共同体中互相砥砺，不断增进仁爱之心、思维能力和整体修养，形成积极交往的文化风尚。

（六）"与时世同行，育时代新人"的人才观

"时代新人"应该"肩负历史使命，坚定前进信心，立大志、明大德、成大才、担大任"。"同行教育"致力于培养具有面向世界、面向未来的思想品行和综合能力的弘毅学子（见表1）。

表 1　虎英小学"同行学子"关键素养

素养目标	具体要求	基本技能
能与他人同行。	孝亲敬长，诚信交友；关爱他人，成就他人。	学会表达，学会合作，学会条理。
能与家国同行。	分担家务，服务社区；文化传承，奉献社会。	学会书写，学会阅读，学会规划。
能与天下同行。	掌握外语，纵横世界；胸怀人类，心存道义。	学会交往，学会论议（有道义判断，能明辨天下是非善恶），学会处世。
能与万物同行。	爱护万物，理解规律；融通运用，创造发明。	学会观察，学会探究，学会创造。

三 "与时世同行，育时代新人"教育思想的实践探索与反思

（一）"与时世同行，育时代新人"教育思想的实践探索

1. 让新学校在同行中走向卓越

（1）建构起和而不同、民主决策的"同行"组织文化。

虎英小学推进现代学校治理，探索政府主导下的多元主体共治、分布式扁平化、协商共议、分工合作、依法治校的现代治理方式，走多元融合、民主集中、共同决策的现代学校治理之路。虎英小学构建起党支部领导的"多元共治"学校组织架构，以师生共同发展的愿景和价值追求为出发点，倡导"学术性管理"与"服务型扁平管理"有机结合。以"五会"（教育咨询委员会、校务委员会、教师代表大会、学术委员会和家长委员会）指导"六中心"（学生发展中心、教师发展中心、课程研究中心、行政服务中心、校外拓展中心和安全办教育资源服务中心），校级领导直接分管各个基层部门，尽可能缩短行政团队与基层团队的距离，引领各实施部门按照一定的工作任务和目标，以合作团队为单位，将成员按不同的工作性质、职务、岗位组合起来，形成层次恰当、结构合理的有机整体，形成为学生发展服务的学校多元治理文化。

（2）建构起"与人同心，与物同理"的"同行"课程文化。

"同行"课程以"与整个世界在一起"为课程理念，把整个世界视为学习资源、学习课堂。教师研修课程包括《大学》《礼运》《西铭》《学记》等文化经典，兼修文学、艺术、科技、影视、师德及教学技能等课程。学生课程体系由国家基础课程、"1＋N"课程、融合课程构成。基础课程以语文、数学、英语、体育、美术、音乐、科学等学科为实施载体，渗透"四通仁"素养（即四个"同行"），重在夯实学生的基础，更好发挥学科育人功能。"1＋N"课程即学科延伸课程，聚焦儿童日常生活，统整校内外课程资源，重在拓宽学生视野，如经典诵读、数学思维、英文演讲、科学探究等；融合课程包括儿童素养、少年教育、戏剧教育、研学旅行等。

（3）建构起尊重差异、教学相长的"同行"学习文化。

我们尊重差异，构建师生、生生、师师互相赋能的"学习发展共同体"，命名为"同行班级""同行课堂""同行教研"。教师鼓励学生小组不放弃任何一次努力，不放弃任何一位同学，构筑起包容互鉴、充满活力的新型学习伙伴关系。学生在班级小组事务中各司其职、分工合作、各展所能，在学习上互帮互助、互享互赏、动态提升，在"相遇与对话"中实现过失相规、结伴成长。我们创新校本教研机制，建设互惠共生型"同行教研"，以年级"学研共同体"为单位，在集体备课、专题研教、会诊式评课中

设置中心发言人轮值制，设计分享式读书沙龙和叙事式成长故事会，教师在研究交往中实现教学技能与教育智慧的快速传播。

2. 赋能办学治校新样态

教育高质量发展要求学校追寻自身教育品牌的内涵发展。在"双减"的新发展机遇面前，我们以"同行教育"赋能学校系统性变革，实现减负提质增效。

（1）迭代更新，让"同行学园"开起来。

"同行学园"蕴藏着同心、同向、同行的精神内核，表现出贴心、关怀、唤醒的外在特征。当校园空间成为第三位教师，学校教育系统性变革便由此撬动。我们采用"规划—设计—实践—完善"迭代思路推进"同行学园"的建设，让传统校园更新为张弛有度、动静相宜的学习空间，使之能人人皆学、处处能学、时时可学，赋予校园促进师生共同生活、共同成长的全新样貌。

（2）加减有道，让"同行课程"动起来。

基于"双减"回归学校育人主阵地，我们用好加减法，让学科课程变得更加灵动。加思维，让学生的思维活跃起来，让想象的翅膀生长并展开；加情感，有了情感倾注，课堂更显魅力，学生的学习热情与学习兴趣更高涨；加生活，把生活引进课堂，让学习变得有意义；加个性，让学生获得更多元的学习策略，让有特长的学生有更多展示机会。用好减法，减教学时间，减作业负担，完善并实施课后服务课程。学校创设 20 多个校级社团与近 30 门特色课程，充分满足学生的学习需求。基础课程教学的提质减负增效，能让学生获得参加课后特色课程使其多元发展的机会。

（3）智慧赋能，让"同行评价"活起来。

"同行评价"以《基础教育课程改革纲要（试行）》为依据，以《义务教育质量评价指南》为核心内容，以全程性评价为理论指导，以评价指标为引领，信息技术赋能，构建起教师、学生和家长共同参与的促进学生全面发展的评价系统。"同行评价"以学校高质量教育为目标，对学校教育系统性变革方案的规划、实施、结果进行持续监控，为学校教育决策提供大量信息，便于实时监控育人质量，促进学校育人体系的动态发展。建成学校数据大脑和学生发展评价平台，形成学生个性化成长报告。智慧赋能，让评价活化为学生全面发展的同行者与促进者。

（4）系统改进，让"未来学校"建起来。

通过环境建设、教师赋能、校家社协同育人等举措，推进"未来学校"建设：打造"无边界"学习环境，让校园空间成为集成、智慧、应变的新学习场景；创建"无边界"学习内容，更好地发挥国家基础课程学科育人功能，夯实学生基础学力和学科核心素养；让跨学科课程、项目化课程成为学生学习成长的重要载体，增强儿童的学习力、行动力和横跨力。"未来学校"建设对于学校教育发展而言是挑战，更是机遇。虎英小学始终以思想赋能、文化赋能、智慧赋能和制度赋能，坚定不移地推进"未来学校"建设，让孩子抵达最好的未来。

（二）"与时世同行，育时代新人"教育思想的实践反思

作为"与时世同行，育时代新人"教育思想的实践者，我在语文教育与学校管理方面获得了跨越式的发展，科研成果获广东省中小学教育创新成果一等奖、广东省基础教育教学成果一等奖。培养正高级教师 2 名、市级学科带头人和教学能手一批。办学成效显著。

教育思想引领学校品牌内涵发展的终极目标在于培养优秀人才，学校发展必须体现"为党育人，为国育才"要求，体现新时代人才培养要求，体现区域人才培养诉求。学校的办学思想必须以党中央大政方针为指导，品牌赋能必须宏观把握品牌学校建设战略。教育教学改革迭代创新必须贯穿于品牌学校发展的全过程，促进学校办学观念从传统管理向现代治理转变，促进学校办学姿态从自我封闭向共治共享转变，促进学校办学状态从相对稳定向不断超越转变。

基于学校文化发展的品牌建设

——以东莞市东城虎英小学"同行教育"为例

新时代人民群众无比向往优质特色的教育。创办优质特色的学校教育，让学生高质量、个性化、多样性的学习需求得到更好满足，让不同潜质的学生获得发展，已成为基础教育改革发展的新要求。虎英小学基于学校文化发展推进品牌建设，让学校实现优质特色发展。

（一）学校品牌的建立基于学校文化

学校教育源于文化传承和个体成长需求，受益于社会生产力水平的提高和文字的出现与运用。学校文化是包含物质（校园建设）、精神（价值观念、办学思想、教育理念、群体意识）、制度（各种规章制度）、行为（师生的言行举止）的学校内在属性，是长期发展并不断积淀的学校优良传统。当人与学校、人与人、人与课程、人与教学、人与校园紧密关联，学校文化才得以形成；当学校与社会、与时代紧密关联，学校文化才能获得蓬勃发展的生命力。

品牌学校是指在学校创建、发展过程中逐步积淀下来的凝聚在学校名称中的体现学校教育服务水平的社会认可度与美誉度高的学校。"品"是指学校发展的品质，表现为学校发展的优质内涵；"牌"是指学校的公众形象，被媒体及公众接受的程度[①]。建设品牌学校，须根据国家人才培养需要，立足学校自身实际特点和教育优势资源，着眼于学校长远发展和学生可持续发展，体现出师生共同愿景与价值取向，并充分发挥学校利

---

① 孙向阳. 品牌学校的六大核心要素 [M]. 南京：南京大学出版社，2011：2.

益相关群体的集体智慧。

学校文化是实现学校内涵发展的精神力量，一所发展目标明确、重视创新发展的现代化学校，一定是重视文化引领的学校。品牌是学校办学品质的标志，是一所学校优秀文化的外在表现，学校文化是品牌建设的根基和灵魂，学校文化建设是学校品牌塑造的必由之路。

（二）"同行教育"品牌建设的三个阶段

虎英小学自 2016 年 9 月创办以来，从以学校文化引领品牌学校建设，到基于学校文化推进系统性变革，再到推广应用品牌学校建设成果，经历了三个阶段的探索，建成"同行教育"品牌办学"一主六翼"三级模型，研发出优质品牌教育案例。

（一）以学校文化引领品牌学校建设

1. 凝练"同行教育"学校文化

虎英小学创校伊始面临三大挑战：一是如何把来自各地各校在教育观念、思维习惯和工作方式等方面存在极大差异的教师凝成一个团队；二是如何让来源复杂、素质参差不齐的学生适应新学校学习并获得成长；三是如何汇聚家长力量，形成一个合作共赢、互惠共生的新型学习社区，做到尊重差异、和而不同、美美与共，实现政府对学校的高质量办学要求。虎英小学选择从文化视角思考办学方略，厚植中华优秀传统文化与教育传统，遵循文化立校的时代走向，深入研究哲学、教育理论、时代生活，结合区域发展实际与人才培养需求，充分论证学校的教育哲学，基于"共建共治共享"的治校理念，凝练"同行教育"学校文化。

"同行教育"学校文化体系是完整而鲜明的。以"明仁爱大德，育弘毅新人"为办学理念，使文化经典成为人与人相互连通的纽带，成为学校共同体建构的中枢，形成"以文会友，以友辅仁"的学校文化风尚；教师以仁爱之德教化他人、成就他人，练就"仁为己任，教为事业"的教学风范；学生在学习共同体活动中互相砥砺，不断增进仁爱之心、思维能力和整体修养，形成"乐群进学，切磋进思"的学习氛围。

2. 基于学校文化提炼出"同行教育"品牌办学模型

构建"同行教育"子系统：一是理念识别系统，包括办学理念及"一训三风"；二是行动识别系统，包括学校章程、机构职能、岗位规范、工作规程、绩效方案等；三是视觉识别系统，包括文化标识、学校标志、校刊、校歌等。基于"同行教育"学校文建成"一主三翼"办学模型（见图1），以学校文化引领品牌办学理念系统的建构，以学校章程、组织运行机制规范品牌学校建设，以课堂改革推进国家课程校本化实施，以校园标识树立学校品牌形象。

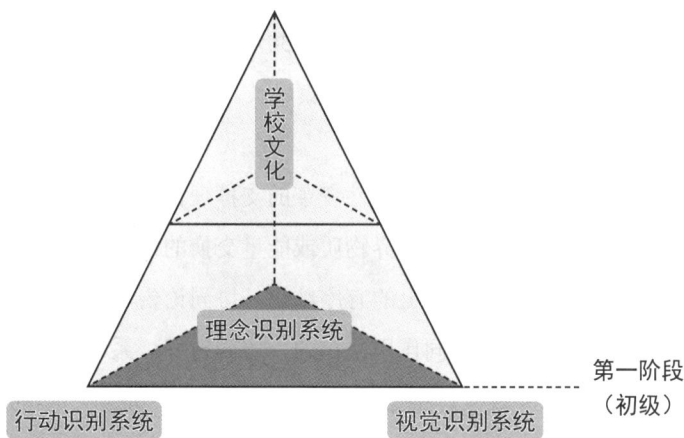

图1　"同行教育"品牌办学"一主三翼"模型

3. 以"同行教育"学校文化引领品牌办学

"同行教育"是虎英小学对"我要/能培养什么样的人""怎样去培养这样的人""我要为谁培养人""我要/能办成怎样的学校""怎样去办成这样的学校"等关键问题的深入思考和校本表达，构成学校文化的价值体系和基本逻辑，影响师生日常行为和学校风气，决定学校制度、规则导向、评价语言形成的舆论导向，以及课程活动和学习成果的产生。以"同行教育"学校文化引领品牌办学：学校文化内化为学校管理者、教职员工、学生和家长内心深处的教育文化，外显为办学理念、育人目标、管理制度、课程设置、师生关系、家校社共育文化环境。在"同行教育"学校文化的引领下，虎英小学的教学变革与文化发展齐头并进、相辅相成、互为促进，让学校获得开创未来的澎湃动力，"共建共治共享"的治校理念成为培养新时代高素质创新型人才的理想追求，改革与创新成为学校推进品牌办学的主渠道。

（二）探索基于学校文化的系统性变革

1. 深化"同行教育"品牌内涵

"同行教育"是基于学校文化的办学品牌。"同行"具有同心同德、平等互爱、共同发展、积极进取、健行致远等多重含义。"同行教育"源自中华优秀传统文化天人合一思想，立足人类命运日益相连的大势，借鉴学习共同体的教育理论，珍重本土文化的深沉寄托。以"立德树人"为根本任务，以彰显仁爱大德为使命，培育弘毅新人。"同行教育"的基础在于与他人同行，进阶在于与万物同行，目标在于与国家同行，大成在于与天下同行，培养具有成就他人、成就家国、成就天下、成就万物的大情怀和大能力的时代新人。办学理念以"同行教育"学校文化为内核，通过同行学园、同行课堂、同行团队、同行科研、同行评价、同行共育、同行共治等动力系统建设，构建起"同行教育"生态，卓有成效地引领学生全面发展、健康成长。

2. 探寻学校系统性变革的支撑理论

虎英小学以协同论作为推进学校系统性变革的支撑理论。协同论以系统论为研究基础，主要研究远离平衡的开放系统与外界物质或能量交换的情况下，通过自身内部协同作用，自发地出现时间、空间和功能上的有序结构。协同论告诉我们，系统能否发挥协同效应是由系统内部各子系统的协同作用决定的，协同得好，系统的整体性功能就好，就能产生"1＋1＞2"的协同效应。根据协同论的基本思想，虎英小学的品牌建设把学校看作是一个由人、组织、环境等子系统构成并相互协调的复杂而开放的系统，内部子系统围绕着共同的愿景目标齐心协力地运作，同时，又不断地通过跟外部环境的物质、信息和能量产生有效的交流，从而产生"1＋1＞2"的协同效应，使学校向有序、多元、开放发展。

3. 推进"同行教育"系统性变革实践

（1）打造"同行教育"组织文化。

尊重人才多样性，按照一定的工作目标和任务，以合作团队为单位，将组织成员按不同的工作性质、职务、岗位组合起来，形成层次恰当、结构合理的有机整体。建立"五会"，共同促进教育教学发展。实施"级部负责制"和"教研组负责制"，实现教师团队的纵向和横向发展。行政人员在不同的学术领域中异质合作，人尽其才，各展所长，让具有专业特长的行政人员，在学术委员会中担纲，在其他委员会中协助；让擅长事务管理的行政人员，在校务委员会中担纲，在其他委员会中协助。以专业交流消解专业隔阂，以才能互鉴化解才能冲突，最终形成为学生发展服务的校本管理文化。

（2）打造"同行教育"学习文化。

倡导教学相长，师生携手同行实现知识的增长、能力的提升、精神的丰盈、社会交往经验的有效增长，促进人的改变和新的文化生成。尊重差异，构建师生、生生、师师互相赋能的"学习发展共同体"，命名为"同行班级""同行课堂""同行教研"。教师鼓励学生小组不放弃任何一次努力，不抛弃任何一位学生，构筑起包容互鉴、充满活力的新型学习伙伴关系。学生在班级小组事务中各司其职、分工合作、各展所能；在学习上互帮互助、互享互赏、动态提升；在"相遇与对话"中实现过失相规、结伴成长。创新校本教研机制，建设互惠共生型"同行教研"，以年级"学研共同体"为单位，在集体备课、专题研教、会诊式评课中设置中心发言人轮值制，设计分享式读书沙龙和叙事式成长故事会，教师在研究交往中实现教学技能与教育智慧的快速传播。

（3）打造"同行教育"课程文化。

以"同行课程"培育"四同行"时代弘毅新人：能与他人同行，做到孝亲敬长，诚信交友；关爱他人，成就他人。能与国家同行，做到分担家务，服务社区；文化传承，奉献社会。能与天下同行，做到掌握外语，纵横世界；胸怀人类，心存道义。能与万物同行，做到爱护万物，理解规律；融通运用，创造发明。学校课程研究中心以评促建，落实"六步走行动"：办学理念体系学习—课程相关主题阅读—课程相关课题研究—课程建设方案制定—课程实施过程指导—校本课程展示会，通过"统筹管理＋专业引领＋能力提升＋智慧分享"，促使学校课程规划实施力不断提升，促进"同行课程"建设向纵深发展。

（4）打造"同行教育"学院文化。

由专长教师发起，特长学生和热心家长共同参与的校内民间组织"同行学院"，给学生搭建多元交流、创意表达的平台，引领师生实现发展的多种可能性。各"同行学院"通过海报等方式，面向全校学生推送科技创客、书画艺术、文学创作、生活技能等各类比赛和沙龙活动信息，吸引学生自主报名参加，参赛作品由教师、学生、家长三级评委共同参与评价。精彩纷呈而又贴近学生能力实际和发展需要的比赛项目，不断激活学生的学习驱动力，学生在创意表达中获得发现兴趣、爱好的机会。组织活动的自由自主，让教师和学生获得充分施展才华的机会，实现一专多能发展；爱心家长在充分参与学校发展的过程中，搭建起家庭、社会与学校共育的桥梁，促进"同行共育"文化的生成。

4. 升级"同行教育"品牌办学模型

"同行教育"的办学理念、组织文化、学习文化、课程文化、学院文化遵循学生自身发展规律，让学校管理、德育研究、课程建设和教师专业发展成果直接服务于学生的学习与体验；尊重家庭教育规律，实现学校与社会群体的异质合作；发挥家长委员会作用，将家庭教育研究成果用于服务学生的生活与体验，拓展学习空间，有效提升学生的社会参与力、自主发展力和文化素养。"同行教育"品牌办学由"一主三翼"升级为"一主五翼"模型（见图2）。

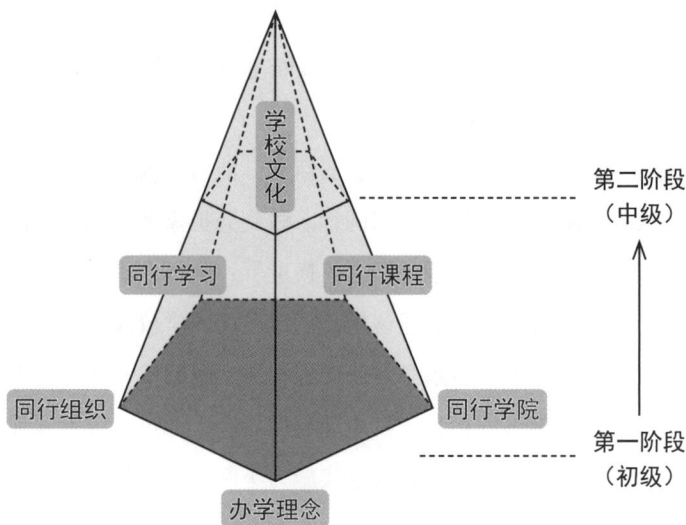

图 2 "同行教育"品牌办学"一主五翼"模型

（三）实践检验与推广应用品牌办学成果

1. 以"同行教育"系统性变革赋能学校提质增效

自 2021 年以来，国家推出"双减"政策、新课程方案与课程标准。虎英小学积极适应新时代教育高质量发展的要求，自觉地把创新、协调、绿色、开放、共享的新发展理念转化为学校办学领导力、教育教学改革领导力，持续推进国家课程校本化实施，培育学生的核心素养。

（1）推进"同行课堂"迭代更新。

以"与整个世界在一起"为理念，课程资源从书内到书外：把整个世界视为课程资源，建构更为丰富的"课程图谱"，让学生领略到"世界图景"的完整结构；课程学习从静态到动态：打造行走的课堂，让学生以动态的、体验式的学习与世界建立更加紧密的联系；学习组织从碎片到整合：推进任务驱动、单元整合的课程教学，让学生在学习任务与评价指标的引领下，学会在真实情境中解决真实问题、迁移运用知识解决新情境中的新问题，让学习变得完整而有意义。

（2）推进"同行仁师"专业提升。

创新教师成长机制，由课程建设研究中心"一体统筹"，同行课程与同行课堂"两翼推进"，通过主题工作坊论坛、教师同行读书会、学研发展共同体、同行课程开发与实施、同行课堂结构性评研、同行小课题研究等"六系成长"促进教师专业提升。构建学研发展共同体，以打造高质量课堂为共同目标，以共同愿景、组织结构、学习制度、行动策略引领教师协同成长。教师实现"三能"：能掌握高超的教学技艺，高质量推动国家课程校本化实施；能掌握学生学习之道与核心素养本质特征，确保学生学习内容、学习过程与学习成果的高质量；能在本学科领域开拓创新，示范带动，以优异的教学业绩和科研成果引领更多教师实现专业成长。

（3）推进"同行科研"效能改进。

以研究任务为载体，推进"教研训一体化"校本教研，通过专家引领、同伴互助、自主研修，实现团队整体提升。推进"基于个人经验的教学设计—基于团队协作的教学设计—基于实践反思"的教学设计"专题式三环节"研教机制，先研后教、边研边教、边教边研，协同提升课堂教学实效。建立校本小课题培育机制，以解决教学实际问题为出发点自主组建团队，根据"申报立项—立项答辩—开题报告—中期汇报—成果鉴定"流程，在一年内研究解决问题。学校组织专家团队指导有成果的小课题申报市级立项，以此推动教师团队合作共研及优秀科研成果运用。

（4）推进"同行评价"创新变革。

"CIPP"评价模式为：背景评价（Context Evaluation）、输入评价（Input Evaluation）、过程评价（Process Evaluation）和结果评价（Product Evaluation）。把"CIPP"评价模式作为系统工具，全程督导课程建设、小课题研究、教师队伍建设、学习项目开发、学校治理变革，为项目提供决策及改进建议，使行动方案更具成效。开发"同行共育可视化评价系统"，全面收集学生校内外德智体美劳表现及荣誉档案等数据，实现教育与评价主体全员化、学校教育全程化、学生成长可视化，为校家社协同共育策略的动态调整提供数据支持。

（5）推进"同行共育"协同赋能。

一是促进"校—家—社"协同：成立由校家社代表组成的家庭教育指导委员会，制定重大事项多方协商制度；成立校长领衔、专家顾问指导，以班级为单位、班主任为导师的家长学校，制定家庭教育培训制度，助力教师落实家庭教育指导方案；成立"班级—年级—校级"三级家长委员会，制定家委会章程，引领家长参与学校管理和学生评价，落实家校沟通、志工服务、校外拓展等工作。二是促进"校—家—社"协同：成立虎英小学"同行共育创意联合会"，组建由专家指导、家长参与的家庭教育导师团，设计家庭教育课程，举办家教沙龙，引领家长提升育人能力，推进社区家教联动优化。在"同行教育"理念的浸润下，让共商、共建、共治、共享成为校园主流文化，如虎英同行团队共同创作校歌《我与你同行》、共办校刊《虎英》、共营"同行文化节"、共同设计吉祥物"虎宝"与校服（均已注册版权）等，学校"同行教育"呈现多元、开放新样貌，为学生的成长提供无限可能，让学生在校每一天都能过上幸福、从容、高质量的"一日学习生活"。

（6）推进"同行共治"持续优化。

优化党支部领导的"多元共治"学校组织架构（见图3），推进政府主导下的多元主体共治、分布式扁平化、协商共议、分工合作、依法治校的现代学校治理，走多元融合、民主集中、共同决策的现代学校治理之路。以师生发展的共同愿景和价值追求为出发点，体现服务师生发展的理念，促进"学术性管理"与"服务型扁平管理"有机结合。根据学校、教师、学生的实际发展需要组建"教育咨询委员会"，诚恳地邀请活跃在社会各领域的专家、家长、社会人士、媒体等共同参与到学校治理中，有效构建起政府主导、学校主体、家庭尽责、社会参与、专业支撑的育人格局，形成学校品牌办学的正向支持环境。

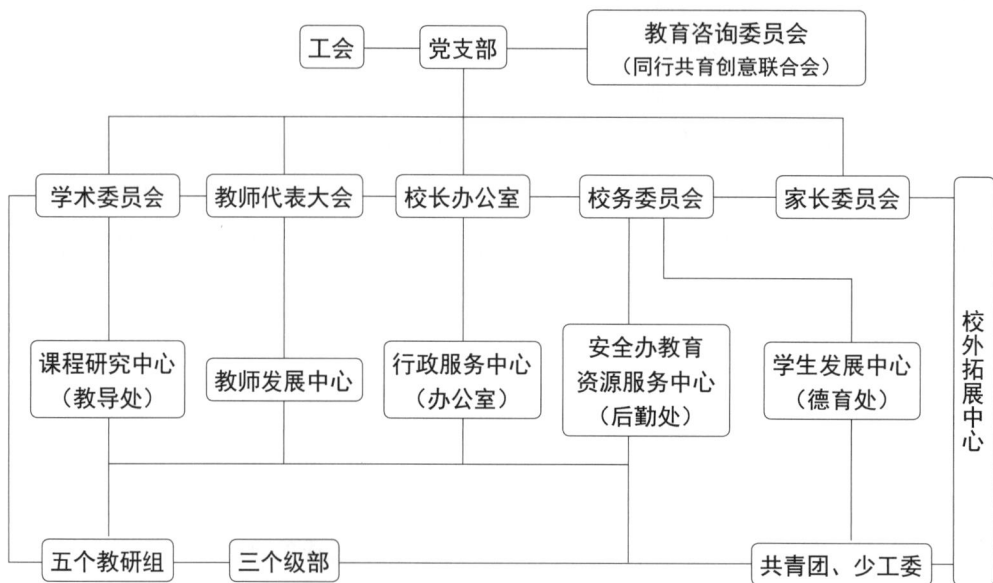

图3　虎英小学党支部领导的"多元共治"学校组织架构

2. 构建起"同行教育"品牌办学"一主六翼"三级模型

同行共育文化浸润的学校事务共商、同行课堂铸就、同行团队共创、同行学园共建、学校管理共治、发展成果共享，成为虎英人在日常生活中的行事方式、言行举止、处世态度，成为虎英人共同遵循的观念与行为准则。在品牌学校建设的过程中，通过实践检验，不断丰富"同行教育"的内涵，拓宽"同行教育"的路径，探索出"同行教育"品牌办学"一主六翼"三级模型（见图4）。

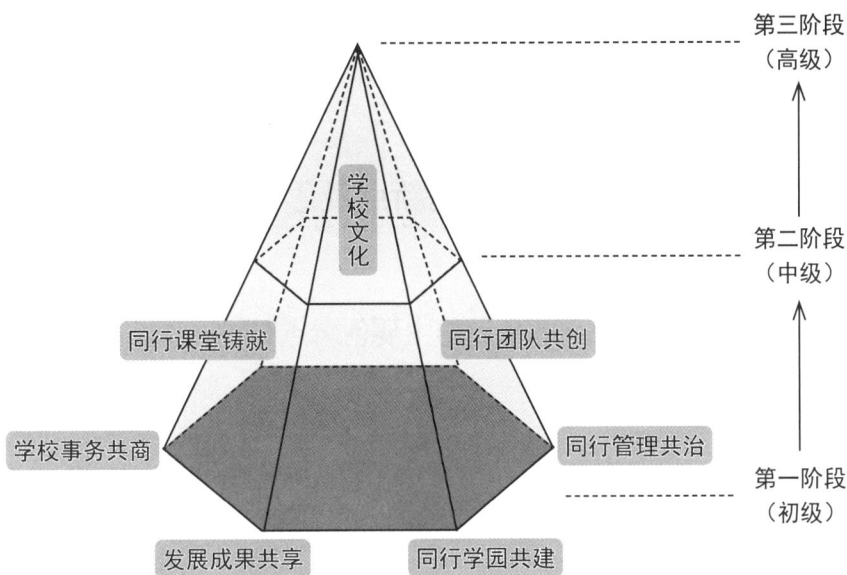

图 4 "同行教育"品牌办学"一主六翼"三级模型

3. 探索出可行、可复制、可推广的品牌学校建设路径

（1）研发出虎英小学"同行教育"优质案例。

"同行教育"学校文化引领品牌办学，让虎英小学实现了从一所新建学校向一所优质特色学校的华丽转身，现已成为东莞市最年轻的品牌学校。

品牌成果论文在《人民教育》《中小学德育》《广东教育》《学校品牌管理》《南粤校长》等刊物发表，阮美好的专著《诗意同行：追寻教育理想国》正式出版后深受欢迎。学校荣获各级荣誉近 30 项，如全国校园足球特色学校、全国青少年科学调查体验活动推广示范学校等。学校教育教学质量优，教师专业水平高，学生品德修养好、学业水平高、综合素质好、身体素质强，获得家长高度认可。学校品牌办学实现度高、社会认可度与美誉度高，获得社会各界及媒体的持续关注。

（2）"同行教育"办学品牌辐射影响面广。

以学校文化引领的品牌办学经验在推广应用中获得充分检验，有效扩大了东莞市品牌学校建设的影响力，为教育优质均衡、推进教育高质量发展作出应有贡献。

①带动市级品牌学校实现新发展。虎英小学作为东莞市品牌学校的优质代表——东莞市品牌学校工作室，带领 26 所市级品牌学校推进品牌新发展。

②带动工作室成员学校推进品牌建设。松山湖第一小学、寮步镇石步小学、高埗镇西联小学、麻涌镇第二小学等四所学校以优异成绩通过"东莞市第三批品牌学校"评定。道滘镇四联小学建成"儒风匠韵教育"品牌，虎门镇赤岗小学建成"赤子教育"品牌，韶关市始兴县隘子镇中心小学建成"敦本教育"品牌，揭阳市榕城区地都镇军民小

学建成"同行·美好教育"品牌，揭西县五云镇龙江小学建成"幸福教育"品牌。韶关、清远等地网络成员学校也卓有成效地推进品牌学校建设。

三 "同行教育"品牌建设的创新点及思考

（一）"同行教育"品牌建设的主要创新点

遵循系统的特点和规律，把协同论思想具化为学校品牌办学研究实践，通过对学校进行要素分析及系统性变革，使学校系统达到最优化，形成全新的高品质的"同行教育"新生态，让新系统的存在与发展更加合乎新时代对优质特色教育的需要，从而实现理论与实践的创新。

（二）"同行教育"品牌建设的思考

由"同行教育"所具备的独特、优质、稳定的个性特征，以及随着社会发展而迭代创新的特质，探索出品牌学校建设具有长期性与创新性的特点。基于系统各要素的不断调整与改进，学校的教育内涵不断丰富，品牌发展的路径不断拓宽，这些都卓有成效地推进学校高质量发展。研究表明，共同育人目标越明确，学校系统与外在环境的关联就会越紧密，学校发展资源就会越丰富，发展路径就会越宽广。在这个过程中，学校内部组织功能得到优化，各要素协同效能得到提升，办学品质与办学格局不断提高。

品牌：生态化教育

东莞市松山湖第一小学·蔡敏胜

"生态化教育"是东莞市松山湖第一小学的品牌定位。

东莞市松山湖第一小学自2018年9月开办以来，提出"生态化教育"办学理念、"给儿童一个世界，还世界一个未来"办学思想。以"生态文化的顶层设计，生态空间的儿童立场，生态课程的生命回归，生态治理的多元探索"为着力点，探索以学生成长为中心的现代学校治理体系，追求更高水平的育人模式变革。学校构建"生态化教育"课程体系，指向孩子生命成长；实行"一室（校长室）、四中心（职能部门）、六级部（级部教研中心）"扁平化管理架构；探索"低年级包班制、中年级常规制、高年级走班制"管理形式；提出"一间生态教室"的概念，空间建设追求"让儿童站在教育的正中央"；进行"三原色"德育评价体系改革，探索基于"单元整体教学"的教学评一致性的课堂教学及评价研究等，进行生态化视域下的"大主题、项目式、跨学科"的课程综合性学习和改革，实现学校治理的生态回归。学校被评为"东莞市第三批品牌学校"，荣获"广东省中小学校本研修示范学校"等几十项荣誉。蔡敏胜校长在中国教育创新年会、中国学校品牌大会、全国最美课程发布会等活动中作主题发言，《当代教育家》对学校办学进行深入报道，学校荣登《当代教育家》《学校品牌管理》《小学语文教师》《南粤名师》等期刊封面。学校特色鲜明，是家长和社会认可、孩子喜欢的一所好学校。

校长简介

蔡敏胜，东莞市松山湖第一小学校长，正高级教师（小学科学）。先后获得南粤优秀教师、广东省名师和名校长工作室主持人等多项荣誉称号。在《人民教育》等权威杂志上发表文章近100篇，出版《推开教育那扇窗》等著作。2018年，组建团队创建东莞市松山湖第一小学，提出"生态化教育"的办学理念，在学校文化建设、课程建设等方面进行"生态取向"的实践研究，学校被评为"东莞市第三批品牌学校"。

我的教育思想录：
与生态同行，为成长奠基

2014 年，我从园区中心小学借调到东莞市松山湖园区教育局从事教研工作。2018年 1 月，我带领筹建办的 3 位同志开启一所新学校的创建之旅，这所学校就是现在的东莞市松山湖第一小学，是东莞市最年轻的品牌学校，是"生态化教育"办学特色鲜明的学校。

每次外来参观的校长及教育同行都感同身受：在与学校校长、中层干部及其他老师深度交流的过程中，他们会呈现一些共同的教育样态，体现出学校"生态化教育"办学的知行合一。

那么，这样一所零起点的新学校，如何实现高起点创办而迅速崛起？作为学校的创校校长，教育思想如何形成，又如何引领团队进行实践与探索，谱写"生态化教育"新的篇章？下面，我将从"生态化教育"的缘起、意蕴与思考、实践与反思三个方面进行阐述。

（一） "生态化教育"的缘起

一个人成长的每一段经历，都会对日后思想观念的形成带来潜移默化的影响。1991年中等师范毕业的我，至今已经从教多年，从一个小学的科学教师成长为学校中层干部、省级名师、园区教研室主任、学校的校长，从知识立场、学科本位走向基于儿童立场的"生态化教育"，实现了教育观念的转型和蜕变。

（一）播下了一颗梦想的种子

中等师范毕业那年，我从一个"代课"老师成长为一名专职的小学自然老师，也就是现在的科学教师。在 20 世纪 90 年代学校有专职的科学老师，还是有创见的，但该学科在当时作为大多数人眼中的所谓"副科"，是不被重视的，这也让我多次萌发了不教这个学科的想法。在一度迷茫和徘徊之后，我终于找准了自己的方向，寻求自我的突破。我从"立足课堂、勤于写作、辅导学生"几件重要的事情干起。因为对课堂教学的重视，一次上级教研室的领导来听课调研，我上的《草原上的群落》一课得到了好评，最后被推荐代表县里参加劳技优质课竞赛，并获得第五名的好成绩（二等奖）。对于一个上班不到三年的年轻老师来说，这是难得的荣誉，也让我充满了信心。把握了一次机会，就会为后来的成长赢得很多机会，也从此让我坚定了当一名优秀教师的信念，而且是一名优秀的科学教师。由于科学学科有物质世界、生命世界、地球宇宙世界等方面的知识内容，我对这些内容有深入的挖掘和了解，"生命、动物、植物、生态、环保、环境、群落"等词语和概念也时刻影响着我，让我更喜欢以"生态系统"的思维来思考问题，把握"人与自然、人与人、人与社会"的关系。

（二）从学科本位走向学科育人

2003 年，带着对梦想的追求，我南下广州、深圳。几经周折，最终扎根东莞松山湖，成为一名东莞教育人。工作环境稳定后，再次激发起教育的梦想，我重新审视自己，厘清了发展的方向。深耕课堂，从解决教学中面临的问题出发，我进行了"基于科学概念转变的科学教学的研究"，探索出科学学习的有效模式。科学课概念教学的四环节是了解—激发阶段、发展—探究阶段、重建—形成阶段和深化—应用阶段，即"了解概念—发展概念—重建概念—深化概念"，这是一个渐进循环的过程。我所执教的课例《植物的叶》《时间在流逝》等荣获全国一、二等奖；在与团队合作的过程中，创造性地开展科教融合的全新模式，《雏鹰展翅　放飞理想——小学生航空航天科技实践活动》荣获全国青少年科技创新大赛一等奖，自己也荣获广东省十佳科技教师奖。这十多年的成长经历，让我逐渐向一个"专家型"教师靠拢，引领着东莞小学科学教育向前发展，比如成立了东莞市第一个小学科学名师工作室，辐射和引领更多的教育同行，通过不断参加省市级的工作室以及国培的学习，开阔了视野，教育观念也从学科本位走向学科教育，教育主张初见雏形，在立足学科教学的同时，实现向学科育人的方向转变。

（三）指向生命成长的教育

2014年，我从学校借调到园区教研室从事教研工作，以另外一种身份思考区域教育的统筹和发展，对教育又有了新的认识。教育的均衡发展，营造良好的教育生态，这些大的教育观念时刻影响着我。2017年，通过层层遴选，我被评上了广东省新一轮"百千万"中小学名师培养对象。经过随后几年的学习，我开阔了教育的视野，打开了教育的另一扇窗户。在澳大利亚21天研学的过程中，我带着问题出发，笔耕不止，用不同的视角审视澳大利亚的教育，写下了11篇文章共计6万多字的教育思考，并汇编成《教育，澳洲的记忆》。其中《从教学空间的设计来看澳大利亚的教育》发表在《人民教育》2018年第1期。澳大利亚学校的空间设计、课程融合以及对孩子生命成长的尊重和关注、人与自然的和谐等教育现象，无不震撼着我。后来，我们又参访了其他地区，参观了众多名校，接触到"全人教育"，也发现了很多共性——那就是对生存、生命、生活、环保、生态等教育的重视，并将其直接落实在具体的教学行为中，通过润泽和滋养，关注孩子的生命个体，让教育与生活连接，指向孩子的生命成长。我想，这不正是我所追求的教育吗？

（四）与全课程的不期而遇

寻根溯源，这些教育理念背后的理论是什么？建设一所新学校，既要立足园区生态、开放等理念，又要创新办学模式，不再是千校一面。营造良好的教育生态，这是我和其他筹办者必须思考的问题。我们研究20世纪八九十年代起源于国外的"生态教育"思想和陶行知的"生活即教育、社会即学校、教学做合一"等理论，发现它们有很多共同之处。2018年5月，我和团队又走访了北京、重庆等地一些教育思想的发源地，在上海与"全课程"不期而遇，而"全课程"强调"全人、全脑、全身心、全时空"的学习方式，与我们的想法高度契合。

科学老师出身的我，热衷于生态系统的研究。我想：在一个良好的教育生态系统里，师生之间、生生之间、人与环境、人与课程……相辅相成，互为依托，水乳交融，在这样生机勃勃、良性循环的生态里，孩子的成长犹如花朵遇到春天一般，成了一件自然而然的事情。

于是，基于前面的一些思考，我整合"全课程"的理念与资源，最终提出"生态化教育"的办学理念，践行从"生态学校"走向"生态化教育"。

二 "生态化教育"的意蕴与思考

我们致力于建设一个融"生态教育、未来学校、智慧教育"于一体的生态智慧型现代化学校，下面对相关的一些概念内涵进行简单介绍。

（一）概念界定

1. 未来学校

关于未来学校，专家学者的观点很多，但必须回答培养什么人的问题。未来学校应该是办学文化的设计上面向未来，具有前瞻性；学校空间的设计上面向未来，具有开放性，体现以学习者为中心；学校课程的设计上面向未来，指向学生的核心素养，培养学生的综合能力，适应未来的需要。

2. 生态教育

生态，指生物在一定的自然环境下生存和发展的状态，也指生物的生理特性和生活习性。生态教育，是人类为了实现可持续发展和创建生态文明社会的需要，而将生态学思想、理念、原理、原则与方法融入现代全民性教育的生态学过程[1]。这里指在学校办学实践中，以生态哲学整体论的世界观和方法论为指导，从教育理论和教育实践两方面入手，全面优化学校的教育生态，从而实现面向未来的教育。

3. "生态化教育"

"生态化教育"是指根据教育自身的特点，以生态学的原理和方法来思考和解释复杂的教育问题，并以生态的方式来开展教育实践的理念和策略。它是一种系统观、整体观、联系观、和谐观、均衡观下的教育模式，在各种要素之间，尤其是人、自然、社会之间建构起互补共生、交互共赢、持续发展的生态关系，使人的自然性、社会性等得到全面自由和谐的发展，实现人类与自然、个人与社会等完美统一。

（二）理论依据

1. 教育生态学

教育生态学是依据生态学的原理，研究各种教育现象及成因，进而掌握教育发展的规律，揭示教育发展趋势和方向的一门学科。而生态教育则将生态意识渗透到学校的教

---

[1] 闫蒙钢. 生态教育的探索之旅 [M]. 芜湖：安徽师范大学出版社，2013：17.

育和教学中，影响学校的办学实践和行为，营造良好的教育生态，办未来的教育。

2. 生活教育

生活教育的基本主张是"生活即教育""社会即学校""教学做合一"，认为生活含有教育的意义和作用，教育应该以生活为中心等。

（三）"生态化教育"的实践与反思

作为一所新的面向未来的学校，学校创新办学模式，实行全员聘任。学校践行生态教育理念，实施课程改革，激发办学活力，让儿童站在教育正中央，让每一个生命幸福而完整地成长。

（一）学校生态文化的顶层设计

如果说创办初期，我们筹建团队对学校的文化进行了整体的顶层设计，提炼出办学思想、理念和校训，这种自上而下的文化设计是必不可少的，那随后的丰富和拓展同样必不可少。

1. 学校发展愿景

我们想办一所融"生态教育、智慧校园、未来学校"于一体的生态智慧型现代化学校，一所致力于学生可持续发展的学校，它能为师生成长营造和谐共生的生态环境，关注生命成长，激发生命潜能，提升生命价值，让师生愉悦地学习和工作、自由和谐地发展。

2. 办学思想和理念

我们追求这样的办学思想：给儿童一个世界，还世界一个未来！让教育不仅立足当下，还要面向未来，培养具有"科学素养、人文精神、强健体魄、艺术品质"的未来创新型人才。

孩子是属于家庭的，也是属于学校的，归根结底是属于世界的。未来世界什么样，取决于我们给世界培养什么样的孩子。

我们践行这样的办学理念：与生态同行，为成长奠基！生态教育的核心是环境与人。营造学校的生态教育环境，从而培养出有个性、合作、主动、创新的学生，是我们努力的方向。

3. "一训三风"

"生态化教育"的核心是环境与人以及二者之间的关系。在办学思想和办学理念的引领下，我们遵循这样的校训："尊重，无处不在！"即尊重教育规律，顺应儿童的天性；尊重儿童的差异和个性，激励教师的成长……唯有如此，教育才有无限可能！由此形成了"厚积而薄发"的学风、"和善而坚定"的教风、"和而不同"的校风。

学校校徽的形状与学校校门"Y"的形状一样，体现着学校建筑的空间设计与学校文化意蕴的彼此关联。校徽中的三种颜色为红、黄、蓝，寓意着我们只要尊重儿童天性，尊重儿童生长的节律，尊重教育的规律，教育就能实现无限可能。学校还提炼出学校精神的核心表达，分别是温暖、乐观、信任、努力、灵动、未来、执着、奋斗、坚守、负责。在此过程中，我们建立了以"爱在松湖一小"为特色文化标识的媒体方阵，涵盖"一刊、一报、一网、一微"。其中，学校"爱在松湖一小"微信公众号关注人数突破两万人。

（二）学校生态空间的儿童立场

学校周边生态环境优美，人文资源丰富，科技氛围浓厚，是儿童读书、学习的好地方，也是教师实现教育梦的理想沃土。学校将"生态教育和儿童中心"的理念融于建筑空间设计，用建筑空间的设计来推动学校的教育生态变革，始终让儿童站在教育的正中央。

1. 打造"空间无边界"的生态系统

基于学校文化标识的红、黄、蓝三原色进行空间与环境的创新设计，寓意"教育充满无限可能"。打造"空间无边界"的生态系统，进行环境、空间、技术与文化的整体构建，使学校环境不仅满足空间功能，还能融入相应的课程内涵。将生命的诞生、生命的发展、宇宙与升华等生态概念与尊重、生态、科技、智慧等主题相结合，打造融入万物有灵的白色、水与鱼的蓝色、草与木的黄色、光与热的红色等色彩空间区域，充分依托学校生态教育理念，实现环境空间育人的目标。

2. 打造"学习无边界"的智慧系统

基于未来学校理念进行智慧化环境的构建，建设智慧校园办公系统、智慧学习工具与资源等学生成长记录系统、学生个性化学习评价系统、教育教学数字校园系统等技术深度融合的立体化智慧系统。学校更加关注学生学习的自主性、适应性，注重技术的深层次应用，强调教与学的深层次交互，营造主动、平等、互助、分享的学习型人际关系，实现时时能学、处处能学的"学习无边界"目标，打造"为未知而教、为未来而学"的未来教育生态。

3. 打造有温度的人文系统

让人站在教育的正中央，打造有温度的人文系统，将课程任务、课程实践、评价展示等相结合，充分融入学校设施设备建设。突出生态教室、专业教室的空间设计，让创客馆、工匠馆、陶艺馆、科技馆、小舞台、生命馆、阅读吧、涂鸦坊、作品墙、乐高墙、图书馆、大讲堂等空间散发儿童的味道。与学校生态课程建设深度融合，让学生全面发展，快捷、方便地获取资源信息，在体验式、创造性的活动中成长，在融洽、活跃的氛围中主动、自信地展示，实现全方位的教育功能。

我们提出"一间生态教室"的概念。以学校的一间生态教室为例，我们对"生态教室"进行重新定义，从桌椅的摆放、教室空间的分区布置到课程走向的环创设计，奠定了一间教室的生命高度。根据师生活动内容的不同划分出教学区、阅读区、饮水区、教师办公区、作品展示区和物品放置区等。这种功能分区不但充分利用物理空间，而且可以满足师生的不同需求。同时实行"包班制"管理模式，老师在教室里办公，全天候陪伴孩子的成长。

（三）学校生态课程的生命回归

建校之初，我们走访和考察了国内课程改革发源地，寻求与生态教育契合的课程理念，最终整合"全课程"的资源和理念，构建学校"生态化教育"课程体系。只有课程具有丰富性和多元化，课程结构才会相对稳定，才会满足学生个性化的需求，才能形成开放的"生态化教育"课程体系。

1. 构建"生态化教育"课程体系

基于生态系统中"网与群"的关系，我们提出"课程群"的概念，构建基于学校特色的"生态化教育"课程体系。它由"基础性课程、拓展性课程、综合性课程、融通性课程"四大课程群组成，实现"课程体系—课程群—学科网—目标链"的纵向链接，以基础性、拓展性、综合性及融通性的横向链接，最终形成网格化的"生态化教育"课程体系。

2. 走向跨学科的课程融合

基础性课程指国家和地方课程标准规定的为学生提供必要的知识和技能的课程，关注学生的全面发展；拓展性课程指学校基础性课程之外提供给学生自主选择或必修的学习内容的课程，关注学生的个性发展和共性发展；综合性课程指为加强各学科的联系和整合，以主题教学为线索培养学生综合性素养的课程，关注学生的可持续性发展；融通性课程指在以上三种课程的基础上进行补充和融合的课程，关注学生的社会性发展。

3. 树立整体的育人观念

改革学习方式，探索基于学科的课程综合化教学，围绕生态文明中"人与自然、人与人、人与社会"三方面内容，开展"大主题、项目式、跨学科"的课程融合学习，实施"春天""动物·朋友""海洋""我爱你，中国""自然·生命"等大主题的项目式学习；在融通性课程中，依托课程开展教育戏剧节、"我与动物有个约会"体育节、"我与春天有个约会"文化艺术节等丰富多彩的文化活动，加强学段间的纵向联系。通过课程构建学校的教育生态，实现人与自己、人与自然、人与社会的和谐发展，从而实现人的全面发展。

在实施的过程中，从大主题的确定到学科目标的制定，慢慢走向围绕"大概念"建构的深度学习，让跨学科的学习不是停留在表面，而是落实到学生核心素养的培养上。

例如：主题项目课程"我爱你，中国"的结构设计，就是让每个孩子都经由"我的生活—社会、世界—我跟这个社会、世界的关联—自己、我们"的成长历程。语文学科的跨学科融合实践课程的基本思路，就是通过主题课程为孩子探索世界打开一扇新的窗口，以语文主题内容学习为主线，实现多学科融合、跨学科学习。所有相关学科围绕"我爱你，中国"的主题落实学科核心素养目标，培养思维习惯、情感目标并由此构建和谐、丰富、完整的教室文化，让学习与生活连在一起。知识不是终极目标，而是桥梁，必须服务于孩子当下的生活。

4. 创设特色课程，激发孩子学习热情

学校还创设了"晨圈""生日课程""图书馆课程""教育戏剧"等特色课程。例如："晨圈"是每日学习的开启仪式。每天10—25分钟的晨练，意在让每一个清晨都从音乐和经典诗文开始，师生手拉手围成一个圆圈，打开身体开启一天的美好生活。

"生日课程"从齐唱生日歌到播放生日短片，从采访主角感受到转达父母祝福，从共读生日诗到师生送祝福，每一个环节都能帮助孩子认知自我，同时与身边人和环境建立起积极而紧密的联系。丰富而又多元化的课程活动激发和点亮了学生，我们看到了一个个活泼可爱、两眼放光的孩子，与孩子共享了一段幸福的生命历程。

（四）学校生态治理的多元化

有别于传统的公办学校，学校创新办学模式，实行全员聘任。学校提出通过课程建设来引领学校的文化发展，无论是对学校的管理架构和课程开发，还是学生发展等，都给予教师充分的权利，激发课程活力。

1. 教师队伍的生态建设

学校以"生态化教育"为指导思想，以课程建设为抓手，从价值认同、团队协作、精准教研等方面，致力于组建一支心中有爱、眼中有光的高素质教师队伍。

（1）"名师大讲堂"提升教师的文化认同。学校从发展的角度出发，确定每一个阶段发展的重心，并邀请相关的专家、教授、名师工作室主持人开展"名师大讲堂"活

动，激发教师对职业的认同、对专业的追求，确定教书育人既成就教育事业，又展现自我生命价值的职业信念。

（2）"级部教研"构建教师学习共同体。在大主题课程实施过程中，级部统筹组织老师进行课程设计、实施、评价等；在基础课程实施过程中，备课组组织老师进行集体备课、模拟上课、课后反思，实现资源共享，提升教学有效性。

（3）"项目式研究"促进教师专业能力提升。教师选择感兴趣的课题，以自愿的方式成立项目组开展专题研究，在项目任务的驱动下，教师深入到阅读、写作、思考、合作、教学实践中去，切实提升其教育教学能力。

（4）"导师制"促进教师共同体成长。为了帮助青年教师快速成长，使每位教师找到适合自己的"生态位"，学校构建"导师制"教师成长共同体，除充分挖掘学校资深教师和骨干教师的教育教学优势，发挥他们的示范、辐射和引领作用外，还通过导师的传、帮、带，促使青年教师尽快适应教育教学岗位的基本要求，实现师德、教学艺术和教学管理能力的同步提高。

通过多维度的队伍发展策略，为教师营造一个和谐共生的生态氛围，关注生命成长，提升生命价值；为教师搭建成长梯队：教坛新秀—教学能手—学科带头人—名师工作室主持人—特级教师。

2. 学生发展的生态成长

教育不仅立足当下，还要面向未来。学校致力于培养具有民族根基、国际视野的未来创新型人才，全面塑造学生的人文精神、科学素养、强健体魄和艺术品质。

（1）学习内容奠定培养基础。

①"系统性"的学习内容。生态化教育系统下，我们应该把每个孩子看成一个完整的、独一无二的生命体，而不是一个学科人。学生的学习内容不应该是各学科的简单叠加和拼盘，而是跨学科融合、横向的拓展和延伸。因此，我们在严格遵循国家课程标准的基础上，打通学科壁垒、实施项目学习，促进各学科有机融合。一年级到六年级，学生的学习内容螺旋上升，层层递进，构成一个完整的系统，帮助孩子认识一个完整的世界。

②"主题性"的学习内容。每个人都是一个独立的个体，同时也是一个自然人、社会人。根据时节变化与不同年龄段的儿童发展特点，我们开设丰富多彩的主题项目式课程。"动物课程""春天课程""海洋课程"等丰富多彩的主题项目式课程应运而生。如一年级学生在"开学啦"主题课程中认识自己，在"交朋友"主题课程中学习与人相处，在"找动物"课程中走近自然。每个主题课程结束，学生都会制作一本属于自己的主题项目书，总结自己的阶段性学习成果。

③"生活化"的学习内容。陶行知曾言："生活即教育。"主题项目式课程下，

学生的学习内容来源于生活，最终回归生活。每一个知识点，每一篇课文，每一节课，都是学生瞭望广大世界的窗口。学习内容是开放的、生成的，学生可以在教材以外，链接电影课程、生日课程、教育戏剧课程、自然课程……一切生活都可以成为课程的一部分。

（2）学习方式彰显培养方向。

①"全认知"的学习方式。学校教学高度重视仪式感、故事圈。仪式可分为三个类别：微仪式——每日"晨圈"，中仪式——课程开启和结束庆典，大仪式——期末庆典。由绘本、儿歌、戏剧、诗词、童话、音乐等元素构成的"故事圈"，让孩子每天过着有故事的学习生活。

②合作探究型学习方式。一二年级异形桌设计，为学生小组合作学习提供了硬件基础。同时，主题项目式课程最大限度调动了学生合作、探究的积极性。学生在问题驱动下，借助多种资源相互合作，并在一定时间内解决问题，习得技能，提升综合素养与能力。这样的学习方式，给予学生充分学习的机会，引导学生大胆创造，勇于探索。

③智慧型学习方式。学校通过智慧课堂的打造，努力实现学生的自主、协作、深度学习的智慧型学习方式，建立学习共同体，培育学生的终身发展力。同时，重新调整课堂内外的时间，将学习的决定权从教师转移给学生。在这种教学模式下，学生能够更专注于项目化的学习，共同研究解决本地化或全球化的挑战以及其他现实世界面临的问题。学校通过智慧校园的建设，使学生激发潜能，提升生命价值，实现和谐发展。

（3）学习评价关注生命成长。

①创新评价体系。学校以"尊重，无处不在"的校训带动学生多元、综合、立体发展，实践并探索"三原色成长卡"评价体系。以"红、黄、蓝"三原色为底色营造最纯粹的生态教育环境，以"尊重、博学、笃行"为着力点，积极探索具有针对性、指导性、实效性的德育评价体系；以"三原色成长卡"为载体，全方位关注学生生活、学习，体现对学生生命成长的关怀，鼓励学生更全面地认识自己，实现其行为认知与行为实践的统一；以"三原色成长卡"作为激励手段，实现多元化、多角度的激励性评价，让学生体验到成功的喜悦，感受到自身价值。通过换取"成长卡"，评选为"成长之星"。

②创新评价方式。学校在一二年级采取"游园考试"的方式进行期末评价。"游园考试"通常与生态课程主题相链接，以"闯关""冒险"的形式进行，如"动物王国大冒险""魔法王国历险记"。这样的评价方式，以"知识性、趣味性、挑战性"为设计原则，不仅可以激发学生的学习兴趣，还促进学生从幼儿园向小学生活的平稳过渡。

3. 科研实施的生态定位

学校重建教育生态，把"人"写进教育的核心，以研究内容的选择、研究平台的搭建、研究成果的转化，引领教师成为研究者。

（1）基于问题的真研究。在生态课程的实施过程中，鼓励教师以教学反思为切入点，引导教师发现问题，帮助教师梳理和提出问题，进而将问题转化为课题进行深入研究。课题研究既能解决课程建设中的实际问题，又能让老师们在研究中体会到成就感。

（2）研究平台的灵活搭建。为了帮助教师解决在课题研究过程中存在的难题，学校给予方法、资源、技术上的大力支持，如邀请专家进行科研课题指导：诊断问题—找出对策—优化研究。学校还为课题研究人员优先提供外出观摩、学习的机会。

（3）科研成果的适时转化。帮助教师树立成果意识，指导教师将研究过程进行梳理和提炼，善于将研究成果转化为论文或专著。通过一个问题或一个案例的研究，提炼一般性的方法，建立模型，更好地为教学服务。

通过科研课题的研究，探索一条实现教师专业化发展的重要路径。只有促进教师的发展，才能使得学校获得发展的潜在动力。

4. 学校管理的生态创新

（1）实施扁平化的管理。变革学校的管理形式，进行管理上的改革，打破传统学校的一些管理架构，重建学校教育生态。实行扁平化的管理模式，学校成立了一室（校长室：学校决策研究中心）、四部门（四大职能部门：行政服务类、教育教学类、学生成长类、教师发展类）和六中心（一至六年级级部教研中心）。充分发挥职能部门的服务功能，逐渐将其下放级部教研中心，实现级部管理和教研组管理双轨并行的模式，充分发挥级部管理中课程融合的优势，组织开展级部跨学科教研，实现主题性的跨学科的课程融合活动。级部的创造性得到凸显，更能满足一线老师的需求和课程发展的需要，更具有灵活性。大批年轻的级部干部快速成长起来，成为中层骨干。

（2）探索办学新路径。改变了传统的公办学校教师招聘和管理模式，实现全员聘任，有利于学校动态管理和教师队伍的可持续发展，实现人员结构的进一步优化，构建学校自身的教育生态，让教师队伍充满活力。同时注重幼小和小初的无缝衔接，探索起始年级课程和六年级的毕业课程，构建松山湖园区西部教育生态区，形成教育生态链，关注学生不同学段成长的纵向连接。

（3）变革教学组织形式。学校推进课程改革，构建"生态化教育"课程体系，开展大主题下跨学科的课程学习活动，让课程链接生活，为成长奠基。在变革学校教学组织形式中，提出"一间生态教室"的概念，并实行一二年级"包班制"管理模式，强化级部管理和低中高的"学段校"的全新管理模式，适合儿童的认知发展规律和大型学校的扁平化管理，让管理结构和效率更具生态化。

（4）创新"走班化"教学。课程改革的实施满足学生个性化成长需求，符合学生成长的规律，做到因材施教，进行精准教学，培养孩子的综合素养。我们在五六年级实施"走班化"教学，目前主要在语文、数学等学科中实施。其中，体音美三大学科，根据学校教师的资源组建不同的课程项目，学生按照自己的兴趣，进行选课走班，分类实施；语文学科，开展项目化走班，实施不同的学习主题项目，学生选课走班，分类实施，做到主题项目的分类和知识技能板块分类的有机整合；数学学科实施的是模块化走班，根据学期学科的内容单元建成不同的学习模块，基础知识在自然班学习完后进行评价诊断，拓展延伸阶段实施走班，开展精准教学。这些"走班化"课程的实施，使"自然班级的学习＋走班项目的学习"以特殊方式相结合，避免教学质量风险，得到家长的支持，孩子们非常喜欢，也呈现良好效果。

5. 课程建设引领文化

将人写进教育的核心，通过课程建设来引领学校的文化发展，是我们在学校治理中提出文化创建的一种思考。我们的课程想培养什么样的人，我们的老师也要成为什么样的人。这不仅让生态教育的理念真实落地，还契合了生态教育中"人与自己、人与自然、人与社会"的主题，实现了文化育人，做到知行合一。在"生态化教育"思想的指引下，近几年的办学实践，学校实现高起点开办，取得一定的成效，办学特色凸显，呈现出欣欣向荣的教育生态。

（1）推动了学校的课程改革。学校立足"生态化教育"理念，大胆实施课程改革，回归生态教育的本质，构建了生态教育课程体系，满足学生个性化的需求，实施"大主题、项目式、跨学科"的课程综合化学习，变革学习方式，重构学校的组织结构，走在课程改革的最前沿，生态化课程建设的成效备受社会的关注。学校举行了"走向课程融合主题教学""基于学习路径分析的小学数学教学研讨""重建教育生态——办学这一年"等系列开放性的活动，吸引数千位老师参与；学校多位老师在中国教育创新年会、第三届全国最美课程发布会、第16届学校品牌大会上分享和交流。

（2）促进了师生的共同成长。课程怎么样，我们便怎么样。通过课程建设促进师生成长。回归生态教育的办学理念，儿童对世界的认识几乎都是从自我出发的——我是谁；我从哪里来，要到哪里去，怎么去；我要跟世界建立什么样的关系；我要成为怎样独特的我。学校生态课程的探索就是基于这样的思考，将国家课程、地方课程、校本课程进行整合，通过构建结构化的课程体系，让孩子过一种幸福而又完整的学习生活，让生命得到成长。学校师生在各级各类比赛中，硕果累累。

① 2020年10月，《当代教育家》杂志以"一所种出来的学校"为题对学校的办学成果进行全面报道，给予了学校极大的肯定和鼓励。2022年，《当代教育家》杂志再次以"一所会呼吸的生态学校"为题进行专题报道。学校荣获"基础教育2022年度风向标学校TOP100（国内）"。

②学校获评为"东莞市第三批品牌学校""广东省科技创新教育实验学校""广东

省中小学教师校本研修示范学校""东莞市第二批品质课堂实验学校"。

③教育实践被《当代教育家》《学校品牌管理》《新校长》《广东教育》《东莞日报》等媒体进行专题报道……生态教育的办学实践取得一定成效，深化了学校生态化教育的品牌创建，省内外来校参观和学习的单位几十批次，深受好评。

6. 问题与反思

学校创办发展的速度过快，学校的办学规模、教师队伍建设、学校的管理组织架构等都处在不断的动态发展之中，"生态化教育"的办学实践也还在不断探索之中。

生态课程的整合和开发、实施和评价也还有待完善，也会碰到一些困难和问题。如：来自不同地域的老师对全新教育理念的理解和融入需要一个过程，新的管理组织架构对中层领导干部的领导力提出更高的要求，新的教育技术和学习方式变革需要老师实现自我发展的转型和蜕变，等等。

未来学校毕竟是面向未来的一个全新理念，有无限的拓展和创新空间。只要我们遵循教育的基本规律，尊重儿童成长的基本节律，顺应儿童的天性，以"人"为中心，处理好"人、环境、课程"三者之间的关系，一定能创造教育的无限可能，培养适应未来的人才。

我们坚信：真正符合规律的东西，从来都是简洁和淳朴的。办一所未来的学校，让教育充满生态，我们将竭力前行！

与生态同行，为成长奠基！

基于学校课程探索的品牌建设

——以东莞市松山湖第一小学"生态化教育"为例

东莞市松山湖第一小学坐落于东莞市松山湖国家级高新区，位于松山湖畔、百花洲旁，其生态环境优美、人文资源丰富、科技氛围浓厚，是儿童读书、学习的好地方。

学校于 2018 年 9 月正式创办。创办之初，我们就设想通过课程建设来引领学校的文化发展，并就学校的课程改革进行了探索与实践，践行生态教育，激发办学活力，让儿童站在教育正中央，让每一个生命幸福而完整地成长。

一 生态教育办学的意蕴与思考

松山湖是国家级高新区，名校多，社会对教育的期望高。创办一所新学校，一定要整合地方名校资源，在传承优秀传统文化精神的基础上，融入生态发展理念，构建新的教育生态。我们想，这所学校必须高起点开办，才能体现其时代感和使命感，才能办成基于地方特色突破现行教育并走向未来的新学校。

纵观当下我国的教育模式，仍然没有脱离中国传统教育的大方向，而关于教育理念和教学模式的探索创新，是教育领域永恒的话题。在实践中，学校既要建构完善的生态德育层次体系，还要让孩子们在学习生活中融入生态理念。

于是，契合园区生态的发展理念，我们把生态教育确定为学校的办学理念，用生态的视角来重新定义、思考教育，重建师生自我生命的高价值感！

我们以生态教育来统领新学校的顶层设计，顺应教育发展的规律——以生态哲学整体论的世界观和方法论为指导，从教育理论和教育实践两方面入手全面优化教育生态，从而实现面向未来的教育。

赋予"生态教育"新的意蕴，未来学校的最终目的是构建一种新的教育生态，创造符合儿童需求的个性化教育，让教育因适合儿童而充满生态。

（二）重构开放的生态教育课程体系

课程的高度决定学校的高度，课程改变，学校才会改变。一所学校的高起点开办一定是以课程建设为抓手，去组织和开展教育教学活动。

我们走访和考察了国内课程改革发源地，寻求与生态教育契合的课程理念，最终整合"全课程"的资源和理念，构建起学校生态教育课程体系。

（1）构建基于学校特色的生态教育课程体系。它由"基础性课程、拓展性课程、综合性课程、融通性课程"四大课程群组成，实现"课程体系—课程群—学科网—目标链"的纵向链接，实现基础性、拓展性、综合性及融通性的横向链接，最终形成网格化的生态教育课程体系。

（2）树立整体的育人观念。改革学习方式，探索基于学科的课程综合化教学，学校开展了"大主题、项目式、跨学科"的课程融合学习。通过课程构建学校的教育生态，实现人与自己、人与自然、人与社会的和谐发展，从而实现人的全面发展，培养完整的人。

在实施的过程中，从大主题的确定到学科目标的制定慢慢走向围绕"大概念"建构的深度学习，让跨学科的学习不是停留在表面，而是落实到学生核心素养的培养上。

结合部编单元主题、全课程项目主题等既有资源，确定了各个年级的课程主题，如一年级：神奇的发明；二年级：爱我家乡；三年级：祖国的大好河山；四年级：天下兴亡，匹夫有责。围绕"家国"与"我"之间的关系这一概念，实现基于学科目标的跨学科学习活动。

（3）用课程点亮孩子生命。有的孩子说，来到松山湖第一小学，最美丽的遇见是戏剧课程。一个舞台、一个角色、一次体验，我们通过戏剧的方式引导孩子们全身心参与，感受成长的意义，让教育创造无限可能。

在图书馆，孩子们不仅可以在这里阅读，还可以上图书馆课程，学习图书馆礼仪、分享阅读心得。家长也可以来参加父母讲堂，分享一些很有用也很有趣的知识。

丰富而多元化的课程活动，激发和点亮了学生，我们看到了一个个活泼可爱、两眼放光的孩子，与孩子共享一段幸福的生命历程。

（三）变革管理架构激发课程活力

有别于传统的公办学校，学校创新办学模式，实行全员聘任。学校提出通过课程建设来引领学校的文化发展，无论是对学校的管理架构和课程开发，还是学校发展等，都给予教师充分的权利，激发课程活力。

（1）教师是课程的开发者。学校提出"尊重，无处不在"的校训，倡导依存与合作，为师生营造一个和谐共生的生态环境，关注生命成长、提升生命价值，让师生愉悦地学习和工作、自主和谐地发展。在课程的开发上，每个教师都是参与者，拥有课程开发的自主权。

（2）实施分权制扁平化的管理。变革学校的管理形式，进行管理上的改革，打破传统学校的一些管理架构，重建学校教育生态。

（3）构建"一间生态教室"。我们对"生态教室"进行重新定义，颠覆了传统教室的概念，让其成为一间生长的教室，从桌椅的摆放到教室空间的分区布置再到课程走向的环创设计，奠定了一间教室的生命高度。同时实行"包班制"管理模式，老师在教室里办公，全天候陪伴孩子的成长。除体育学科之外，所有的学科内容的学习都能在教室里开展，为"大主题、项目式、跨学科"的学习创造了条件。

（4）构建教师发展体系。学校通过开展名师大讲堂、"级部教研"等多措并举的方式促进教师发展。例如：一学期一次的主题演讲在学校已经成为一种常态，学校依托课程建设，先后开展了《我们都是一个研究者》《尊重，无处不在》《课程及文化的建设与实践》的主题演讲。我们倡导教师通过这种多元的方式进行实践，实现自我的成长。一大批青年教师就是在这样的演讲中被发现和关注，成为学校课程改革的先行者。

（四）共享一段成长历程

松山湖第一小学，走在"生态化教育"品牌创建的路上，其收获究竟是怎样的呢？

2019 年的戏剧节，有位同学扮演了一块石头，虽然没有一句台词，但他表演得十分投入。老师说，重要的主角，伟大的配角，任何一个角色都值得期待。

每学习一项课程，就像开启了一场生命旅行。在难忘的春天项目课程中，语文课上学习与春天有关的古诗、童谣；美术课上绘制春耕图、体验草木染；科学课上观察行走的蚂蚁；音乐课上唱起春天的歌谣；户外研学时，走进百花洲，寻找花园里的春天……

每一个主题课程都伴随着开启和结课，14 个教室的孩子轮流表演 14 首春日的诗歌，共同开启诗意的春天；结课的时候，孩子们用自己的表演汇报春天课程的学习结果。主题之下的春天课程有了起点和归宿。

这样的课程，孩子的学习始终伴随着春天，发现春天，体验春天，创造春天。春天即课程，课程即春天，系统的、理论化的知识由此有机融为一体。

从基于知识立场、学科立场转向基于儿童立场，儿童的情感需求、认知特点和生活经验，这三大要素就是我们构建课程体系最基本的出发点。

回归生态教育的办学理念，儿童对世界的认识几乎都是从自我出发的——我是谁；我从哪里来，要到哪里去，怎么去；我要跟世界建立什么样的关系；我要成为怎样独特的我。而松山湖第一小学对生态课程的探索就是基于这样的思考，将国家课程、地方课程、校本课程进行整合，通过构建结构化的课程体系，让孩子过一种幸福而又完整的学习生活，让生命得到成长。

综上所述，学校提出"生态化教育"的办学主张、"给儿童一个世界，还世界一个未来"的办学思想。以"生态文化的顶层设计，生态空间的儿童立场，生态课程的生命回归，生态治理的多元探索"为着力点，探索以学生成长为中心的现代学校治理体系，追求基于"生态化教育"的更高水平的育人模式变革。

我们坚信，真正符合规律的东西，从来都是简洁和淳朴的。办一所未来的学校，让教育充满生态，我们将竭力前行！

品牌：书道立人教育

东莞市寮步镇石步小学·陈映章

"书道立人教育"是东莞市寮步镇石步小学的品牌定位。

东莞市寮步镇石步小学创办于 1930 年。建校九十余载，石步小学从夯实基础到创建特色，从内涵发展到品牌建设，创建了"书道立人教育"品牌。第一阶段，开发特色项目，夯实品牌基础。2005 年石步小学以"良好习惯养成教育"为突破口，开发养成教育德育课程，拓宽养成教育训练途径，创新养成教育评价机制，形成有一定影响力的德育品牌。2007 年，学校将书法教育引入课堂，通过十多年的教育实践，实现由"书法课堂—精品课堂—特色课堂"的路径升级。这两大特色项目为学校品牌建设打下了坚实基础。第二阶段，挖掘办学优势，提炼品牌内涵。石步小学教学设施齐全，师资力量雄厚，学生特长多元，课程特色显著。通过深入挖掘学校办学历史和办学成就，将书法之道与品格培养相结合，梳理和提炼办学价值观体系，确立打造"书道立人教育"品牌，构建完整科学的办学思想体系。第三阶段，实施品牌培育，提升办学品质。通过"物质环境整体优化、管理机制协同创新、教师水平整体提升、学生培养体系完善、课程结构系统构建、品质课堂加快实施、教育科研提质促能、品牌推广方式多元"八大举措进行学校品牌培育，实现学校办学品质的全面提升。

校长简介

陈映章，小学英语高级教师，东莞市小学英语教学能手，东莞市第十七届人大代表，西华师范大学硕士。从教期间，所在学校获"全国中小学中华优秀文化艺术传承学校""全国优秀家长学校""全国青少年校园足球特色学校"等 31 项镇级以上集体荣誉。个人也先后获东莞市建功立业女能手、东莞市优秀教师等 11 项镇级以上荣誉。

我的教育思想录：
习书养正，书格育美

师者，传道授业解惑也。教育是培养人的事业，人是不断发展和变化的，教育也必须随着人的变化而不断进步和创新，这也是教育的魅力所在。作为一名教育工作者，能够将自己的教育理想付诸实践，培养一届又一届优秀的学生，是最大的幸福。二十年的教育实践中，我始终坚守"教书更育人"的理念，开拓创新形成并积极践行"书道立人"的教育思想，丰盈我的教育生命，也促进了学校的品质发展。以下从思想缘起、思想内涵、思想践行等对我的教育思想进行阐述。

（一）"书道立人教育"思想的缘起

（一）求道，孕育教育梦想

东莞香市，生我养我的地方，寒溪河的潺潺流水，石步村的质朴民风，孜孜不倦的求学路，塑造了我务实坚强的性格特点，也是我最宝贵的人生财富。难忘在石步小学度过的小学生涯，本村的老师教本村的孩子，既是师长更似家人，老师对学生无微不至的关怀，师生间家人般的情感，温暖着我也影响着我。我对师生关系最初的理解，在我心中埋下一颗为人师表的种子。初中班主任对教育理想的追求与对学生的真诚呵护，照亮了学生的生命成长之路，也更坚定了我成为一名人民教师的决心。打中学时代在志愿表上毫不犹豫地写上"小学教育类"的那一刻起，我已坚定了一辈子当老师、当"好老师"的信念。为了实现成为一名教师的梦想，成绩优异的我毅然放弃读高中考大学而进入中等师范学校，并成为老师们的左右手，担任班长，管理班务。在这里，我得到一批又一批卓越老师的教诲，也结识了许多优秀的同学，他们如今大多成为东莞教育的中坚力量。

（二）身教，至真至纯为人师

2003 年 8 月毕业后，我回到母校石步小学任教，从此走上了小学教育道路。从教 20 多年，无论岗位如何变化，我始终将学生放在最重要的位置，热爱并享受着这份职业。我主动学习，潜心教研，坚守教书育人的理念，深受家长和学生的喜爱。由于我具有强烈的大局意识和高度的责任感，我从 2004 年开始担任学校少先队大队辅导员的职务，从此走上行政岗位，后来又陆续担任政教主任、教导主任、副校长等职务，不同的岗位让我对教育教学工作的各个环节有了深入了解。从当班主任起，我就深刻认识到小学生习惯培养的重要性，在我负责学校德育工作和办学特色建设期间，开始在学校全力推进良好习惯养成教育和书法特色教育，书法与德育之间的促进关系也渐渐清晰，我开始重视书法这一优秀传统文化的育人价值。

（三）担当，开拓创新办名校

2020 年 9 月，我被任命为石步小学校长，学校也成为"东莞市第三批品牌学校"培育对象。我开始思考如何促进学校品牌内涵发展的问题，撰写学校五年发展规划，从学校发展基础和现状分析总结学校办学理念体系，并为未来发展目标定位等方面进行全面规划。在梳理学校办学历程的过程中，我更加坚定坚持书法特色教育引领学校向前发展的目标。我不断拓宽书法教育的外延，进一步挖掘其育人功能，"书道立人教育"思想越来越清晰。同时，我进一步优化校园环境，大力推广全员阅读，优化学生评价机制，开展劳动教育和科技教育，学校先后获评广东省中小学艺术教育特色学校、广东省营养与健康示范学校、东莞市品牌学校、东莞市第一批劳动教育实践基地等。美术、体育、信息科技三个学科获评"广东省基础教育教研基地项目"，学校办学品质稳步提升。

二 "书道立人教育"思想的内涵

（一）"书道立人"的基本释义

书道千秋，古今绵延。书道不单纯强调书写的技法，也包括修身、养生、悟道等层面的含义。

书，不只是指浅显的有文字、图像的印刷品，还指表述科学真理、凝聚先哲智慧、承载文化基因、解决发展困难、成就高尚人格、揭示事物内在变化逻辑与指导社会生活实践的知识、方法及工具。道，指万事万物的运行轨道或轨迹，是事物运动变化的规律。大道无形，生育天地；大道无情，运行日月；大道无名，长养万物。书得法，可知其貌而执于形；书得道，可随于心而出妙逸。

书道，指通过读书、品书、习书，传承先人经验，感悟先人智慧，融通先人美德，从而陶冶自己的情操，丰富自己的知识，增强自己的能力，提升自己的品格。立人，指立身、做人。书源于自然，造于自然，与大道同流。书写之道与为人处世之道一脉相承。"书道立人教育"思想，引导莘莘学子海纳百川、博览群书，与书为友、与美同行。

（二）"书道立人"的思想溯源

1. "书道立人"源自传承千年的中华优秀传统文化

书写之法度，源自汉字之结构，成于笔墨之器具。汉字稳定的造型，表达着一种空间的结构，这种结构，就是中国书法的根源。中华文明千年的民族文化认同，根植于"书同文"、书画同源的思想内涵。毛笔，从柔软的笔尖，流出刚毅的精神，突破结构的束缚却又严守着艺术的法度，用天地之间的浩然之气，书写着阴阳的和谐。一阴一阳之谓道，天地万物，莫不阴阳；阴阳之变，莫过书道。

千年书法之道，从沿革到变革：由晋至唐是沿革，沿革重在传承；由唐至今是变革，变革重在创新。沿革和变革是对立统一的关系，书法之道，在传承中创新，在创新中传承。这就是"晋人尚韵，唐人尚法，宋人尚意，元明尚态，今人尚势"。自古书学一枝，悟透书道而日用，则心性定之，动静谐之，涵养成之，才俊出之。

书道既是书艺之本，也是书学之用。前者是起源，本体；后者是功能，价值。书与道，二者互通互动，书至道通，道通书至。

2. "书道立人"注重立德树人的现代育人目标

党的十八大报告把"立德树人"作为教育的根本任务。

中小学生是祖国未来的主人，完善的道德教育维系着中国未来的命运。书法教育的德育功能是无法替代的。从一点一画开始，书法的学习过程本身就是一种"修炼"的过程，一种向上精神的培养过程。书法之道追求道法自然、天人合一，运用于教育之中，则要求遵循学生成长规律和教育规律。通过书法教学、广泛阅读、主题活动、社会实践等教育途径，以品德为纬，以智慧为经，以艺术为底色，精心培育学生在人文、科学、艺术等方面的核心素养，为培养新时代发展需要的合格公民夯实基础。

3. "书道立人"珍重地域文化的精神传承

石步小学位于寮步镇石步村，"石步"意为水边石级，指置于溪流或小河中供人行走的踏脚石。借石寓品，代表着坚毅、朴实、恒持、雅致、奉献的精神；"步"同"埠""埗"，原意是"码头、港口"，是通往大江大河的起点或终点，也代表着不断冒险进取、勇于创新的精神。

石步小学的"石步"二字不仅代表本地的地名，还承载了历年来全校师生共同学习、生活形成的石步文化，富有登高向上、务实进取、默默奉献、敢于担当之意，更象征着合作共赢的价值观。

（三） "书道立人"的哲学溯源

书道的依据可以追溯到孔子的儒家人生"穷通观"：君子穷于道谓之"穷"，通于道谓之"通"。其穷通是以对道的感悟程度为标准而划分的（此乃穷通之本义），体现着人生的大境界。

人本主义心理学的创始人马斯洛认为：人格发展的根本动力是人的"自我实现"的需要，健康人格的本质是人达到充分的自我实现。书道便是人类自我实现，向道超越的一种桥梁和通途。书道形式简约，一笔一墨一纸一砚即可写字，实质合情蕴道，深邃博大，因此为仁人志士所乐道。这种契合基于对道的景仰和追求道的最高境界即艺的最高境界，也是自我实现的人性的最高境界。人、书、大道，三位一体，是为书之道。

（四） "书道立人"的教育观与育人观

教育在传承与创新中不断发展。教育的本质在于培养全面发展的人，贯彻党的教育方针，践行"立德树人"的育人思想，全面推进素质教育是新时代教育人的历史使命。

书法艺术三个层次——书技、书艺、书道，"书道"是最高层次，不仅要写好字，更要书写意志、情趣与追求，树立远大志向和高尚情怀。"书道"的核心内涵是写字、修身、正心。"书道立人教育"思想揭示教育不仅仅在于知识和技能的传授，更是陶冶情操、锤炼意志、塑造人格的过程。

基于此，我认为小学阶段的教育更应注重学生良好品行的培养。因此，在教学中，教师应当培养学生一些关键素养（见表1），使学生具有坚强的意志、丰富的学识及一定的艺术素养和创新能力，促进学生的全面发展。

表 1　东莞市寮步镇石步小学学生关键素养

育人目标	基本内涵	具体要求
志如石。	坚毅朴实。	知礼仪、恒意志，尚勤劳、守诚信。
知如海。	博学悦纳。	广学识、腹诗书，善管理、能包容。
行如水。	灵动创新。	乐运动、富才艺，敢质疑、勇探究。

（三）"书道立人教育"思想的践行

石步小学有着近百年的办学历史，为了进一步发挥学校的办学特色，提升学校办学品质，我把"书道立人教育"思想作为推动学校教育高质量发展的巨大精神力量，立"书以载道，'立品'成人"校训，进一步开拓"书道"之内涵，引领师生体悟"书"中所蕴含的为人之道、为德之道、唯美之道、提能之道。倡导师生重视自修、学以成人，通过读书与习书感悟做人的道理，提升个人的学识与涵养，促进个人的成长；立"阳光向上，知书明理"校风，使经典成为师生的精神追求，培养师生积极开朗、追求卓越的精神气质；立"博爱善导，春风化雨"教风，让教师自觉承担为国育才、为党育人的责任担当，以渊博的学识和仁爱的胸怀滋养学生，练就德艺双馨的教师风范；立"勤学悦纳，善思敏行"学风，让学生既有勤奋自信的学习态度，又有敢于质疑、不断创新的批判精神，形成拼搏进取的文化风尚。

（一）以特色立校

1. 打造"书道立人教育"思想下的"立品"德育特色

在"立德树人"和"核心素养"的大背景下，德育工作更应以学生为本，关注学生的发展。我认为应该淡化道德教育和品格教育之间的界限，在"书道立人教育"思想指导下进行"立品"德育建设，聚焦学生的必备品格，创新学校德育模式，实现"立德树人"的根本任务。

"立品"德育特色以全员德育为导向，注重教师示范作用，依据学生特点精心设计课程，以家校共育促进学生的全面发展。"立品"德育依据学生的年龄、心理特点、认知水平进行内容选择，确立了习惯"立品"、学科"立品"和活动"立品"三大实施路径（见图1）。

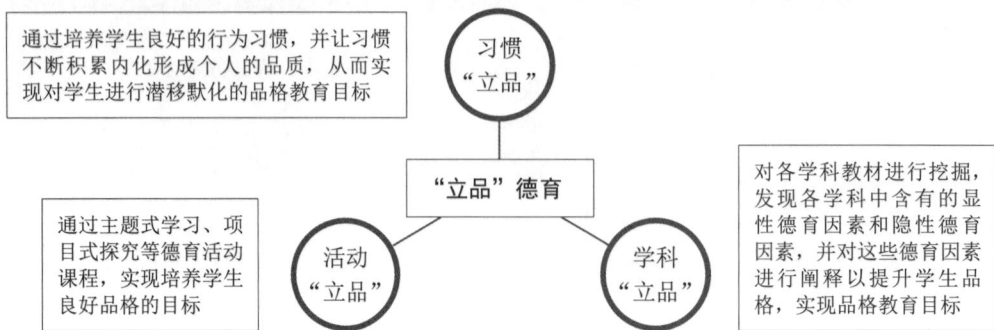

通过培养学生良好的行为习惯，并让习惯不断积累内化形成个人的品质，从而实现对学生进行潜移默化的品格教育目标

习惯"立品"

"立品"德育

活动"立品"

学科"立品"

通过主题式学习、项目式探究等德育活动课程，实现培养学生良好品格的目标

对各学科教材进行挖掘，发现各学科中含有的显性德育因素和隐性德育因素，并对这些德育因素进行阐释以提升学生品格，实现品格教育目标

图1　"立品"德育实施路径

我坚持"综合素质＋个性发展"的学生培养路径，不断创新育人机制，以"一线""两翼""三维""四途径"的路径培养学生的良好习惯，完善《石步小学良好习惯养成教育实施方案》《石步小学良好习惯养成教育自检分级指标》等文件，构建德育常规检查评估体系，建立健全习惯"立品"的长效机制。

我带领教师编写出一套序列化、系统化的德育校本教材——《好习惯好人生》，将习惯教育全面渗透到课堂教学中去。根据学生年龄、心理、认知等方面的特点，由浅入深，由低到高，由表及里，层层递进，环环相扣地细化养成好习惯的21项具体指标。

学科"立品"将品格培养渗透在各学科教学中，挖掘各学科教学中的德育价值。活动"立品"将学校活动课程化，一是学生成长活动课程，如入学礼、成长礼、毕业礼等；二是学校的节日课程，初步形成阅读节、艺术节和体育节的"三大校园节日"课程，同时组织学生走出校门开展春天毅行赏美景、寒暑研学看天下等活动。

2. 打造"书道立人教育"思想下的书法校本特色

书法艺术是我国几千年历史遗留下来的瑰宝，在"书道立人教育"思想的引领下，我带领全校教师积极开展书法特色教育探索，全面开展书法教育课程，实行毛笔、硬笔书法教学进课堂，将书法这一优秀传统文化传承给学生，培养学生从小热爱书法，从小形成"认认真真写字""踏踏实实做人"的良好品行。

十几年来，书法特色教育已成为石步小学一张靓丽的名片，我们探索出一套书法特色教育的有效实施策略。一是落实书法教育五项基本保障措施：

（1）营造学校书法文化的浓厚氛围。在建立舒适的"书法教室"、大气的"墨香苑"展馆、优雅的"楹联长廊"、灵动的"书法展台"和雅致的"书法碑林"基础上，完成了"书香校园"智慧空间的改造工程，对校道楼名重新命名，新设荟萃苑、荟星廊、习书廊等主题活动区域，使校园空间为学生的成长赋能。

（2）注重学校教师书写水平的提高。建构"三训四练"的"兴师"书法师资培训课程。"三训"即粉笔字、硬笔字、毛笔字训练。"四练"是在"三训"的基础上，要求全体教师进行"每天粉笔字练习""每双周硬笔字练习""每个假期毛笔字练习""每学年书法比赛作品练习"。

（3）实施各个学科与书法教育的整合。学科教师在教学中明确书写要求，注重对学生书写实践的指导，要求各科作业书写规范、认真、端正，真正做到"教师提笔即示范，学生提笔即练字"。

（4）开发书法校本课程及慕课资源。根据不同年级学生的学情、心理及生理特点，面向全体学生开展"常规课、特色课、拓展课"的"三维"教学训练体系，并构建了书法特色课程三大资源：一是一至六年级共 12 册《小学语文写字教学通用教程》（见图2）；二是汉字书法指导视频 1675 个；三是优秀书法教学资源，包括教学设计 36 篇、教学实录 20 个。

（5）注重书法教育教学研究。开展《基于书法教学渗透中华优秀传统文化的研究》等三项教育教学研究，建构书法课堂"赏、学、教、练、评、改"的"六字"学教法，创编了"执笔歌"以及"写字一刻"的"三五七"教学法，即三分钟控笔练习，五分钟教师讲解，七分钟学生练习、点评。其中，教师讲解部分又分为"一看、二讲、三写、四评"。

图 2 《小学语文写字教学通用教程》

（二）树品牌强校

借着东莞市打造一百所品牌学校的东风，在"书道立人教育"思想引领下，我对学校办学的各个环节进行梳理提升，确立"书以载道，'立品'成人"的办学理念。学校于 2021 年 10 月通过专家组的现场考核，成为东莞市品牌学校。

在扎实推进未来五年发展规划的过程中，以五大策略推进品牌学校建设：

（1）设施配备——打造现代化的"书香校园"智慧空间。通过校园文化改造，让品牌文化更加彰显；改造校园空间，为师生综合素质的全面发展提供优质条件。

（2）队伍发展——创造促进个性成长的"书香教师"成长条件。成立教师发展中心，通过"师徒结对""制度化学研"等阶梯化培养策略，促进教师专业上的迅速提升。

（3）学生培养——探索全面发展的"书香少年"成长路径。通过行为习惯养成、知识能力提升、个性成长培育和书香少年评价四大路径，促进学生的全面发展。

（4）课程建设——构建科学系统的"书道立人教育"课程体系。以"立德修身，全面发展"为理念，构建"1＋3＋X"的"书道立人教育"课程体系，下设立德、立智、立艺三大课程群，强化基础课程、特色课程、活动课程的有机融合。

（5）科研引领——内生源源不断的"书道立人教育"发展动力。将课题研究的目标指向课堂教学改革和课堂建设，将"校园文化、课程、德育"融为一体，探索提高教学质量的有效途径。

（三）促品质提升

在"书道立人教育"思想引领下，学校取得飞跃式的发展，获得一个又一个荣誉，成就一大批业务精良的优秀教师。目前学校有东莞市名师工作室主持人 1 人，东莞市学科带头人 2 人，东莞市教学能手 16 人，镇名师 2 人，镇名班主任 3 人，镇学科带头人 10 人，镇教学能手 17 人，镇教研中心组成员 9 人。学校连续 11 年被评为寮步镇年度综合评估一等奖，先后获评"全国中小学中华优秀文化艺术传承学校"（东莞仅两所学校获此殊荣）、"全国优秀家长学校"、"全国青少年校园足球特色学校"、"广东省中小学艺术教育特色学校"、"东莞市第三批品牌学校"等。学校教科研成果丰硕，仅近五年，师生在市级以上各类竞赛中获奖 1100 多人次，得到了《人民日报》、《羊城晚报》、东莞电视台和今日头条等众多媒体的关注与报道。

作为"书道立人教育"思想的实践者，我在学科教育与学校管理方面都获得了跨越式的发展，荣获东莞市女职工建功立业女能手、东莞市优秀教师、东莞市小学英语教学能手、寮步镇首届最美教师等荣誉称号。我坚持以教育科研为引领，先后主持参与《小学流动人口子女学习习惯的调查研究》《经济发达地区农村小学活动型德育方法实践研究》等 6 项课题，有 3 项课题获得省市教育成果奖。撰写的教育教学论文和教学设计有 4 篇发表在省级以上刊物。在我的带领下，石步小学中层行政团队创新力与执行力强，无论在个人专业领域还是学校行政管理上均能独当一面，出色完成省市各级各类跟岗培训和公办民办学校帮扶任务，为教育优质均衡发展作出贡献。

基于学校书法特色创新发展的品牌建设

——以东莞市寮步镇石步小学"书道立人教育"为例

（一）问题的提出

（一）品牌化是学校适应新时代教育需求的必经之路

随着社会的快速发展，人们对教育的期望值更高，基础教育从全面普及阶段向优质均衡阶段发展。引领每一所学校都办成优质特色的品牌学校，为每个孩子的个性化发展提供选择性服务，是基础教育均衡优质发展的必经之路。

（二）特色校本课程是形成和深化学校品牌内涵的重要着力点

校本课程对标学生个性化学习需求，有助于彰显学校办学特色，发挥本校资源优势。优质的校本课程将为学校品牌课程提供有力支撑，同时是学校整体品牌的重要构成部分，凸显学校的办学理念和办学特色。

（三）发掘学校特色，打造特色校本课程，助力学校品牌建设

从学校的发展史出发，努力发掘学校发展过程中沉淀下来的文化元素，对照国家各项教育政策及新课程标准，打造特色校本课程，最终凝聚成"书道立人教育"的学校品牌。以这样的内涵去支撑学校品牌建设，就能为学子找到较好的求学场所，并成为他们精神栖息的场所。只有依托于学生的文化才是真正的学校文化，只有学生身上彰显出来

的文化底色与行为特色才是学校品牌最闪亮的地方。

(二) 解决的主要问题、解决问题的过程与方法

解决的主要问题：如何实现学校品牌化发展；如何发掘学校特色，打造特色校本课程，为助力学校品牌建设提供科学路径等。

2007年，学校受办学条件、生源素质、教师素养等种种因素的限制，教学质量、办学内涵还有很大的提升空间，办学品牌还未真正形成，因此，学校选择了开发书法特色校本课程，以推进学校品牌建设。

从2007年开始，经过十几年的探索和实践，我们掌握了构建书法特色品牌的规律，形成具有特色的书法教育体系，进一步凸显书法特色，提高学校办学知名度、美誉度，最终形成学校办学品牌并加以推广。

(一) 提出发展目标，搭建特色框架（2007年至2011年）

在政策的指引下，学校提出"以点带面，全面提升教学品质"的特色发展目标。在前期对书法教育政策及相关知识进行宣传的前提下，学校以学生、家长、教师作为调研对象，针对"是否开设书法校本课程"展开调研。

学校成立书法教育工作领导小组，制定书法教育发展规划和实施方案，尝试从课程、教材、师资三个层面保障书法教育的开展。课程方面：一至二年级开设硬笔书法课，三至六年级开设毛笔书法课；教材方面：一至二年级以语文课本中的生字为主，三至四年级以线条和空间的基础练习为主，五至六年级安排古帖中楷书集字练习；师资方面：一至二年级由语文教师执教，三至六年级由专职书法教师任教。

(二) 完善特色课程，提炼学校品牌（2012年至2019年）

1. 完善书法课程整体设计

自2011年起，《教育部关于中小学开展书法教育的意见》（教基二〔2011〕4号）等文件相继发布，学校深研国家、省市有关文件，邀请课程与教学相关专家、书法家、骨干教师组成研究共同体，从课程目标、课程内容、课程资源、课程评价四个方面进行书法课程顶层设计，创设"特色化育人"书法校本课程体系（见图1）。

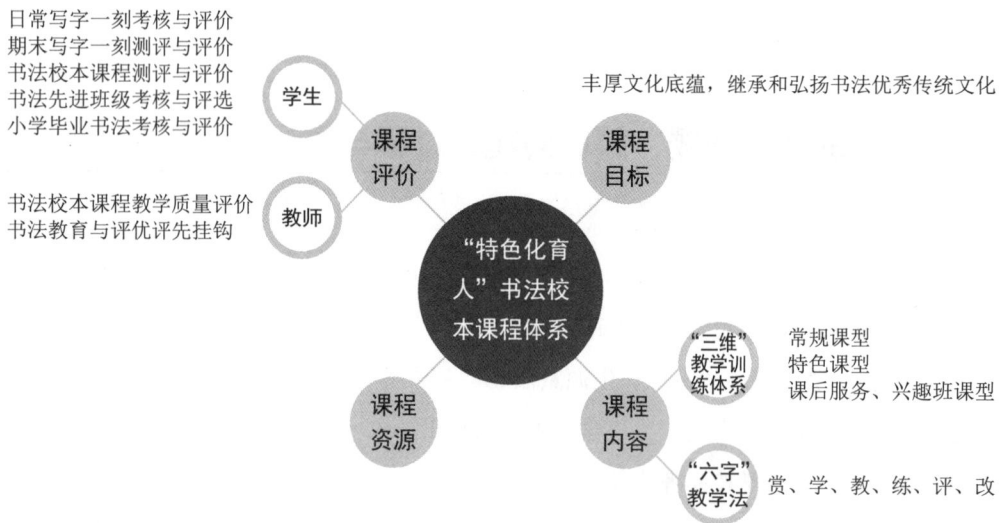

日常写字一刻考核与评价
期末写字一刻测评与评价
书法校本课程测评与评价
书法先进班级考核与评选
小学毕业书法考核与评价

书法校本课程教学质量评价
书法教育与评优评先挂钩

学生

课程评价

课程目标　丰厚文化底蕴，继承和弘扬书法优秀传统文化

教师

"特色化育人"书法校本课程体系

"三维"教学训练体系　常规课型　特色课型　课后服务、兴趣班课型

课程资源

课程内容

"六字"教学法　赏、学、教、练、评、改

图 1　"特色化育人"书法校本课程体系

（1）建构书法课堂教学方法。在专家引领下进行书法教育实践研究，建构书法课堂"六字"教学法（见图 2），并结合课标要求，完成在书法教育中的实践，总结的成果在《教育教学研究》《学科与素养》栏目刊载。学校创编"执笔歌"以及"写字一刻"的"三五七"教学法，即三分钟控笔练习，五分钟教师讲解，七分钟学生练习、点评。其中教师讲解部分又分为"一看、二讲、三写、四评"。

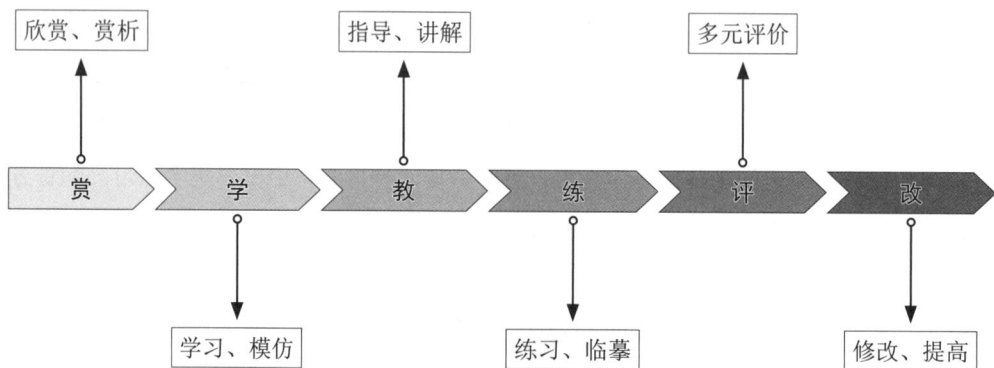

欣赏、赏析　　指导、讲解　　多元评价

赏　学　教　练　评　改

学习、模仿　　练习、临摹　　修改、提高

图 2　"六字"教学法

（2）开发书法课程配套资源。学校整合资源，组建由学校、寮步镇周上金名师工作室、书法专家等参与的校本课程开发共同体，开发校本资源《小学语文写字教学通用教程》，在省内外 11 所学校推广、使用。另外，还开发了与教程搭配使用的书法指导视频。

（3）制定校本课程评价标准。学校从教学实际出发，制定出关于学生的五项评价标准和关于教师的两项评价标准，完善了书法课程体系。

（4）开展书法相关课题研究。开展"班建制'六法'书法教学模式实践研究""以写字教育促进学生心智发展的研究""基于书法教学渗透中华优秀传统文化的研究"等课题研究，将理论和实践结合起来。学校将书法与信息技术结合，开发"传承汉字艺术篆刻"课程，通过篆刻及3D打印，拓宽了书法教育教学的领域。

（5）营造书法育人文化氛围。在校园文化建设中融入书法文化和审美。建有书法碑林、墨香苑展览馆、楹联长廊等，在教学楼走廊的墙面上悬挂学生书法作品，使每一个角落都彰显书香气息，让书法文化育人建设全方位引领学校内涵发展。

2. 提炼学校"书道立人教育"品牌思想

经过十余年的不断丰富、发展、完善，通过书法特色课程的打造及良好习惯养成教育的坚持，学校取得了良好的办学业绩和较高的社会美誉度。学校综合各方面特色，形成了"书道立人教育"品牌思想（见图3）。

提炼"书道立人教育"品牌思想，学校首先根植于"书同文"、书画同源的思想内涵；其次践行"立德树人"的育人思想；再次，学校所在石步村的"石步"意为水边石级，"步"通"埠"和"埗"，代表着不断冒险进取的精神；最后，学校从2005年开始构建"五位一体"的养成教育培养体系。

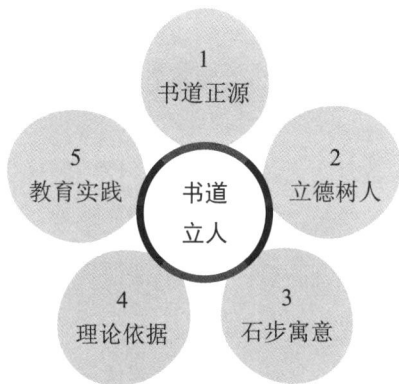

图3　"书道立人教育"品牌思想

3. 构建"书道立人教育"品牌理念系统

秉承"书道立人教育"思想，我们构建了全面的"书道立人教育"思想体系（见图4），即践行"书以载道，'立品'成人"的办学理念，努力打造精致典雅的书香校园，成就德才兼备的书香教师，构建科学系统的"书道立人教育"课程，培养全面发展的书香少年，彰显"书道立人教育"品牌特色，办一所书香满园的品牌学校。

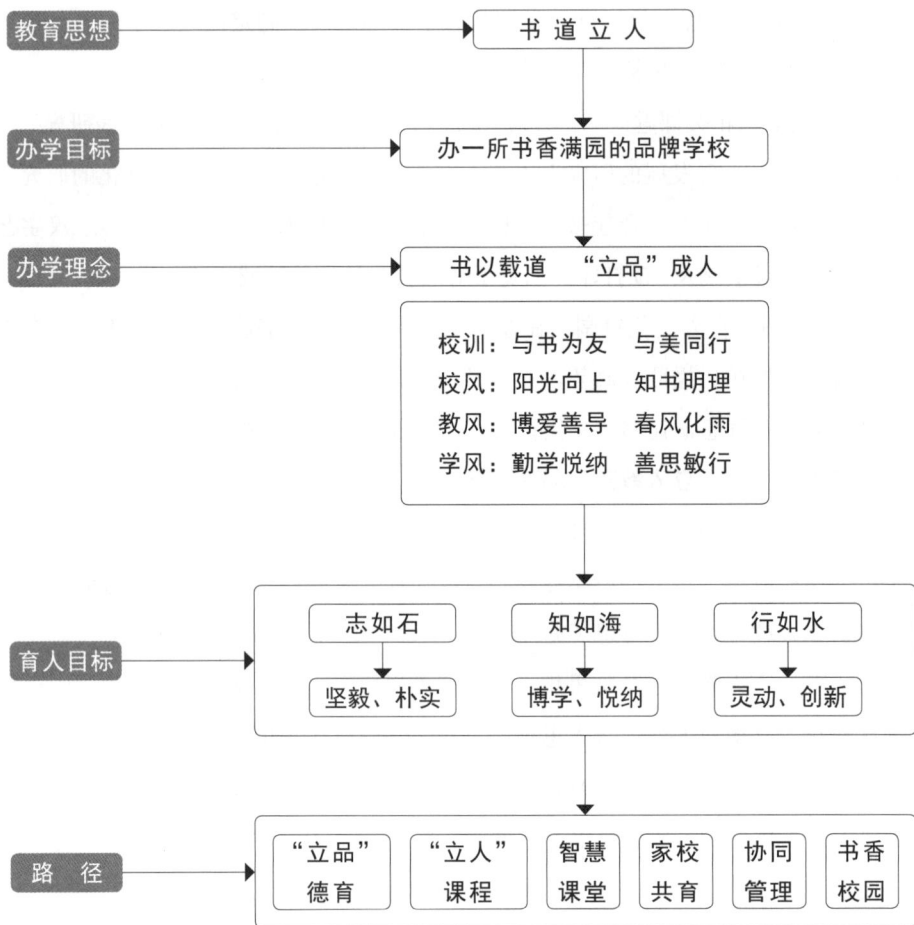

图4 "书道立人教育"思想体系

石步小学以"书道立人教育"为核心，基于学校的硬件优势、师资优势、书香环境优势、办学成就优势，引导莘莘学子海纳百川、博览群书，与书为友、与美同行。以广泛阅读、全员阅读丰富学识，提升智慧；开展书法课程，通过练笔、练心、炼品、炼内力，助推"书道立人教育"品牌的推广和传播。

学校通过创设书香氛围的硬件环境，并辅以阅读活动、书法学习及良好习惯养成等软实力的升级与发展，为师生营造一个好的学习与生活氛围，在目标上追求卓越，在策略上注重创新，努力办成书香满园的品牌学校，实现铸就"书道立人教育"品牌的夙愿。

4. 构建学校"书香教师"阶梯培养体系

成立学校教师发展中心，下设青年教师发展研究中心和名师成长团队，建立师徒结对制度。在形成教师发展共同体的基础上，通过阶梯计划和教师共同体结对，以老带新，实现教师由"五会"到"三能"的成长，提高青年教师的综合素质，并且根据各个阶段教师的成长特点，制定"八个一"策略，促进教师专业化成长。

实施"制度化研修"，即将教师的学习和研修以制度的形式固定下来。坚持"计划性、全面性、指向性、操作性和展示性"五大原则，确保研修的实施与效益。将教师学习和研修分为五大模块，即"读书分享""学进交流""名师引领""新秀竞技"和"专题研修"。

品书法——把书法技能（毛笔、硬笔、粉笔）作为各学科教师专业基本功考核项目之一，教师每天一练，每两周上交一次书法作业，每两周开展一次教师书法培训。搭讲坛——学校大力建设"书道教育大讲坛"，通过教研沙龙、讲座、报告等形式，促进学术交流和教师成长。

成立校外专家智库，引领高位发展。通过与华南师范大学等高校合作，引入高校专家团队开展项目研究，提升教师理论功底，开阔视野。

5. 探索学校"书香少年"全面发展路径

（1）良好习惯养成。按照"一线""两翼""三维""四途径"的路径进一步深化良好习惯养成教育。以"好习惯成就幸福人生"为"立品"德育的一条主线，以"'好习惯好人生'校本德育课程和书法教学渗透"为两翼，从学习、生活、行为规范三个维度入手，通过知、情、意、行四个途径，规范学生的习惯养成。建构学校、社区、家庭"三位一体"的育人机制，整体实施"养正（低）＋养成（中）＋养心（高）"一体化的好习惯养成教育。

（2）知识能力提升。着力推进"智慧课堂"建设，打造互动性、开放性、学生主体性的课堂，促进学生的学科思维成长。每学期定期开展数学计算能力大赛、英语口语比赛、语文口语交际表演、现场作文大赛等活动提升学生的学科关键能力。大力推进课外阅读，通过每周一节阅读课、每学期一次校外研学、每年一次校园读书节等活动丰富学生的学识。

（3）个性成长培育。坚持"综合素质＋个性发展"的培养发展路径。艺术方面，以书法为特色项目，全面兼顾音乐、舞蹈、美术、器乐等方面的艺术素养提升。体育方面，以足球为特色项目，努力形成学校优势项目。创新实践方面，以小课题研究、科普实践活动、生活能力培养和环保意识提升为抓手，为学生创新实践能力发展奠定基础。

（4）书香少年评价。围绕"志如石、知如海、行如水"的学生成长目标，完善相应评价维度及评价内容，构建全面发展的书香少年评价体系，通过每月评星、校园追星、每学期评选书香少年等措施落实书香少年评价，激励学生全面发展。

6. 构建科学系统的"书道立人教育"课程体系

以"立德修身，全面发展"为理念，构建"1＋3＋X"的"书道立人教育"课程体系（见图5），下设立德、立智、立艺三大课程群，强化基础课程、特色课程、活动课程的有机融合。

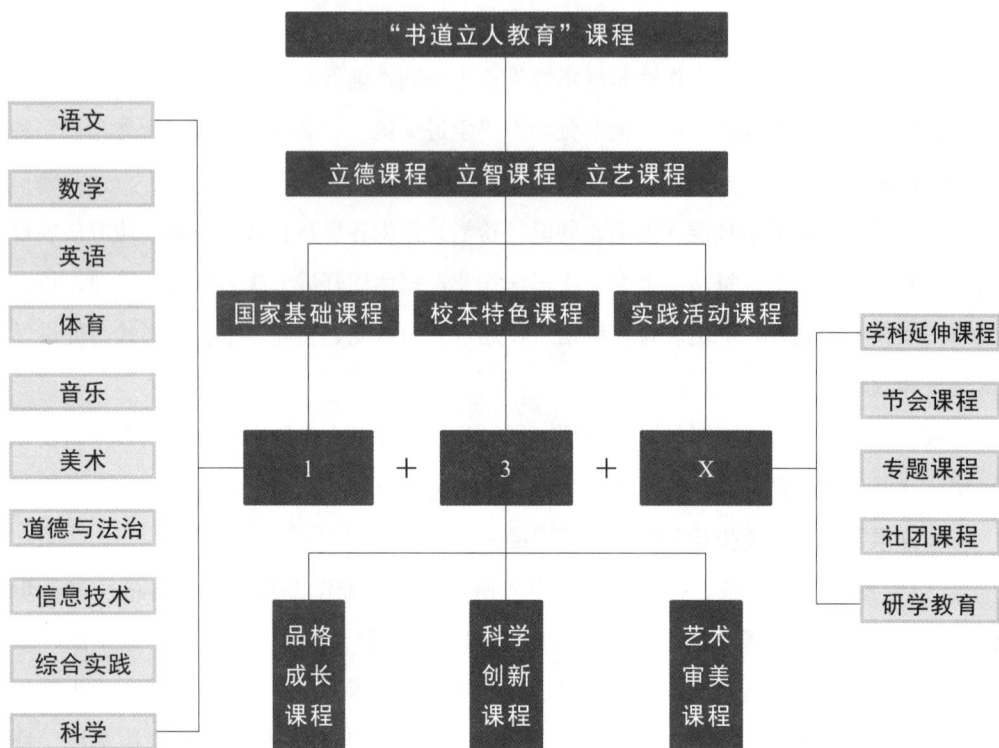

图 5　"书道立人教育"课程体系

（1）推进国家课程校本化。依据国家课程规划，开展国家课程的校本化教学探索。实施长短学时整合，根据学科特点、学生特点，实行长课与短课的搭配，科学运用教学时间；尝试学科知识板块整合与单元主题知识整合，立足核心素养，实现集约化、模块化教学，提高课堂教学效率；融入数字教育理念，提升课程实施水平。

（2）实现校本课程模块化。立足培养学生的核心素养，从文化基础、自主发展、社会参与三大层面构筑品德与能力并重的校本课程体系，分层次开发丰富多样的校本课程，满足不同年龄学生的学习需求，为学生未来的发展奠定坚实的基础。

（3）推动活动课程多元化。主题活动课程强调活动创新，包括学科延伸课程、节会课程、专题课程、社团课程、研学教育等，以满足儿童不同年龄成长的需要。

（三）凝练品牌特色，推广品牌成果（2020 年至今）

学校将多年的书法课程实践经验凝练出理念成果，申报"全国中华优秀文化艺术传承学校"（由教育部体育卫生与艺术教育司组织），最终成功获批。2019 年 12 月，学校被广东省教育厅评为"第三批广东省艺术特色学校"。课程资源《小学语文写字教学通用教程》被省内外 11 所学校运用。石步小学共承接、举办了国家级、省级、市级各类书法交流活动 88 次，镇级、校级书法交流培训活动 128 次。学校的书法特色凸显，社会影响力逐渐增大，受到《人民日报》《羊城晚报》和东莞电视台等众多媒体的关注与报道。

学校品牌是学生、教师、设施、文化、历史、个性的集合，有良好的质量、形象、价值观和竞争力。

（三）成果的主要内容

2007 年，东莞市寮步镇石步小学开始书法校本课程的开发与实践，开启了由农村薄弱学校向优质品牌学校迈进的新纪元。历时十多年，学校将书法打造成为促进学生综合素养发展的一门特色校本课程，成为引领学校内涵发展的根基。

（一）理论成果

随着特色课程的发展突破，学校对校本课程目标现有的资源进行梳理，确立"书道立人"的办学理念和课程文化发展定位。通过改造、选编、整合、补充、拓展等形式，将校本课程项目去繁为精，建构"书道立人教育"课程体系，为学校校本精品课程乃至学校整体品牌的建设奠定坚实的基础。

（二）实践成果

1. 形成了课程资源

构建书法特色课程三大资源：一是一至六年级共 12 册的《小学语文写字教学通用教程》；二是汉字书法指导视频 1675 个；三是优秀书法教学资源，包括教学设计 36 篇、教学实录 20 个。

《小学语文写字教学通用教程》目前由省内外 11 所学校使用。教材结构完整，每册均由"技法篇""书家趣事""有趣的汉字""生字篇""有故事的汉字"五部分组成，创新地将中华优秀传统文化有机地融入每一册的教学内容，有利于实现课程育人的目标。

汉字书法指导视频聘请获得国家、省、市多项荣誉的书法专职教师撰写并拍摄。该视频与《小学语文写字教学通用教程》中的练习匹配，教师可以使用视频对学生进行技法指导，解决了学校师资力量不足等问题；学生可以根据视频模仿练习，解决了线上教学和学生自学时的教学难点。

优秀书法教学资源是学校在十多年的实践中积累出的优秀教研成果。其中，教学设计包括多节硬笔与毛笔优质课等内容，为教师的课堂教学和科研起到了借鉴作用；教学实录更直观地展示了课堂教学的过程，是较为宝贵的教学资源。

2. 搭建了"三维"教学训练体系

根据不同年级学生的学习、心理及生理特点，学校面向全体学生开展"三维"教学训练体系。

（1）常规课型：低年级每周 2 节硬笔书法课，中高年级每周 1 节毛笔书法课。

（2）特色课型：一至六年级每天 15 分钟硬笔书法课，由语文教师主教，其他科任老师辅教，"双师"配合。

（3）课后服务及兴趣班课型：组建书法精英创作团队，系统学习书法文化知识，开展作品创作。

3. 建构"兴师"书法师资培训课程

为提高教师书法水平，学校建构"兴师"书法师资培训课程，内容包括"三训四练"。

"三训"即粉笔字、硬笔字、毛笔字训练。在充分发挥本校师资优势的情况下，另外聘请中央美院张羽翔博士、东莞市教师发展中心于永波老师等为导师，并形成师训系列课程。

"四练"是在"三训"的基础上，要求全体教师进行"每天粉笔字练习""每双周硬笔字练习""每个假期毛笔字练习""每学年书法比赛作品练习"。

四 成果的主要创新点

（一）理论创新

从理论层面提出基于办学特色的"书道立人教育"品牌理念，实现理论创新。书法特色课程是"书道立人教育"品牌建设的重要途径，彰显"书道立人"精神。书法特色课程不仅对书法之道进行传承和创新，将书法之道与"立品"成人相结合，还以书法为抓手，将其贯穿于课程教学、社会实践、校园文化等环节，使学生在修习书法过程中，立德修身，全面发展，传承中华优秀传统文化。由此从理论上提出，在构建特色校本课程体系时，将学校情况、学生个性需求、教师条件等进行整合，将学校的特色办学理念与整体品牌建设作为三类课程管理的统领思想。

（二）实践创新

从实践层面探索出"书道立人教育"品牌建设路径，实现实践创新。学校将"书道立人教育"品牌理念有意识地渗透在课程、环境、实践、文化建设中，让这个学校品牌最终得到社会各界、学校师生、家长的认同和理解，从而推动学校往更高层次发展，形成学校特有的教育品质和教育文化。

五 成果的推广与检验

校内推广与检验：石步小学基于办学特色的"书道立人教育"品牌建设，彰显学校课程文化发展定位和办学特色，体现校本课程的改进对学校整体品牌塑造的作用，让校本课程建设传播学校品牌文化，落实立德树人的根本任务。

（1）学生全面成长，学生艺术素养、审美能力、心智水平等得到提高，展现特色化育人成果。学生掌握了"四会交流"：一会"识字"，二会"写字"，三会"赏字"，四会"评字"。书法教育使学生更加自信、勤奋、坚韧、执着等；促进审美教育，通过学习书法，观摩优秀作品，自主参与创作，学生提高对美的认识；带动了习惯养成，每学期的测评数据显示，大部分学生形成了规范端正的坐姿和写字姿势，养成"提笔即是练字"的习惯。

十几年来，学校对学生书法方面的普及教育约1.6万人次。学校师生代表更是斩获全国各级各类的书法比赛荣誉达300人次以上。其中国家级比赛9项、省级比赛32项、市级比赛145项、镇级比赛172项，在各级各类书刊发表40余幅作品，出版《石韵》《石韵飘香》《石韵书香》《墨润璞石》等专著数十本。在广东省规范汉字书写大赛中，陈雪娟、陈羡文同学荣获硬笔书法和毛笔书法比赛的特等奖。

（2）教师专业发展，学校成就了一大批业务精良的优秀教师，提高了教师教育科研能力。书法特色课程成就了一大批业务精良的优秀教师，产生东莞市名师工作室主持人1人，东莞市学科带头人2人，东莞市教学能手16人，镇名师2人，镇名班主任3人，镇学科带头人10人，镇教学能手17人，镇教研中心组成员9人。此外还培养了众多艺术人才，有中国书法家协会会员3人，中国硬笔书法协会会员1人，省市书法家协会会员12人。詹逸然老师获得由广东省教育厅授予的"全国书法教育先进工作者"称号，并调入东莞市教育局担任美术教研员；周上金老师连续两届被聘为"寮步镇书法名师工作室"主持人，并被聘为镇书法兼职教研员。

教师的科研能力随书法教育实践与研究不断呈现上升的趋势。2007—2022年间，教师获得书法相关奖励：国家级以上 3 人次，省级以上 42 人次，市级以上 48 人次。教师在省级报刊发表书法学术论文 5 篇，出版书法教材 12 部。

（3）学校内涵发展，学校蜕变为具有品牌影响力的学校。自学校开展书法特色课程以来，先后获得国家级荣誉——中小学中华文化艺术传承学校、全国优秀家长学校、全国优秀家长学校实验基地等 5 项；省级荣誉——广东省中小学艺术教育特色学校、广东省书法特色教育与创作实验基地、广东省青少年书法大赛教育名校等 14 项；市级及以下荣誉——东莞市硬笔书法教育基地、东莞市品牌学校等 15 项，并连续 9 年获得寮步镇年度综合评估一等奖。

市内推广与检验：开发的书法教学资源推行效果显著，获得省市认同；培养的师资队伍力量雄厚有经验，获得市镇认可；参与各项书法赛事屡获佳绩；丰富的书法教学活动广受家长欢迎。

省内推广与检验：分享书法教学经验；参与全省书法艺术展演活动；开展跨市书法交流活动，涉及的地方有广州、佛山、珠海、云浮、韶关、清远、梅州等。学校办学品牌日益凸显，得到了《东莞日报》《羊城晚报》《南方都市报》以及东莞广播电视台等众多媒体的关注与报道。

国内推广与检验：外省同行书法交流学习，承办跨地区全国书法交流活动。编写的《小学语文写字教学通用教程》及配套视频资源通过出版社面向全国小学征订，发行 2000 余册，受到广泛赞誉。

品牌：本真教育

东莞市高埗镇西联小学 · 李富祥

"本真教育"是东莞市高埗镇西联小学的教育品牌。

东莞市高埗镇西联小学创建于2007年，是由六所村办小学联办而成的学校。西联小学已成长为知名度高、口碑好的品牌学校。国家教育事业发展"十四五"规划的提出，推动了我们对办好人民满意教育的深层次思考。百舸争流千帆竞，勇立潮头敢为先。西联小学品牌办学第一条主线是立足地域本土。学校所处的高埗镇位于东莞北部，域内最早于南宋立村，800多年来，乡民在这片沃土上耕读渔猎。40余年前，高埗人在全国首创农民集资建桥、过桥收费还贷模式，建设了高埗大桥，印证了高埗人民勤奋务实的底色与创新求真的亮色，归结起来就是"务本求真"的精神。第二条主线是对"真做教育，做真教育"的探求。西联小学从"务本求真"精神出发，把"儿童发展"作为教育诉求，决心回归教育本真，遵守教育规律，实实在在办家门口的好学校。2019年，西联小学明确提出以"本真教育"为办学品牌，坚守"务本求真 登高步远"的校训，将"以中华优秀传统文化点亮童心照耀未来"作为育人着力点，致力于培养"根植传统面向未来、品德立本知行是真"的本真少年。2021年，西联小学被评定为"东莞市品牌学校"，2022年开启集团化办学，以西联小学为龙头校组建成跨市型教育集团。

校 长 简 介

李富祥，中共党员，东莞市高埗镇西联小学教育集团党支部书记、校长，东莞市名校长工作室主持人培养对象、东莞市"百千万人才工程"名校长培养对象，高埗镇教育系统党委委员，高埗镇家庭教育讲师团讲师、高埗镇党校讲师，小学道德与法治高级教师。从教以来，参加学科竞赛，多次获得市、镇嘉奖，主持或参与了1个省级、4个市级教育科研课题研究，16篇论文在省、市级以上报刊获奖或发表，曾荣获广东省书香校长、东莞市优秀教师、东莞市书香家庭、东莞市普法工作优秀个人、高埗镇优秀校长等称号。

我的教育思想录：
坚守教育初心，探求教育本真

奥地利作家茨威格说过，人一生最大的幸运，莫过于在他年富力强时发现了自己的使命。夏茹冰先生曾言：水本无华，相荡乃兴潋滟；石孰有火，互击而闪灵光！教育路上守初心，探求教育的本真，明媚自己，也照亮他人。送给自己，也与大家共勉！

(一) "坚守教育初心，探求教育本真" 教育思想的缘起

1994 年 7 月，我从东莞师范学校毕业分配到万江区坝头小学，成为一名语文老师；1997 年 8 月回到家乡，在高埗镇中心小学任教；2000 年 8 月，被任命为高埗镇横滘头小学负责人；2004 年 7 月，负责筹建高埗镇首所实施联合办学的学校——东联小学；2005 年 4 月，被任命为东联小学副校长，主管学校全面工作；2006 年 4 月，被正式任命为东联小学校长；2020 年 8 月，从东联小学交流轮岗来到西联小学担任校长。人生经历了多个阶段，行走虽艰苦但幸福。我始终主张：只要热爱教育这份事业，守住教育人的初心，就有坚持下去的勇气和毅力；只要肯为这份事业挥洒汗水，就一定会追求到教育的本真和美好。

(一) 求学路上遇良师，潜移默化走师路

回想起自己十几年的求学之路，遇见很多的良师，如叶丽华、叶平章、黄雪峰、卢兰、梁燕玲、王引璋、吴贺球、陈德繁、刘宁子、邹润榕……他们的品格修养、专业

水平让我深感钦佩，他们对我的循循善诱、真诚教导，让我逐渐爱上了"教师"这个职业。初中毕业后，在机缘巧合之下，我上了东莞师范学校，度过了三年愉快、充实的中师生活。

（二）懵懵懂懂初上路，满腔热忱勇前行

1994 年 7 月从东莞师范学校毕业后，年仅 19 岁的我成了万江区坝头小学的一名年轻的语文教师。刚参加工作的我，怀着满腔热忱，做事积极主动，也深得詹炯光校长的器重，他让我担任学校少先队大队辅导员职务。詹炯光校长对我的严格要求和殷殷教导，同事对我的关心和帮助，让淳朴的教育情怀逐渐在我心中生根发芽。

（三）心系家乡教育梦，学习培训改人生

1997 年 8 月，因心系家乡高埗的教育发展，我回到高埗镇中心小学任教，实现"反哺家乡"的育人情怀。我在万江区坝头小学养成了严谨、勤奋的工作态度，因此很快被当作学校的骨干教师来重点培养。1997 年 12 月，我参加"东莞市首届小学语文骨干教师培训班"，师从东莞小学语文领军人物叶宇琨校长，我迅速掌握了小学语文的教育教学方法和技巧。辛劳的汗水终于有了回报：2000 年 5 月我一举获得全市青年教师语文阅读教学比赛三等奖。俗语说：名师指路不如走名师走过的路！一次的学习培训，改变了我的教育人生。

（四）初生牛犊不怕虎，薄弱学校改成功

2000 年 8 月，年仅 25 岁的我凭借出色的工作能力，从一名普通的班主任兼语文老师，被任命为高埗镇横滘头小学负责人，成为当时东莞最年轻的一名小学校长。别人打趣我"年少得志"，我却说"教育本真，初心不改"。在横滘头小学那 5 年，我凭着初生牛犊不怕虎的劲头，成功改造了横滘头小学这所薄弱学校，造福当地村民。同时，我没有放松对自己的专业知识与技能的提升，其间取得了汉语言文学专业大专毕业证、校长任职资格培训证书和广东省少先队辅导员花样操技能培训证书。锲而舍之，朽木不折；锲而不舍，金石可镂。可以说，我的信念和持续学习，让我对追求教育本真有了更加深刻的认识。

（五）青春激扬勇挑担，联合办学共成长

作为一名教育工作者，我的教育教学生涯中最让我难忘的，莫过于在东联小学任职校长的那一段风华正茂的时光。作为高埗镇开始探索实施联合办学的新试点学校，东联小学是由三联、横滘头等7个欠发达的自然村，通过市、镇经费补贴与自筹经费相结合的方式进行联合办学的。学校从一片荒芜到楼宇耸立，作为主要筹建人，我日夜扑在工地上、办公室里，从多方关系协调，到经费筹措准备，再到校园布局建造，最后实现学校发展提升，"关关难过关关过"，过程格外曲折与艰辛。每当我工作中有心灰意冷之感，觉得自己奔向目标的路渐渐模糊时，心里总有一道光闪耀着，照亮着我努力支撑下去。这道光就是我的信念：我是一名教育工作者，我是一名教师，把工作做好、把学生培养好是我最基本的师德，这就是我追求的教育本真。如今，东联小学教学管理成果突出，学校先后获"广东省安全文明校园""广东省红领巾示范校""广东省交通安全文明示范学校"等28个省、市级荣誉称号。在东联小学15年间，我取得浙江师范大学教育学专业函授本科证书，获得了"东莞市第二批名校长培养对象培训班"和"广东省第四期（东莞）小学校长高级研修班"学习机会，同时作为"东莞市陈添辉名校长工作室"和"东莞市林锐朗名校长工作室"的成员，高质量完成跟岗研修任务。

（六）本真教育探追寻，厚积薄发再前行

2006年，当时任东联小学校长的我曾参与到西联小学的筹建中，与西联小学结下一段不解之缘。2020年8月，我从东联小学轮岗来到西联小学任校长，在西联小学"本真教育"理念的基础上继续探寻教育的本真。轮岗到西联小学后，正值学校被遴选成为"东莞市第三批品牌学校"培育对象，要在一年后接受验收评定。重任在肩，由不得半分犹豫，我马上进入角色，在西联小学"本真教育"品牌的基础上，进一步提炼学校办学文化，以"追寻教育本质"作为办学落脚点，在坚守"务本求真，登高步远"校训的基础上，从文化根脉出发以文化人，找寻到"本真教育"的西联表达——以中华优秀传统文化点亮童心照耀未来。我提出了西联小学学生发展十二大核心素养，构建起完善的本真课程体系，帮助每一个学生发现自己，发展自己，成就自己，从而培养"根植传统面向未来，品德立本知行是真"的本真少年。2021年11月，西联小学被评定为"东莞市第三批品牌学校"。2022年8月开启集团化办学，以本校为龙头校，韶关市武江区沙湖绿洲小学为成员学校，组建"东莞市高埗镇西联小学教育集团"，将品牌学校成果辐射到韶关市。我以身作则，让教育本真这一道"光"照亮教师，带领团队一起拼搏，一起向未来；我勤于研修，先后加入"广东省阮美好名校长工作室""东莞市陈进威名校

品牌：本真教育

回想六个不同成长阶段，我相继被评为广东省书香校长、东莞市名校长工作室主持人培养对象、东莞市第二批名校长培养对象、东莞市教书育人优秀教师、东莞市普法工作优秀个人、高埗镇优秀校长等，主持和参与1个省级、4个市级教育科研课题研究。追求教育本真漫长而又艰辛，背后支持我的动力就是我对教育的热爱。我认为要成为一名合格的教育工作者，既要有治学上的严谨，又要有守望坚持上的情怀，更要学会不断超越自我。

（二）"本真教育"之教育思想内涵

真教育是陶行知先生一生的教育追求，"千教万教教人求真，千学万学学做真人"是他倡导真教育的真谛，也是我一直信奉的教育准则。作为伟大的人民教育家，陶行知先生提出的生活教育理论包括"生活即教育、社会即学校、教学做合一"三大主张。

（一）真教育是陶行知教育思想的行动内核

1. 真教育是贴近生活的教育

陶行知先生说，真正的教育，必须使学者与人民万物亲近。他认为生活是教育的中心，反对为教育而教育、为教书而教书、为读书而读书的超然教育，坚信教育要通过生活发出力量才能成为真正的教育。

2. 真教育是解决问题的教育

陶先生很好地继承了杜威"做中学"的思想，他倡导教育应该是一种能解决问题，能创造新价值的教育。他以为教育的目的，在于解决问题，所有不能解决问题的，不是真教育。不能解决困难，尤其不是真教育。强调教学要从情境中来到情境中去，在真实情境中，解释实际现象，解决现实问题，加强实践活动，加深对知识和方法的理解，提高分析问题、解决问题的能力。

3. 真教育是学做真人的教育

在陶行知先生看来，真教育就是追求真理做真人等。要学生做真人，教师自己就得说真话、求真理、做真人。如今，教育改革和发展取得了喜人进展，但有时也偶尔存在一些问题，只有靠真教育培养出来的人，才是具有高尚道德的人，才是对社会有用的人。

我始终认为，教育只有思想远远不够，还要转化为实践行动，让其成为学校办学的精神导引和理念追求，促进学校、教师和学生三个维度的同频共振，才能实现真正的教育价值。基于教育发展形势，依托学校办学实际，以陶行知先生"真教育"为基调，我进一步凝练教育主张，提出以"本真教育"为办学诉求，把西联小学办成一所学生喜欢、教师幸福、家长满意、社会认可的家门口的好学校。

（二）"本真教育"是思想境界与实施路径

从价值意蕴上探究，我认为"本真教育"应当是一种思想境界，也是追求美好教育的一种实施路径。西联小学"本真教育"的理论基础，来源于中华优秀传统文化，借鉴中国几千年的思想智慧，同时又吸纳了国外进步教育思想。

1. 务本

《论语》所言"君子务本，本立而道生"，意指君子致力于根本性的工作，根本确立了，正道就随之产生。西联小学"本真教育"充分认识到中华优秀传统文化中蕴含着博大精深、丰富深刻的哲学思想、人文精神、道德观念等，可以为我们强化新时代教育治理，加快建设教育强国、科技强国、人才强国，办好人民满意的教育贡献智慧。因此，在办学管理中，学校须充分发挥中华优秀传统文化的重要作用，从中华五千年文化根脉中汲取营养，培养德智体美劳全面发展的社会主义建设者和接班人。

2. 求真

我认为，在教育中求真，一是教育要尊重规律，崇尚科学，追求真知。在当下"双减"政策落实背景下，必须摒弃功利化、短视化。（1）坚持学生全面发展规律。要优化学生的成长环境，改变单一的应试教育局面，保障学生的德智体美劳全面发展，做有利于学生健康成长的教育。（2）坚持学生身心和谐发展规律。儿童成长过程中，身体、认知、情感、社交等方面呈现出一定的发展规律。这些规律可以帮助我们理解儿童的行为、需求和成长阶段，从而更好地促进他们的成长和发展。二是坚持真理，真实诚信，追求真才实学。本真教育着力于引领学生拥有质疑的自由、表达的自由、人格成长的自由，培养学生批判性思维与创新思维。

3. 至善

"至善"来自《礼记·大学》："大学之道，在明明德，在亲民，在止于至善。"本真教育是对美好教育的探求，是一个动态的过程。"至善"的基本内涵即指人应该追求人生最美好、最完善的品质境界。至善在学校教育层面包含两个意义：一是师生的人生至善，二是办学走向完善。本真教育的使命是努力让作为个体的人成为社会所需要的尽可能完善的人，代表着西联小学对优秀卓越的精进，与培养西联学子"根植传统面向未来，品德立本知行是真"的决心。

4. 生态

《道德经》有云："人法地,地法天,天法道,道法自然。""道法自然"揭示了整个宇宙的特性,囊括了天地间所有事物的属性,宇宙天地间万事万物均效法或遵循"道"的"自然而然"规律。"本真教育"以"儿童发展"为价值追求,是顺应儿童生长的教育,理应进入自然状态,形成一个生态的、可持续发展的系统。在这个系统中,首先强调"连结"。教育不是孤立的存在,它与其他社会因素有着太多的联系,在关联的基础上进行相互融合。其次是"包容"。教育的实施,没有放之四海而皆准的真理,事物存在相对性,必须根据现实的状况进行有针对性的、有实效的改变,才能让教育理念真正在实践的土壤中落地生根、开花结果。最后是"和谐"。在尊重生命本体的前提下,尊重规律,务本向善,求真立美,促进学生的品德、体质、审美、精神、智力、能力等和谐发展,让学生拥有健全的、富有充实意义的人生。

(三)担当教育使命,顺应改革大潮

2021年1月,东莞市召开推进品质教育建设大会,明确将"打造品质教育"作为接下来一个时期东莞加快教育现代化的核心战略,全面提升教育事业整体发展水平。2021年3月,东莞市"品质课堂"建设推进会召开,表明东莞市将坚持正确方向,突出重点,推进课堂变革,锻造高素质教研队伍,扎实推进"品质课堂"建设。

东莞建设高质量教育体系号角吹响。西联小学必须鼓起勇气,担当使命,顺应教育改革大潮,在深刻领会东莞市奋力打造品质教育决策部署基础上,找准自身定位,坚守"本真教育"理念,下定决心潜下心来,守住教育本分,关注学生率性童真,滋润心灵,启迪智慧,让学生在成为"全面发展的人"的道路上保持旺盛的生长力、奠定坚实的基础,让师生享受到过程的精彩和成长的幸福。

1. 坚定办学理念,让品牌发展更有内涵

西联小学本真教育以"儿童发展"为诉求,强调教育要面向儿童所经历的真实世界、真实生活和真实情感,为儿童成长"全面发展的人",具备能够适应终身发展和社会发展需要的必备品格和关键能力而奠定根基。务本求真是对教育本源和规律的追问,登高步远是引领儿童对生命高度与广度的探求,坚守"务本求真,登高步远"校训,西联小学从文化根脉出发,以文化人,坚持"本真教育"的西联表达:以中华优秀传统文化点亮童心照耀未来,并以此为落脚点,逐步形成"亦真亦美,向善向上"的校风、"宽严有度,卓识高怀"的教风和"真知力行,奇思善问"的学风,着力培养"根植传统面向未来,品德立本知行是真"的本真少年。

2. 转变管理模式，让学校发展有生命力

革新"本真管理文化"，把层级管理转换为项目式管理。在不减少、不依赖管理层级的基础上，把发力点放在每一个层级部门，让每个部门在自己所管辖、擅长的教育教学项目中发挥引领作用，成为领导者。在项目实施的过程中，项目负责人不需要逐级上报，可以按照自己的专业规划行事，拥有决策权，可以调动其他部门资源而达成项目目的。这套教育管理模式有两个核心，一是"专业的人做专业的事"，项目负责部门在自己擅长的领域发挥所长，让各部门获得成就感，进而发挥主观能动性，成为学校发展的"驱动力"，开创学校从仅行政拉动的"单发动机"模式转变成为多部门推进的"多发动机"模式的发展新局面；二是行政领导角色转换，学校领导从亲身下场、冲在前面转向幕后引领、后勤保障，负起指引与托举的责任，成为教师发展的"脚手架"，打造更多团结奋进、睿智实干的团队，成就更多"本真良师"。

3. 坚守立德树人，扎实培养孩子好品德

优化德育工作，梳理德育工作脉络，建设"本真德育"课程体系，打造学校"大德育"格局。同时，坚持教育就要培养好习惯，让西联小学德育工作不摆花架子，实实在在地培养学生的好行为、好习惯。在实施过程中，不下"死命令"、不以评比为目的，更注重教育方法，以各种新颖的方法手段，让学生愿意改变并且知道怎么改变，教师乐于管教并且知道怎么引导。

4. 更新育人观念，让学生脸上现真笑容

西联小学本真教育要点亮童心，照耀未来，其核心是关注"儿童发展"。"蹲下来爱孩子"，尊重学生的身心发展特点与真实情感，设身处地呵护成长；"全方位促成才"，让孩子成为"全面发展的人"，具备能够适应终身发展和社会发展需要的必备品格和关键能力。我们坚信，学生脸上有笑容，是衡量一所好学校的第一标准。

5. 优化课程设置，让"五育并举"真落实

充分利用"双减"政策带来的机遇，健全教学管理规程，优化教学方式，强化教学管理，提升学生在校学习效率。为学生提供德智体美劳"五育并举"的课程体系，积极开设多模态深融合的课程，统筹搭建学生个性化成长平台，以学生处在中心，让德智体美劳"五育"在西联小学真正落地，把学生培养成为"全面发展的人"。未来五年，学校将建立适切的课程观：首先实现国家课程校本化，加入乡土资源，增进课程魅力与教学实效，然后发掘开发校本课程，让学生接受的素质教育更全面。现阶段的工作重点是加强学生体育锻炼，不断优化作息时间表，保障快乐大课间的正常开展，还增加多个学生喜闻乐见的锻炼项目，让学生的身体素质显著提升。

6. 放开成长束缚，让教师团队有幸福感

坚信教师是一所学校发展的最大源动力，让教师有幸福感、获得感，打造和谐进取

的教师团队。尊重每一位教师，设身处地为他们着想，关心他们的工作与生活，创造更多的机会让他们外出学习、专业成长，让教师成为学校的主人翁，引导他们发自内心地爱学校、爱学生。着重引导教师更新教育观念，特别是以研究的心态去解决教学问题，促进自身专业业务水平不断提升。未来将花大力气强化课题研究工作，引领教师走上科研成长的幸福道路。

7. 聚焦课堂改革，促进质量提升

落实课改精神，以核心素养为教学导向，把教育从知识本位转向素养本位，在教学上探寻把知识转化为素养的机制和原理，并根据核心素养形成的规律重建育人方式、开展教学活动，使教学过程真正成为核心素养形成的过程。在具体实施中，要紧紧围绕两大核心：一是变革教与学的关系，从以教为主走向以学为主，建立学习中心课堂；二是强化实践意识，以学科实践为抓手，构建实践型的育人方式。

8. 确保安全为先，保障教学秩序

落实安全教育职责，强调每天做好每一个细节，从源头抓起，杜绝安全隐患。严抓课间纪律，午餐、午休纪律，校车运行，安全保卫等工作，压实责任，强调充分沟通，保持每个环节运作顺畅、高效。

9. 精炼品牌内涵，彰显文化品位

继续发掘"本真教育"底蕴，重新演绎"本真"内涵，提炼出与众不同、与西联小学办学方向相响应的文化特质。重点加强学校龙舟文化的教学资源发掘，以课程推动学校"龙舟精神"的形成，让其成为学校提升办学文化的内驱动力。另外，打造"本真文化十景"，深化学校水乡文化版画特色教学，加强古筝教室、无人机室等精品场所建设，再以学校"本真教育"理念、中华优秀传统文化为主题，充实楼道文化内涵，真正让墙壁会说话，用"本真文化"育人。

10. 强化品牌宣传，突显学校品牌价值

密切与家长的合作，组织好家委会、家长义工，与社区、各单位开展共建工作，在社会上引起良好的宣传效应；通过网络平台，特别是微信公众号的推广，把学校的正能量传递出去，突显学校品牌价值。再用五年的时间，把学校建设成在区域内享有高美誉度，群众真正认可的"家门口品牌学校"。

乡镇学校创建办学品牌的价值辨析和实施策略

——以东莞市高埗镇西联小学"本真教育"为例

习近平总书记在党的二十大报告中指出，"坚持以人民为中心发展教育，加快建设高质量教育体系，发展素质教育，促进教育公平。"如何把老百姓家门口的学校提升为优质学校，这是义务教育阶段学校办学必须面对和思考的问题。"十四五"期间，东莞市高埗镇西联小学抓住东莞市打造"品质教育"契机，贯彻落实《中国教育现代化 2035》，深化教育综合改革的形势和要求，以"教育变革与创新发展"课题研究为引领，全面、系统深化学校办学实践，不断提升教育教学质量，建立具有自身独特魅力的办学品牌。

（一）西联小学的发展概况

（一）学校办学现状

西联小学地处东莞市高埗镇，是一所镇属公办小学。学校创建于 2007 年，由镇内六所村办小学联办而成。校园总建筑面积 28488 平方米，现有 36 个教学班（见图 1）。

图 1　西联小学凤凰广场

（二）品牌学校创建之路

作为一所乡镇学校，西联小学经过十多年的发展，慢慢呈现出办学的局限性，逐渐在如雨后春笋般拔地而起的新型学校中相形见绌，也在教育教学改革浪潮中力不从心，陷于滞后处于劣势。针对困境，西联小学提出了"文化立校、特色兴校、品牌强校"的发展战略，并于 2018 年启动"品牌学校"创建工作。到 2020 年，学校被评为东莞市品牌学校培育对象，再于 2021 年被正式评定为东莞市品牌学校。

二 乡镇学校创建品牌学校的思考

（一）品牌学校的含义

"一千个读者，就有一千个哈姆雷特。"对于"品牌学校"的定义，教育部目前还没有一个固定的说法。什么是品牌学校？东莞市教育局将其定义为：办学理念先进，办学特色鲜明，办学成效突出，内涵式发展，社会口碑良好的学校。在我们看来，品牌学校的"品"，指的是学校深层次的文化品质。教学模式、管理程序、人力资源，都可以引进，唯独文化性格是一所学校独具的生命力。学校只有在形象、理念、课程、师生素养、校园建设等方面呈现特色，形成学校文化力，提高学校在社会的知名度与美誉度，才能更好地使社会大众建立起对学校的认知与忠诚；只有开发优势文化资源，提炼整合文化差异，强化文化个性，激发办学活力，才能树立起学校在社会的品牌形象。到了这个时候，学校就有了"牌"。

（二）品牌学校创建的意义

创建品牌学校，不仅是追求一个定位、一种荣誉，更是对学校办学方向、育人路径的沉淀、思考与再出发，是学校走向跳跃式发展的最佳方式。这也是回应广大群众对优质教育的期盼，是教育领域改革不断深化的冲锋号，是提升学校育人水平、促进学校高质量发展的必然选择。

（三）乡镇学校创建品牌学校的路径探索

（一）在现实背景中聚集问题

思考教育现状，我们着力于对以下问题的追问：第一，教书育人初心是否已经丢失？第二，学校文化精神是否正在迷失？第三，教育传播方式是否存在错位？

针对以上问题进行探究，西联小学提出"本真教育"办学理念，并积极构建一整套"本真教育"育人体系。我国著名教育家陶行知先生说："千教万教教人求真，千学万学学做真人。"这是从教育目的角度追求"真教育"。"本真教育"有两层含义：一是做真教育，在教育哲学上回归本真，回归学生中心，关注儿童；二是真做教育，在教育实践中去除浮躁，尊重教育规律，培养学生成为全面发展的人。

（二）在调查研究中理顺思路

在品牌学校创建初期，对学校品牌准确定位是一个难点，通过一系列的调查研究，我们掌握了大量的一手数据，为学校品牌培育构建理念与实践体系提供支撑。

1.办学诊断

将学校办学优势、劣势、机会和威胁通过调查列举，并加以分析，得出以下结论：西联小学创校以来，办学质量稳步提升，在群众中具有良好口碑，但远远没有形成品牌力；学校缺乏对学校办学文化的沉淀整理，没有形成明确的办学理念与育人愿景，师生没有形成统一的价值追求，学校发展缓慢；以品牌学校培育作为推动东莞市教育扩容提质、内涵发展的重要抓手，东莞市教育局提出《东莞市普通中小学品牌学校培育工作推进方案》开展品牌学校培育工作，这是一个难得的契机。

2.调查分析

对学校的办学顶层设计进行调查分析，包括学校的发展历程、办学理念、校训、校风、学校文化，以及学校标识、校园文化氛围等。对学校师生发展现状进行调查，分析师生在学校品牌建设中的品牌认知、自我实现和自我发展现状，掌握他们的诉求，凝聚师生力量，让学校品牌成为师生共同的理想教育生活愿景，愿意为之奋斗，矢志追求。对学校品牌推广状况进行调查，发现学校品牌传播渠道较为传统，忽略了现代媒介的发展进步，更为不足的是在与家长沟通的方式方法上做得不够细致，无法让学校品牌力量真正走进家长心中等。

（三）在价值取向中建构意义

"本真教育"的提出，是西联小学办学的价值追求，必须在教育教学上落地。首先，确立"务本求真，登高步远"为学校校训。"务本求真"，明确了西联小学本真教育要以"儿童发展"为诉求，强调教育要面向儿童所经历的真实世界、真实生活和真实情感，为儿童成长为全面发展的人，具备能够适应终身发展和社会发展需要的必备品格和关键能力而奠定根基。"登高步远"，取"高埗"二字，在与地域根基、本土文化构建紧密联系的同时，让其成为学校育人的宏大愿景。务本求真是对教育本源和规律的追问，登高步远是引领儿童对生命高度与广度的探求。坚守"务本求真，登高步远"的校训，西联小学从文化根脉出发，以文化人，找寻到"本真教育"的西联表达：以中华优秀传统文化点亮童心照耀未来。以此为落脚点，逐步形成"亦真亦美，向善向上"的校风、"宽严有度，卓识高怀"的教风和"真知力行，奇思善问"的学风，着力培养"根植传统面向未来，品德立本知行是真"的本真少年（见图2）。

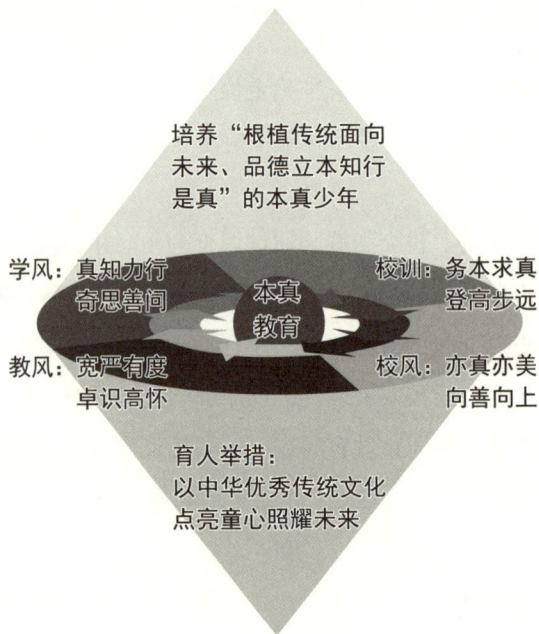

培养"根植传统面向未来、品德立本知行是真"的本真少年

学风：真知力行 奇思善问

本真教育

校训：务本求真 登高步远

教风：宽严有度 卓识高怀

校风：亦真亦美 向善向上

育人举措：以中华优秀传统文化点亮童心照耀未来

图 2　西联小学办学理念顶层设计

（四）在美好愿景中科学设计

1. 完善本真管理机制

以"仁为本，怀真情"为导向，充分相信教师，发挥教师的主观能动性，在学校内

部建立"扁平型"组织结构，学校管理由原来的"金字塔型"的层级管理模式，转变为功能型组织和专项任务组织相结合的项目式管理模式。项目组对校长负责，可以调动各部门人力物力资源，校长则担当起服务保障角色，依据工作成效向项目组负责，学校管理由校长全面兼顾的工作状态变成了由项目组承担的专业工作条块，从而让学校的管理结构变得简洁、轻灵，管理效益由高能低效走向低能高效（见图3）。

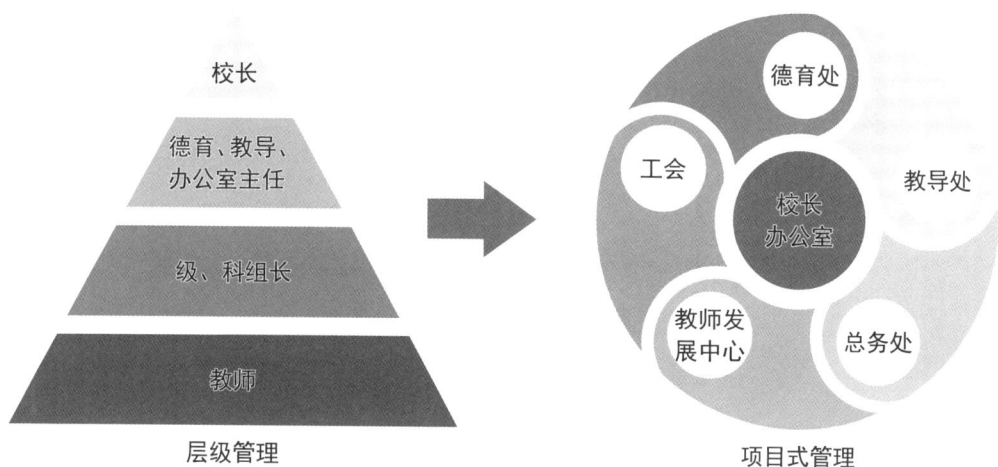

图3　西联小学本真管理机制模型

2. 构建本真德育格局

改变德育工作琐碎无序的状态，以"传统文化、本土文化传承"为基调，以培育和弘扬社会主义核心价值观为目标，通过恒定每月德育主题，确立四大节礼活动，举行五大教育仪式，落实每日诵读、写字、快乐大课间活动，开展"一班一特色"班级特色文化建设，举办"家长学堂"活动，强化家委会、家长义工、社区共建活动组织，构筑了"三位一体"德育实施网络等手段，逐步构建本真德育实施体系，形成有序、有实效的德育工作新局面。

3. 架设本真课程体系

西联小学校本课程体系以国家课程为根基，在国家课程的延伸中实现校本化。学校本真课程体系由四大模块十二大领域组成：四大模块即"务本"（侧重德育）、"求真"（侧重智育）、"登高"（侧重体育与美育）、"步远"（侧重劳动教育和创新意识培养）。十二大领域分别是：品德修养、文化传承、乡土认同，自我认知、科学探索、学习能力，身心健康、才艺学习、志趣培养，阅读积累、动手实践、创新意识。与西联小学的学生发展核心素养一一对应，形成26个校本课程，以此构建出完善的课程体系，力促西联小学学生发展十二大素养的养成（见图4）。

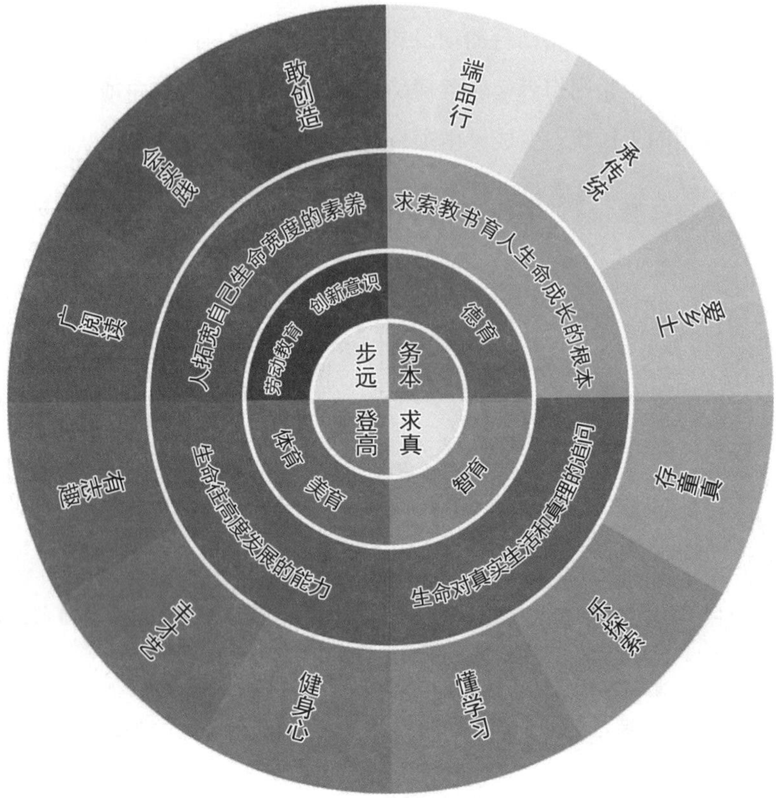

图 4　西联小学学生发展十二大素养模型

4. 打造本真课堂模式

平实高效、因材施教是西联小学本真课堂的追求，各学科根据本学科特点，积极进行课堂教学模式塑造，让每一节课都成为孩子幸福成长的历程。在课堂教学中注重信息技术与学科教学深度融合，突出多元评价，优化作业设计，落实学科育人功能。树立以研促教意识，坚持"先行先试，先行示范"原则，让部分优势学科先行动起来，再以点带面，引领所有学科形成适切的教学模式。

5. 造就本真教师团队

"让专业发展成为教师职业幸福感的源泉"，这是西联小学打造"本真教师"团队的目标与途径。实施"人本"管理，进行教师工作空间改造，创建舒适工作环境，看得见教师的闪光点，关注教师的身心健康，营造快乐工作氛围；加强"青蓝"工程，设立"三级传带机制"，组成三级导学小组；启动校级"三名"工程，建立学校教师工作室，积极向市、镇推荐申报名师、名班主任和学科带头人称号；每学期进行一次"本真最美教师"表彰活动，树立典范，形成良性发展的师德创优群体，锻造"莞邑良师"。

6. 力促本真少年蜕变

针对西联小学学生发展十二大核心素养，学校设计制定可量化评估的"本真少年""十二个一"评价标准（见表1），通过加强对"本真少年"称号评定的宣传与引导，让学生明白本真少年"蜕变"的意义。同时，高标准进行本真少年评选，评选结果通过微信公众号对外公布，形成典型，引领学生全面发展，力促学生素养的全面养成。

表1　西联小学本真少年"十二个一"评价标准

务本		求真		登高		步远	
端品行	达到一个品行标准	存童真	阅读一本儿童文学书	健身心	掌握一项体育技能	广阅读	撰写一本读书笔记
承传统	了解一项国学技艺	乐探索	完成一次科技探索活动	丰才艺	学会一项艺术技艺	会实践	掌握一项劳动技能
爱乡土	完成一个研学项目	懂学习	实施一份学习计划	有志趣	参加一次口语演讲活动	敢创造	完成一项科学小发明

7. 优化本真校园建设

争取财政支持，加大资金投入，对学校基础硬件设施更新换代，保障教育教学秩序，特别是强化信息化、网络化建设，为学校学科教学与信息化融合提供有力支撑。在此基础上，以"如何更好地为师生做好服务"为着手点，从细节入手，以"儿童"的视角对学校设施设备进行优化，建设本真校园。

8. 升级本真文化氛围

优化校园布局，重点突出"本真教育"、中华优秀传统文化环境布置，特别是完善"本真教育"品牌展示景观带、"校园十景"的打造，统一学校"本真教育"视导系统，让学校的办学理念文化在校园的各个角落得以呈现，以物化环境塑造"本真教育"品牌形象，形成深厚的本真文化氛围，以文化人。

9. 扩大本真品牌效应

通过家长会、学校举行的各项活动，邀请专家领导、同行、社会各界走进校园，切身感受学校的办学成效。主动承担政府部门、社区各项展示活动，把学校优质办学成果与大众分享。以微信公众号等平台宣扬学校办学正能量，提升学校美誉度，让"本真教育"品牌真正走进同行、社会群众心中。

（五）在本真坚守中收获成果

1. 通过品牌学校的创建，西联小学办学硕果累累

学校先后荣获"广东省书香校园""广东省巾帼文明岗""广东省交通安全文明示范学校""广东省绿色学校""东莞市德育示范学校""东莞市家庭教育工作先进集体""东莞市语言文字规范化示范校""东莞市文明校园""东莞市品牌学校"（见图5）等称号。多年来连续被评为"高埗镇学校管理量化考核一等奖"学校，是一所深受广大家长认同的家门口的好学校。

图 5　西联小学获得的省级荣誉（部分）

2. 学校基本形成一支业务能力精湛的教师团队

学校现有市名校长工作室主持人培养对象1人、市名师工作室主持人培养对象1人，省书香校长1人、省南粤优秀教师1人、省优秀少先队辅导员1人，市优秀少先队辅导员3人、市优秀教师7人、市班主任带头人1人、市教学能手11人，镇名校长工作室主持人1人、镇名师工作室主持人8人等。近几年师生参加各学科竞赛荣获市级以上各类荣誉共计300余项。

3. 教育教学改革效果突出

以课题研究为引领，各学科在2021年全面发力，形成各级各类课题，现省级在研课题1个、市级在研课题9个，把教学模式探索推向纵深发展。数学学科加入全国"生问课堂"联盟。体艺综合学科一直保持镇区内领先势头：体育学科连续七届夺得镇小学生田径比赛团体总分第一，多次获镇小学生篮球比赛男子、女子冠军；美术教研组被评为东莞市首批中小学（幼儿园）"品质课堂"实验教研组。学校版画教学是市内外知名的特色教学品牌，参加了第五届中国教育创新成果公益博览会。

（四）乡镇学校创建品牌学校的误区

（一）过分依赖专家的理念植入，忽视学校的实际情况

每所学校都有自己的发展脉络，学校文化的形成，不是一朝一夕的事情，需要在办学历程中慢慢沉淀、生成。而每所学校所面对的情况不同，比如生源、家长素质、区域文化背景等，造就了学校办学方向、定位各异。如果盲目地将专家、学者的理论，或者生搬硬套其他学校的经验，那么学校品牌的建设只会成为无源之水、空中楼阁。

（二）追求形式主义和形象工程，忽视品牌的精神追求

塑造学校品牌绝对不是设计一下校服校徽，重建一下校园校舍，整顿一下校容校貌，费尽心思想出几句响亮的校训口号，举办几次大型活动就可以成功的。学校要大胆行事，不断改进，从办学顶层设计入手，实实在在，做对学校发展、育人提升有益的事。从物质层面的追求进一步上升至精神层面，这些才是品牌学校真正的"门面"。

（三）品牌塑造一阵风，忽视可持续的经营与发展

塑造学校品牌不是只争朝夕的事情，而是一个反复的和敢于不断摸索的过程，要经历百般的磨砺和时间的检验，需要学校一代又一代人的共同建设。在政策制定的同时，要切实考虑落地的可操作性与可持续性，这是品牌学校建设成败的关键。同时，学校品牌也是有"保质期"的，没有"保鲜剂"的保养，会导致已经建立起来的学校品牌的优势加速流失。学校盲目自大、故步自封，会使学校品牌的成果一点点被消磨掉。唯有树立品牌危机意识，强调精益求精，不断创新，方能经得起千锤百炼。

（四）太注重品牌办学成绩，忽视学校文化本质的坚守

教育的最终目的是民族的振兴、学生的发展，很多时候教育的成效是不可以用一些可见的荣誉来衡量的。我们在追求品牌荣誉的同时，更应该着眼于教育的初心，沉下心来，做好立德树人的本分，甘当默默付出的教育耕耘者和学生的引路人。

品牌：小梅花教育

东莞市麻涌镇第二小学 · 郭见明

"小梅花教育"是东莞市麻涌镇第二小学（后视情况简称为"麻涌二小"）的品牌定位。

麻涌镇第二小学于 2007 年 9 月立校。2013 年，学校根据麻涌镇"一校一品"的发展要求，坚持"质量立校、文化润校、特色强校、科研兴校"的办学方略，以武术教育为特色，取得了一定的办学成效。2018 年，根据东莞市品牌学校发展需要，以及新时代人才培养的要求，规划学校发展的顶层设计。通过分析学校的办学历史、区域文化、环境因素、特色教育基础，调研教师对学校的发展愿景，重新定位学校品牌；通过专家论证，以"小梅花教育"整合学校文化和办学特色，学校建成了由"一个核心理念，三个基本点，五大支柱"构成的"小梅花教育"理念文化体系。一个核心理念即"让每朵小梅花活力绽放"；三个基本点即"慧梅学子、雅梅良师、梅香型校园"；五大支柱即"小梅花课堂、小梅花课程、润梅德育、雅正管理、艺梅空间文化"，促进学校高位发展。学校从顶层设计，重新规划并定位学校品牌，到品牌学校培育，再到品牌学校培育成果应用与检验，经历了三个阶段，建成了独具个性的教育品牌。"小梅花教育"品牌以独特的办学风格、鲜明的办学特色深受师生喜欢、家长满意、社会各界认可，不断提高学校的知名度与美誉度。

校长简介

郭见明，本科毕业，学士学位，中共党员，麻涌镇第二小学党支部书记、校长，副高级教师（小学语文）。曾获东莞市首批小学语文教学能手、东莞市教育科研先进教师、东莞市教书育人先进教师、广东省"暑期读一本好书"活动书香校长荣誉称号。主持研究及参与研究的市级课题 10 多项，录像课、微课曾获市级一等奖，多篇论文获得省市级别奖励，多篇论文刊登于省级刊物。任现职期间，办学目标明确，办学思路清晰，引领学校创新发展并获得多项荣誉，2021 年学校被评为"东莞市第三批品牌学校"。其座右铭是"见贤思齐，明德惟馨"。

我的教育思想录：
和而不同，各美其美

　　"合抱之木，生于毫末；九层之台，起于累土。"小学教育的基础性地位突显，基础教育功能在于为培养未来的社会人奠基，为人的一生奠基。小学阶段是儿童的成长期，这一阶段的儿童既有共性的年龄特点、生理与心理特点，也存在独特的自然禀赋、个体差异。因此，小学教育的价值在于促进儿童全面发展与个性成长，即共性与个性协同发展。成长中，我亲历了教育对儿童成长的影响，由此，在工作中我始终保持着对教育的清晰思考与对育人事业的敬畏之心。此外，在多年的教学实践中，我始终保持着教育的初心，怀着对教育的激情，与时俱进关注教育的动态，研究教育的规律，探索教育的本质等。我遵循教育发展规律，辩证看待"共性与个性"的关系，努力促进儿童全面发展与个性成长，逐渐形成"和而不同，各美其美"的"小梅花教育"思想。

（一）"小梅花教育"思想溯源

　　教育思想是指人们对教育活动现象的一种理解和认识，并以某种方式表达出来，对教育实践产生影响。"小梅花教育"思想源于我的成长经历、教学经历与办学经历。

（一）成长经历带来的思考

1. 少年成长带来的思考

少年时代，我就读于家乡的一所普通小学。学校里没有第二课堂，也没有美育的专职老师，一师兼教数科则是最常见不过的了。课余做点什么呢？每天放学，就是买菜做饭，照顾家中的弟弟妹妹；寒暑假就跟着父母到田头干农活。父母很少管我的学业，但是他们经常教育我要成为一个好人。我喜欢唱歌、画画，时常在家里披着被单当水袖，模仿粤剧里的花旦开声唱；在图画本上天马行空地画，过年时候画一张大财神贴在家里……可是，这些并没有人在意。我虽然从学校与家庭中获得了普通儿童成长所需要的一些教育，满足了作为人的全面发展的基本需求，但我的个性特长并没有得到优势发展。如何既能全面发展，又能个性发展呢？

2. 读师范学校带来的思考

20世纪90年代的东莞师范学校堪比东莞中学，录取分数很高。进入师范学校以后，要掌握的学科很多，如政治、代数、几何、数学教学法等，每科都重要，均纳入考核范围。学校注重抓师范生的基本功，我们每人一块小黑板，每天一板粉笔字；每晚轮流到琴房里练习。当时我并不理解，为什么教小学要练就十八般武艺？有初中的知识水平不就可以了吗？如今看来，如果那个时候不练就十八般武艺，今日便难以成就最好的自己了。

（二）教学经历给予的启迪

多年的教学实践中，我始终秉持一名教育研究者与追梦人的自觉——扎根教坛，寻觅教育的诗与远方。20世纪90年代，学校第二课堂兴起。那时第二课堂的门类较少且普通，如写字、绘画、篮球……学生选择不多。任课的教师专业水平不高，但多少对部分学生的特长发展有所帮助。2000年以来，一个以"课程"为中心的话题兴起。很多学校都开设了五花八门的校本课程，为学生的个性发展提供条件。身边同事的子女均参加社团活动，比如，少芳的女儿学古筝，冬玲的女儿学二胡等。多年以后，少芳的女儿在高考时选择了音乐专业，冬玲的女儿考进了中央音乐学院，这样的例子比比皆是。

小学是个体社会化的关键时期，苏联著名教育家B.A.苏霍姆林斯基认为，一个学生要掌握各门学科的基础性知识，还要在某一门学科上有突出的兴趣和特长，以凸显其才能、尊严、自信和今后持续发展的动力，从而以个性色彩加入所在的集体中。由此可见，小学的价值就在于促进人的全面发展和个性发展。

（三）办学经历确立的信念

2017年6月，在镇政府的信任下，我从古梅中心小学调到了现在的学校当校长。这所学校原本办学质量并不高，调研发现，学校没有拓展课程，学生活动少，展示机会少。于是，我举办读书节、开设走班式拓展课程等。起初，学校开设了15门走班式的拓展课程供三至六年级的学生自主选择。这种走班式的拓展课程逐渐成熟，从15门变成30门，从普通课堂变成双师课堂，学生特长得到发展，在科技和武术比赛方面均获得全国性的奖，在绘画、习作方面均获得省市级别荣誉，办学质量得到进一步提升。

2018年，东莞市提出在中小学培育100所品牌学校的行动计划。我深受鼓舞，更加坚定"和而不同，各美其美"的"小梅花教育"思想信念。以梅花文化为统领，重构校园顶层设计，夯实品牌培育基础，探索品牌培育路径。2021年带领麻涌镇第二小学通过"东莞市第三批品牌学校"评定。

二 "小梅花教育"思想内涵

（一）"小梅花教育"基本释义

"小梅花教育"以梅花精神为导向，遵循儿童成长的自然规律，尊重人的个性差异，构建多元发展的教育生态系统，让每个孩子按照自己的优势发展。它是以德为本的教育，是熏陶美的教育，是有活力的教育。"小梅花教育"思想为"和而不同，各美其美"。

"和而不同"出自《论语·子路》。子曰："君子和而不同，小人同而不和。"和而不同，指在交往中能够与他人和谐共处、友善共处，但是对具体问题的看法上不必苟同。

"各美其美"出自著名社会学家费孝通先生的"各美其美，美人之美，美美与共，天下大同"十六字"箴言"。其意为承认和尊重文化的多样性，既要创新培育好自己的文化，又要尊重其他民族的文化，共同促进世界文化繁荣。

"和而不同，各美其美"突出了共性与个性辩证统一的关系，小学教育应当在共性与个性辩证统一中促进学生健康成长。

（二）"小梅花教育"思想文化溯源

1. 源于梅花文化

梅花与兰花、竹子、菊花一起被列为"四君子"，是"四君子"之首，又与松、竹并称为"岁寒三友"。在中国传统文化中，梅以高洁、坚强、谦虚的品格，给人以立志奋发的激励。在严寒中，梅开百花之先，独天下而春。梅花品种很多，有白、红、黄等颜色；花期不一，各美其美。

2. 源于梅花文化与民族精神的联结

梅早已从单纯的植物，演变为承载丰富国学元素的文化使者。梅花凌霜傲雪，成为中华民族自强不息精神品质的象征；梅花无叶而生，不求华丽陪衬，由内而外，适时而开，疏枝缀玉，丰姿尽展，与儒家文化追求独立、内敛的原则完全一致。

3. 寄寓对家乡文化的热爱

麻涌与梅花渊源颇深，有"古梅之乡"的美誉。民间流传着两种关于"古梅乡"的说法：第一，麻涌人民的先人独爱梅花，河岸边遍植梅花，故以"古梅乡"名之；第二，麻涌人民的先人原居广东南雄珠玑镇，故地附近有梅岭，岭上有梅关古道。先人怀念故土，遂命名新家园为"古梅乡"。

（三）"小梅花教育"思想哲学溯源

1. "和而不同，各美其美"的教育思想源于个性与共性辩证统一的哲学观念

马克思主义哲学认为共性是指不同事物的普遍性质，个性是指一事物区别于其他事物的特殊性。共性决定着事物的基本性质，个性揭示事物之间的差异性，个性体现并丰富着共性，共性发展为个性发展奠定基础。人不是孤立的个体，生存于一定的社会关系之中，具有社会化需要的共性特点；同时，在一定的社会化基础上表现出个性差异，获得发展，成为独特的个体。因此，小学阶段既要满足学生德、智、体、美、劳的基本共性发展需求，又要满足适合学生个体差异的个性发展需求，"和而不同，各美其美"。

2. "和而不同，各美其美"的教育思想源于"以学生为本"的教育观

"以学生为本"的教育观是以学生为本位，尊重学生、理解学生，实现人的全面发展。马克思主义认为，人的全面发展包括三个层面：一是指人的"体力和智力获得充分的自由发展和运用"；二是人的才能、志趣和审美能力的多向度发展，个性的思维、情感、意志和想象力等在更高层次上得到了完整的发展，从而在更高水平上再次塑造个体本身；三是共产主义崇高品德的发展，塑造真善美三者相融合的理想化个性。这种说法在本质意义上并不是人的共性平均发展，而是在共性基础上追求个性的协调发展。"和而不同，各美其美"的教育思想从这里获得借鉴，在促进学生全面发展的基础上，允许学生个性发展。

（四）"小梅花教育"思想特征

"和而不同，各美其美"的"小梅花教育"思想体现以梅花文化为载体，以德为本

位，以美为境界的特征。

1. 以德为本位

"道德"二字最早见于荀子《劝学》："故学至乎礼而止矣，夫是之谓道德之极。"道德是人们在社会交往中的正面价值取向和行为规范基本准则。人的全面发展首先体现在德的全面发展上，具有社会道德规范的意识，确保社会和谐有序发展；在道德方面的个性发展表现为意志品质、精神等方面争取成为同行先锋和榜样。"小梅花教育"以梅花高洁、坚忍、乐观、自强等精神作为教育素材，培养学生自立自强的意志品质。

2. 以美为境界

"小梅花教育"是熏陶美的教育。美的环境、美的言行、美的教育给人美的享受。梅花清丽脱俗，独具雅气，内外兼收，形神俱美。"小梅花教育"以美为境界顺应了儿童天性向美的规律，追求教育的美好。具体表现为：一是儿童在美的环境中学习。美的环境包括美的自然环境与美的人文环境，优雅的环境能给人一种舒服、自然的感觉。学习环境以儿童视角来设计，适合儿童的高度、儿童的审美，以美育美，以美育德，各美其美。二是追求教育的美好。小学教育既要促进学生全面发展，又要满足其个性发展需要。科学统筹校内外资源，丰富学生的学习体验，在体验中发现，在发现中选择，使学生的个性得到充分发展。

（三）"小梅花教育"思想框架

（一）"小梅花教育"人才观

2016 年 9 月，《中国学生发展核心素养》总体框架颁布。《中国学生发展核心素养》以培养"全面发展的人"为核心，分为文化基础、自主发展、社会参与三个方面，综合表现为六大素养，具体细化为国家认同等十八个基本要点。"小梅花教育"以培养清新、向上、有灵气的活力少年为目标，聚焦于学生核心素养发展。其中，外在形象与气质的"清新"体现出一定的文化基础，德才兼备；"向上"凸显出具备良好的心理品质，有责任担当；"有灵气"意味着有一定的基础学识，能够自主发展、不断创新。因此，"小梅花教育"育人的具体目标为：树立一个清新活力的形象，能写一手漂亮的书法，掌握一项熟悉的运动技能，学会一项劳动技能，练习一门高雅的艺术；会读书，会感恩；拥有一颗爱国心。"小梅花教育"育人目标简称"5＋2＋1"。

（二）"小梅花教育"课程观

"小梅花教育"课程紧紧围绕办学理念"让每朵小梅花活力绽放"设计，体现"和而不同，各美其美"的办学思想。"小梅花教育"主张课程多元性与选择性。课程的多元性体现在三个方面：一是课程的门类多元性。既有学科类课程，又有活动类课程；既有人文类课程，又有体育类课程；既有基础类课程，又有拓展类和研究类课程等。二是课程实施形式多元性，如项目式、体验式、走班式。三是课程资源多元性。不仅有校内的资源，如校园图书馆、学校生物园、学校文化长廊等；更注重开发校外资源，如社区资源、企业资源、家长资源等。多元性的课程群就像一个课程超市一样，里面有琳琅满目的课程商品供客户选择，增加参与者的体验机会。课程的选择性表现在课程设置上，如必修类与选修类，其中必修类为国家课程，选修类为地方课程、拓展课程、社团课程等。只有课程足够丰富，才能满足学生多元发展需要。学生从体验中发现，从发现中选择，并持续发展成为自己的特长。

（三）"小梅花教育"方法观

学起于思，思起于疑，疑解于问。"小梅花教育"要求教师做科研源于解决问题的需要，要在解决问题的过程中积累经验、提炼策略与方法，从而促进专业成长；学生做学问源于问题驱动，要在解决问题的过程中促进高阶思维能力发展，培养创新意识和探究精神。探梅系列课程中的"小问号"课堂以问题驱动，由"会生疑（自学）—会辨疑（合学）—会释疑（展学）—会质疑（拓展）"四个环节构建起来。教师成为参与者、引路人，学生成为课堂学习的小主人。学生带着问题进来，带着思考出去，课堂价值从扎实学习走向高阶思维的培养。

四 "小梅花教育"思想实践探索与反思

（一）在实践中创立教育品牌

品牌学校建设是为了发现学校新的生长点，推进教育高质量发展。麻涌二小于2007年立校，2013年武术进校园，并发展为学校特色项目。虽然学校有一定的发展基础，但是缺乏顶层引领，始终处于碎片状发展。2020年，凭借东莞市培育100所品牌学校的契机，我以"和而不同，各美其美"的教育思想引领学校的全体老师参与学校的顶层设计，重构学校文化、优化师资队伍建设、构建大德育体系、推进课程改革等，创建"小梅花教育"，学校通过了"东莞市第三批品牌学校"评定。

"小梅花教育"的办学理念是"让每朵小梅花活力绽放"，充分体现让儿童全面发展与个性发展协调统一的办学思想；以"我们不一样，我有我光彩"为校训，以"和美，雅趣"为校风，以"赏识，扬才"为教风，以"乐学，灵动"为学风，尊重儿童，发展儿童。"和而不同，各美其美"的办学思想融入学校的理念文化之中，构筑起学校的顶层架构，并由此建构起学校的管理文化、德育文化、课程文化和良师文化。

1. 建构起"雅正"管理文化

"雅正"即规范，管理扁平化、精细化，事事有人做，人人有事做。第一，重构学校的部门设置，设立内部管理"六中心"：党政办公中心、质量监控中心、学生发展中心、行政服务中心、教师发展中心、课程研发中心。健全由党支部、班子会、教代会三者责权明晰的学校领导系统，形成一个相互补充、相互制衡的有机协调系统。第二，提升部门管理效率。实施目标管理、制度管理、项目式管理，提升执行力、创造力。第三，树立部门品牌意识。鼓励创新，形成特色，进一步赋能部门工作。

2. 建构起"润梅"德育文化

在"和而不同，各美其美"教育思想的影响下建立"润梅"德育文化体系。"润梅"德育文化是以活动为载体的德育体系。"润梅"德育文化体系"7+1"即由小梅花学礼、小梅花入队、小梅花毕业、小梅花研学、小梅花学军、小梅花爱劳动、小梅花拜师七大板块和小梅花心育板块组成，涵盖礼仪教育、纪律教育、品格教育、劳动教育、行为习惯教育、国防教育、国际理解教育和心理健康教育。

3. 建构起"育梅"课程文化

在办学思想的引领下，构建由五个方面三种类型组成的小梅花课程群。五个方面分别为润梅厚德课程群、慧梅博学课程群、展梅健体课程群、艺梅育美课程群、探梅实践课程群，三种类型为基础学习课程、拓展个性课程和探究赋能课程。提炼出"活力少年素养模型"：一至二年级为"乐于探索·望梅"；三至四年级为"善于创造·咏梅"；五至六年级为"勇于绽放·傲梅"。

4. 建构起"雅梅"良师文化

在"和而不同，各美其美"的"小梅花教育"思想引领下，以培养具有儒雅气质的学习型、创新型、科研型的"雅梅"良师为目标，构建起由形象工程、致远工程、幸福工程、种子工程组成的"雅梅"良师成长体系。第一，"雅梅"良师外在形象三会：会笑、会穿、会说。衣着得体，言行雅正，和蔼可亲。第二，"雅梅"良师致远工程以促进教师专业成长为目标，加强教师职业生涯规划指导，抓好成长关键点（三年、五年、十年），让新手站稳讲台，让骨干成为名师。第三，"雅梅"良师幸福工程是指帮助老师有更多获得感、成就感，营造一个和谐向上的人文环境。第四，"雅梅"良师种子工程以"助理岗""学校名师工作室""学科领军人"为平台，为教师创造条件，让种子教师优先发展。

（二）在"双减"背景下培养创新人才

2021年7月"双减"政策落地，在这种教育背景下，学校的课程活起来了，特别是开发了多个有意义的项目式课程，如"梅花的研究""香蕉的研究""我与向日葵""走进华阳湖自然博物馆"等，促进学生综合素养提升，为他们成为未来的高端人才打下基础。

另外，我们以评价为支点，推动教育高质量发展。突出"改进结果评价、强化过程评价、探索增值评价、健全综合评价"的总体要求，构建起由作业设计、作业布置、作业批改、作业完成方式、作业量等维度组成的作业评价系统，构建起以能力点考查为主的游考与纸笔考相结合的考试模式，构建起线上与线下相结合的自评、老师评、家长评、同伴评的多元综合评价模式，实现学生全面发展与个性发展。

在"和而不同，各美其美"的"小梅花教育"思想引领下，学校获得新的生长点，在新赛道上有新收获。2017年以来，学校获得全国生态文明教育示范学校、全国青少年足球特色学校、广东省绿色学校、广东省足球推广学校、广东省"暑期读一本好书先进单位"、广东省健康促进示范学校、广东省科技比赛优秀组织单位、东莞市中小学心理健康教育特色学校、东莞市普教系统文明学校等多项荣誉称号；新增市级教学能手3人；新增市级立项课题7项；学生获得市级或以上奖励1000多人次，其中获得国家级奖励70多人次。

（三）"小梅花教育"思想实践反思

1. 有利于为培养创新型人才打基础

"和而不同，各美其美"的"小梅花教育"思想体现了对创新型人才培养的方向，符合教育高质量发展要求，符合新时代对未来人才的需求。"和而不同，各美其美"的"小梅花教育"思想中倡导的全面发展并不是平均发展，而是全面发展与个性发展相结合，尊重儿童的天性，张扬儿童的个性，让儿童在全面发展基础上赋能特长发展，为社会培养各种创新人才打基础。通过实践，大部分学生的天赋得到充分发展。比如，邱杰翰、韦一鸣、陈柏然、肖雨菲等同学曾代表东莞市参加全国科技比赛并获得一等奖；吴楚诗、邓晓暄、刘雨等人在小学练习武术，并产生浓厚兴趣，直到高中仍然在练习武术……未来，他们将成为国家的科技人才、体育人才等。实践经历证明了"小梅花教育"思想能为培养创新型人才打基础。

2. 办学思想必须与国家高质量发展相适应

教育必须符合国家教育方针，符合当前国家高质量发展对人才的需求。小学是孩子学习的基础，也是孩子人生的基础。学校的办学思想要有穿透未来的能量，融入小学阶段儿童的培养，让儿童在成长中有后发之力；学校的办学思想要融入学校教育发展的各个阶段，深入教学的骨髓，引领教育发展。在办学思想的引领下，学校要不断优化策略与方法，达到与国家高质量发展相适应的标准。

基于学校微改革的品牌建设

——以东莞市麻涌镇第二小学"小梅花教育"为例

一 问题的提出

（一）基于国家教育高质量发展的需要

当前，我国义务教育已进入高质量发展的新阶段。党的二十大报告指出，"教育是国之大计、党之大计"。教育决定着人类的今天，也决定着人类的未来。因此，提高教育质量，办好人民满意的教育是时代的要求。

（二）基于打造教育强市的发展要求

2021 年 6 月 3 日，东莞市人民政府办公室发布《东莞市打造品质教育十二项行动计划》（2021—2025）（东府办〔2021〕29 号）指出："推进'品质课堂'行动计划，推进全市基础教育'品质课堂'变革……促进我市教育高质量发展，加快建设教育现代化强市，办好人民满意教育。"提高教育质量，办品质教育，办出品牌成为本区域教育发展新要求。

（三）基于学校内涵发展需要

2013 年麻涌镇打造"古梅教育"品牌，形成"一校一品"格局。近几年，推进古梅一中与东莞中学集团化办学、大步实验小学与第三小学集团化办学、古梅中心小学与漳澎小学集团化办学，提高办学质量。麻涌二小作为镇内一所还没有实行集团化办学的学校，如何在现有基础上获得内涵发展并形成教育品牌，成为学校当前迫切需要研究的课题。

总之，无论是国家层面、市镇层面，还是学校层面，都不约而同地聚集到教育高质量发展主题上来。有人认为，品牌学校是基础教育品牌的具体化，也就意味着高质量教育的普及化。研究品牌学校培育路径，不但可以找到学校内涵发展的出路，而且也为教育高质量发展提供可借鉴经验。

(二) 解决的主要问题、解决问题的过程与方法

（一）解决的主要问题

解决的主要问题有三个：（1）品牌学校培育起点。（2）微改革下品牌学校的培育路径。（3）品牌学校培育成果应用及检验。

（二）解决问题的过程与方法

本研究从 2020 年到 2023 年，从探寻品牌学校培育起点，到探寻微改革下品牌学校培育路径，再到品牌学校培育成果应用及检验，经历了三个阶段，探索出一条从起点到终点的发展路径，以及微改革下品牌学校培育的有效路径，促进学校内涵发展。

1. 探寻品牌学校培育起点（2020 年 9 月—2021 年 8 月）

（1）品牌学校内涵。

"品牌"在《现代汉语词典》中的解释为"产品的牌子，特指著名产品的牌子"。在日常的生活中，人们对品牌的认识普遍是从经济学、营销学的角度，把它作为一种质量标签，形成一种消费者与产品之间的关系。品牌可以是一个名称、一个符号、一种象征等。著名的营销学权威道尔称品牌为"一个名称、标志、图形或它们的组合，用以区分不同的产品"。课题组研究认为，品牌不仅可以区分不同产品，还可以区分产品的优劣。因此，品牌不仅是一个名号，而且是一个代表着行业形象、质量、信誉及口碑的总和。品牌属于意识层面，具有很强的影响力。

什么是品牌学校？闫德明教授在《学校品牌：为什么？是什么？做什么？》中指出，学校品牌是学校的无形资产，它具有特定的名称和标志，具有特定质量水准和文化底蕴。品牌学校与学校品牌是两个不同的概念，品牌学校是指具有学校品牌特征的学校，即具有先进的办学理念、鲜明的办学特色、优良的内部管理、优美的人文环境、卓

越的办学成效、良好的社会口碑的学校。品牌学校具有一定的社会地位，受人们尊重、青睐。

（2）探寻品牌学校培育起点。

进行品牌学校建设是为了发现学校新的生长点，促进学校迭代创新发展，提升学校知名度、美誉度。这个新的生长点就是品牌学校培育的起点，也就是品牌的定位。那么，一所普普通通的学校如何定位品牌？

①从学校的办学历史中找支撑。定位学校品牌并不是推倒重来，而是在原来的基础上守正创新，筛选所需要的内容。学校品牌提炼过程就是分析学校的过去与未来、特色与优势，结合新时代教育发展需要进行综合判断的过程。从学校的办学历史中找支撑，即进行学校办学历史文化溯源，可以从每一届的毕业师生照片中寻找知名校友；从学校的历史沿革中了解学校的发展历程，体会办学者的筚路蓝缕；从学校的大事记中发现重要的人和事；从聆听老教师的讲述中知道学校的故事；等等。这些内容都会给提炼学校品牌带来参考。

②从学校的环境因素中找支撑。所谓环境因素包括地理环境、社会环境、人文环境。学校所处的地理环境与地方经济、周边资源有着密切联系。一般而言，学校所处的地方经济越发达，学校拥有的资源越丰富，家长对教育的期望越高，品牌定位更高。比如，东莞市东城虎英小学处于东莞市东城街道黄金地段，经济发达，周边楼盘林立，家长素质高，对教育要求高。办学者高瞻远瞩，带领学校创下"同行教育"品牌，满足了家长对高品质教育的需要。如果说地处区域较偏的地方，当地经济发展相对落后，品牌定位需要更接地气，找到能够撬动学校发展的支点。

学校周围的人文环境也很重要。溯源于当地的历史人文，可以发现当地文化的根在哪里，有哪些广为流传的名人故事，是否有红色基因，并挖掘其中的核心精神，作为品牌的支撑。这些信息一般可以通过查阅镇志、村志及采访获得。比如，据《麻涌镇志》介绍，麻涌与梅花有着深远的文化渊源。立村之时名为"古梅乡"，光绪年间，创办了第一所乡立"古梅高等小学"，培育出一批批优秀人才。因此，我们把梅花作为文化象征，把"小梅花教育"作为学校的品牌。

③从学校的办学特色中找支撑。学校的办学特色是学校品牌的基础。学校的办学特色是指学校在某一方面做得较为出彩，从而获得人们认可，在人们心中有较大影响力，成为支持学校内涵发展的重要因素，也是区别其他学校的标志。2013 年，学校开展武术教育的探索，学校武术代表队参加各类比赛，均获得佳绩，受到多家媒体报道。2016 年学校还获得"广东省武术传统学校"的称号。至此，武术教育逐渐成为学校特色，得到了师生、家长的认可，并在当地获得一定的知名度与美誉度。在提炼学校品牌过程中，武术教育成为首选方向。

④从学校的办学愿景中找支撑。办学愿景是学校集体对学校发展的价值追求，是激发教职员工动力的源泉。学校品牌定位应反映集体办学愿景。通常，进行品牌定位需要充分调研，集思广益，形成共识。学校通过发放问卷及工作坊形式进行充分调研。调研数据显示，教师希望学校最突出的特色是"武术"，希望学生最突出的特色是"自信"；家长认为学校最大的特色是武术。大多数家长认为学校未来的优势特色是"创新"，也有部分家长认为是"教育""武术""品德"。我们从这些信息中分析和提取有用信息，把学校品牌定位为"小梅花教育"，并获得教职工的认同。

2. 研究微改革下品牌学校培育路径（2021年9月—2022年7月）

2020年，学校成为品牌学校培育对象，课题组开始研究品牌学校的培育路径，解决为学校推进品牌建设提供科学路径的问题。课题组阅读了大量的文献，借鉴和分析了前两批品牌学校培育经验，通过专家指导以及实践所得，认为"微改革"是品牌学校培育的重要策略。微改革并不是全盘否定，而是在原有基础上的进一步优化，通过微改革理念文化、微改革人文环境、微改革管理模式、微改革评价机制等，学校发展达到一个新高度，促进学校整体办学水平提升。

（1）微改革理念文化，适应品牌教育新发展。

学校的核心理念是学校发展中的"北斗"，体现了对人的终身发展的前瞻性，与国家教育方向的一致性，和理念本身的科学性与稳定性的特点，包括办学思想、办学理念、一训三风等，影响着学校发展。当前，学校理念文化在表述方面存在过于空泛，落不到地；过于守旧，不适合时代发展；过于狭窄，以偏概全等问题，不利于学校的发展。进行学校理念文化微改革，是在原办学理念的基础上，根据新时代教育发展需要，以及品牌学校发展新方向进行守正扬新，进一步优化学校的理念文化，使之更符合学校教育发展需要。

麻涌镇第二小学原有办学理念"以学生为本，追求师生共同发展"，倡导的教风是"严谨创新，务实高效"，学风是"勤奋自主，合和进取"，班风是"尊师守纪，活泼向上"。学校在进行品牌学校建设的过程中，采取集思广益的办法，让老师参与到学校理念文化的微改革中，进而优化学校的办学理念。具体如下：

办学目标：办一所特色鲜明，质量保证，师生幸福的品牌学校

办学理念：让每朵小梅花活力绽放

校训：我们不一样，我有我光彩

校风：和美，雅趣

学风：乐学，灵动

教风：赏识，扬才

学校新的理念文化体现对"梅花文化"的多元解读。在理念文化引领之下，形成

了"一个核心理念，三个基本点，五大支柱"的"小梅花教育"理念文化体系。一个核心理念即"让每朵小梅花活力绽放"，三个基本点即"慧梅学子、雅梅良师、梅香型校园"，五大支柱即"小梅花课堂、小梅花课程、润梅德育、雅正管理、艺梅空间文化"。学校的标识（LOGO）是学校的象征符号。"LOGO"设计既要符合学校理念文化要求，也要贴近儿童，让儿童能有多元的解读。于是，我们对"LOGO"重新设计，并随机抽取了100名学生对新"LOGO"进行解读和对新旧"LOGO"进行选择，结果表明有近80%的同学选择了新"LOGO"（见图1）。

图1　麻涌镇第二小学原校徽（左）和现校徽（右）

新的"LOGO"是一朵金色的正在绽放的梅花，与"让每朵小梅花活力绽放"的办学理念相呼应；其开放的造型寓意着教育的开放性，打破学科之间的壁垒，打破教育的边界，走向未来教育；中间大小不同的花蕊代表了每个独特的学生个体，体现出教育思想中的"和而不同"；整体色调为金黄色，代表着阳光、温暖、自信。在理念文化的引领下产生了校歌《朵朵梅花放光彩》、校报《古梅花开》、校刊《听·梅》、校本读物《咏梅》，以及含有学校"LOGO"的笔记本、纸杯等。学校理念文化微改革以后，学校的整体气质都得到了提升，整个校园氛围都得到改善。

（2）微改革人文环境，提升环境育人功能。

水土会说话，环境会育人。雅致的校园环境既彰显出校园的文化底蕴，又潜移默化地滋养着每位师生的心灵。校园环境建设是学校理念文化的物象化表现，具有整体协调性、美观性和艺术性等特点，有助于提升学校的整体形象，增强环境育人的功能。

第一，凸显一个主题。2021年，学校在进行品牌学校环境微改革的时候，将学校的核心理念"让每朵小梅花活力绽放"作为环境文化建设主题。从校门到校内的每一个场室均可找到它的踪影。比如，在校门口的墙面上有用玻璃钢制作的梅花造型装饰及"让每朵小梅花活力绽放"几个醒目的大字；走进校门，广场上那块高约2.5米的文化石上镶嵌着学校的核心理念"让每朵小梅花活力绽放"；体育馆墙面上，也镶着"让每朵小梅花活力绽放"几个大字;学校的每个功能室墙上均可见学校"LOGO"与"让每朵小梅花活力绽放"几个大字。文化主题突显,在不同场景出现,加深了人们对学校理念文化的印象。

第二,构建一个系统。校园环境微改革也是一项系统工程。学校课题组在进行校园环境微改革时,围绕核心主题"让每朵小梅花活力绽放",综合考虑各场室的命名、楼道命名、学习空间的建设等,让校园环境可赏、可玩、可学习。校园的总格调为新中式典雅的书香校园。一是打造出校园十二景:小梅花广场、梅开五福(五福亭)、古梅堂、五福树、梅格书苑、青青梅园、小梅花乐园(特殊教育户外感统学习空间)、小梅花棋艺坊、小梅花乐高坊、小梅花创客空间、小梅花阅读空间、小梅花植物科普园。二是设五楼三厅一阁:和雅楼、博雅楼、逸雅楼、雅正楼、雅梅楼,小梅花演剧厅、品梅厅(报告厅)、小梅花餐厅,听梅阁(会议室)。改造过的校园人文环境,更加显示出学校的内涵与特质,增加学生的学习体验,增强了环境的育人功能。

(3)微改革管理模式,优化学校的内在管理。

科学合理的管理模式是品牌学校的一个标志。管理的核心是人,本质是以学生为本,提高工作效益。因此,充分发挥每个人的作用,让事事有人做,人人有事做,从管理到治理,实现同频共振。学校根据品牌学校理念文化的要求,对原管理模式进行了微改革,建立"雅正"管理文化,突出管理的规范化、精细化、科学性。

第一,重构学校的部门设置,设立内部管理"六中心":党政办公中心(校长室)、质量监控中心(教导处)、学生发展中心(德育处)、行政服务中心(办公室)、教师发展中心、课程研发中心。健全由班子会、教代会构成的责权明晰的学校领导系统,以及由工会、家长委员会、少代会、关工委、教研共同体构成的多方参与学校治理的管理系统,形成一个相互补充、相互制衡的有机协调系统(见图2)。

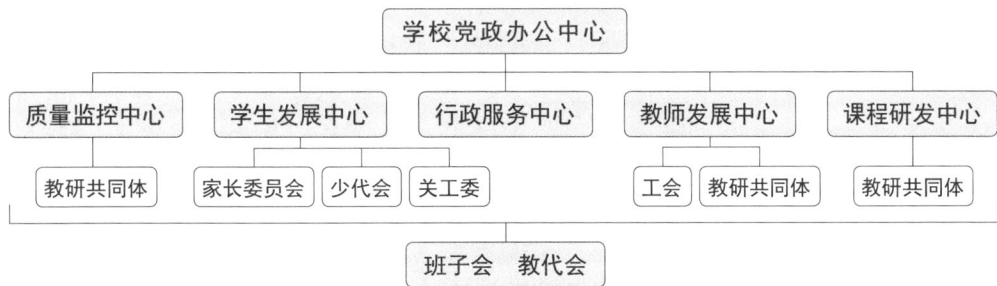

图 2　学校内部管理架构

第二,提升部门管理效率。坚持"问题导向、结果导演、结构化思维",建立目标管理、制度管理,常规事情结构化与流程化管理;建立项目式管理,实行项目负责制,经学校审批的项目交由项目负责人统筹安排，协同多部门落实，充分调动项目负责人主人翁意识。

第三，树立部门品牌意识。各部门、学科教研组要在全面发展的基础上充分发挥部门人员的聪明才智，做出自己的特色，建立自己的品牌，进一步赋能部门工作。每个部门都要清楚自己的服务对象的需求，想方设法为其提供优质服务。

（4）微改革评价机制，推进学校的内涵发展。

评价是一把双刃剑，用好了评价，能够激发教师的积极性；如果处理不当，在某些环节上出现不科学现象，评价可能起反作用。学校评价机制微改革的目的是最大化地发挥正向评价的作用，调动教师积极性；对于一些难以用评价来衡量的内容适当淡化评价，以多形式的激励为补充。学校根据《深化新时代教育评价改革总体方案》的要求，以及学校的实际，对学校的评价机制进行微改革，一方面是改革对教师的评价，另一方面是改革对学生的评价。

首先，在教师评价方面建立评价模型，由基础性评价、增值性评价及多形式激励构成。其中，基础性评价包括对教师的德、能、勤、绩四个方面的评价，占80%；增值性评价包括专业赋能、贡献赋能、团队赋能，占20%；多形式激励包括月度人物、教师风采等。通过正式评价与非正式评价相结合，过程与结果相结合，自评与他评相结合，促进教师健康成长。另外，在对学生评价方面，我们选用了小青牛评价工具，开展"互联网＋"线上评价，评价主体分为学生、学校、家长、社会，一周一评，或随时评。这些数据日积月累，形成学生核心素养雷达图（见图3）。这有助于我们进行数据分析，评价结果运用。

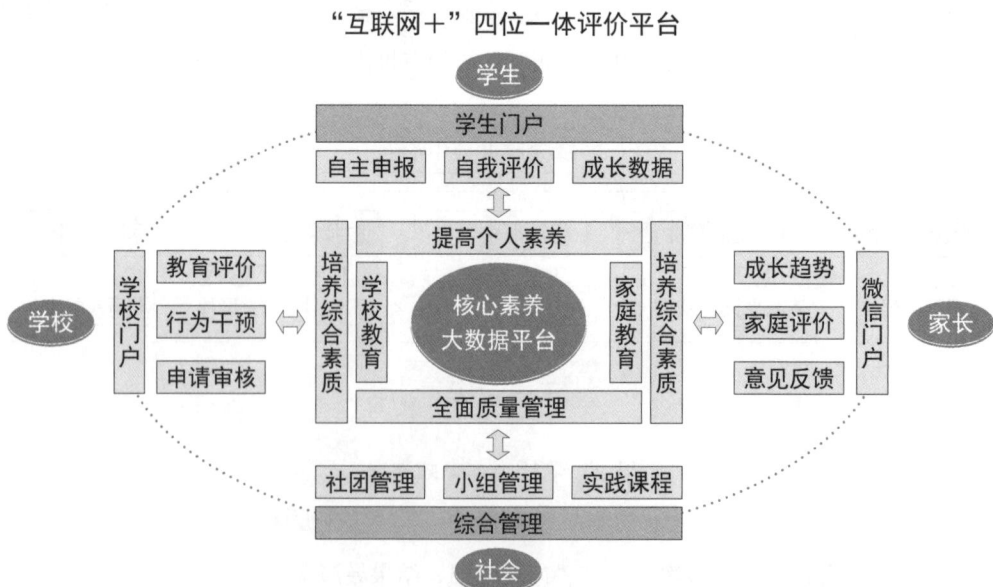

图 3　小青牛评价系统端口

3. 品牌学校培育成果应用及检验（2022年8月—2023年7月）

根深叶茂，本固枝荣。理念文化进行了微改革以后，务必让理念能够落地，真正发挥理念引领作用。"小梅花教育"品牌理念除了体现在环境建设与学校管理之外，还进一步融入课堂，融入课程，融入德育，融入师资队伍建设之中，检验理念文化微改革成果。

（1）构建小问号品质课堂。在扎实推进品牌培育过程中，构建起以培养学生高阶思维为目标的小问号品质课堂。小问号品质课堂以"问"为导向，学生带着问号走进课堂，带着思考走出课堂，促进学生对知识的深层次思考。课堂模式为"会生疑（自学）—会辨疑（合学）—会释疑（展学）—会质疑（拓展）"。

（2）构建小梅花特色课程体系。小梅花课程群纵向设计为一二年级"乐于探索·望梅"，三四年级"善于创造·咏梅"，五六年级为"勇于绽放·傲梅"；横向设计为润梅厚德课程群、慧梅博学课程群、展梅健体课程群、艺梅育美课程群、探梅实践课程群。每个课程群中分为基础学习课程、拓展个性课程和探究赋能课程。丰富多元的课程助力每朵小梅花活力绽放。

（3）构建润梅大德育体系。润梅大德育体系以活动为载体，五育并举，全面育人，全程育人。润梅大德育体系分为小梅花学礼、小梅花学军、小梅花研学、小梅花爱劳动、小梅花拜师和小梅花心育，涵盖了礼仪教育、纪律教育、国防教育、品格教育、劳动教育、心理健康教育、行为习惯教育等。

（4）构建雅梅良师成长模式。"小梅花教育"坚持以思想兴师、专业富师、品牌强师理念，培养气质儒雅的学习型、创新型、科研型雅梅良师，构建起由雅梅良师形象工程、致远工程、幸福工程、种子工程构成的专业成长体系，形成"教研训"三位一体的教师成长模式，加快教师人才培养。

经实践，近几年，学生获得市级或以上奖励有500多人次，其中，2021年在东莞市举办的航模和海模比赛中，学校参赛学生罗鹏程、陈夏乐分别获得两项比赛冠军；2022年，在东莞市青少年武术锦标赛中，学校代表队获得团体总分第一名；学校语言类节目《春夏秋冬》在经典诵读比赛中获得市级特等奖，省级一等奖。教师获得市级或以上奖励128人次，其中，新增市级教学能手3人、省级优秀辅导员1人，新增市级课题7项。学校被评为广东省科技比赛优秀组织单位、东莞市科技比赛优秀组织单位、东莞市语言文字工作先进单位、第三届"南粤师魂杯"广东省教师讲书人大会优秀组织单位。实践证明，微改革能够促进学校优质均衡发展，提升办学效益，助力于品牌学校建设。

三 成果主要内容

（一）微改革下品牌学校培育路径

品牌学校的培育起点决定了其培育策略的选择。每所学校的发展历史都大相径庭，因此各校的品牌培育起点也各不相同。无论是提炼品牌还是创建品牌，都可以从学校的办学历史、环境因素、办学特色、办学愿景中找到支撑，并综合考虑，从而定位品牌。针对有办学基础的旧学校，微改革是品牌学校培育的可资选择的策略。其中，"微改革"是指优化、调整、重构、完善，即基于旧学校原有的办学条件和办学理念，为学校增添一些更具活力、更具时代感的元素，对学校原有的框架进行一定的优化整改，使学校焕发出新的生命力。

通过微改革的方式达到品牌学校的培育目的。学校微改革也需要有明确的目标和内容，这样能在更短时间内帮助学校找到问题症结，更便于学校对症下药，改进学校硬件或软件方面的不足之处，提高整体的办学水平。经实践，我们探索出微改革下品牌学校培育路径为微改革理念文化、微改革人文环境、微改革管理模式、微改革评价机制，促进学校内涵提升，成为品牌学校。

（二）"活力绽放"的"小梅花教育"

通过研究，形成一条把普通学校培育成为品牌学校的有效路径，即"探寻培育起点—微改革下品牌学校的培育路径—培育成果应用"，为品牌学校建设提供参考案例。同时，在实践过程中，培育出活力绽放的"小梅花教育"品牌。

四 成果主要创新点

（一）理论创新

本成果以"微改革"的视角研究品牌学校培育路径，形成"微改革理念文化、微改革人文环境、微改革管理模式、微改革评价机制"四大培育路径，赋能有一定办学基础的普通学校向品牌学校发展，实现理论创新。同时，突出了改革中的"微"，精准研究方向，实现研究创新。

（二）实践创新

本研究采用行动研究办法，理论与实践相结合，在实践中形成理论，又以理论指导实践。既形成理论成果，又形成实践案例成果。

（五）成果推广与检验

（一）成果推广

与本成果相关的成果《抓牢"六个一"品牌放光彩》《信息化赋能　小问号促学》刊登于《学校品牌》，《朵朵梅花放光彩——"小梅花教育"品牌学校办学纪实》刊登于《广东语言文字报》。此外，我们还在学校公众号中推送学校的办学成果。

（二）成果的辐射作用

"微改革下品牌学校培育路径"让学校获得持久发展动力，赋能学校高质量发展，带动本区域兄弟学校创建学校品牌。同时，学校结对帮扶鳌江镇中心小学，助力学校文化建设，提升办学质量。

品牌：敦本教育

韶关市始兴县隘子镇中心小学 · 莫日锋

"敦本教育"是韶关市始兴县隘子镇中心小学的品牌定位。

2021年7月，莫日锋校长作为省级学员进入广东省阮美好名校长工作室跟岗学习。名校长工作室以品牌学校建设路径研究理论与实践为引领，通过专家指导、同课异构、沙龙探讨、青蓝工程等方式，推动学员所在学校的品牌探索。几年来，隘子镇中心小学在工作室导师的指导下，切实推进品牌学校建设，通过完善"敦本教育"品牌文化体系，提升学校物质文化品位，丰富学校精神文化，培植学校责任文化，完善学校组织文化、制度文化和课程文化等方面，全方位推进学校系统改进，为学生的发展、教师的发展和学校的发展创造优良的人文环境，有效提高学校教育教学品质，充分展示学校的个性魅力和办学特色。学校共组织校内专题教研活动36次，其中品牌学校建设专题研讨12次、校本研修18次，示范课26节，师徒结对12对，骨干教师培养16人，5人获韶关市优秀乡村教师称号，5人获县青年教师基本功能力比赛一等奖，3个课例获教育部"一师一优课、一课一名师"之"优课"，6篇教学论文获市二等奖。学校党支部曾被评为始兴县先进基层党组织、教育教学信息化交流展示活动"优秀组织单位"，曾获优秀家长学校等荣誉称号。

校长简介

莫日锋，1978年7月出生，中共党员，本科学历，副高级教师（小学德育），现任韶关市始兴县隘子镇中心小学党支部书记、校长。多年来，莫日锋同志以培育教师队伍、呵护学生成长为己任，认真履行校长职责，怀揣初心，扎根基层，默默奉献，辛勤付出，为始兴县隘子镇中心小学的发展奉献了青春热血，收获了学生的敬爱、家长的认可、领导和同事的称赞。2018年被评为始兴县"优秀家长学校校长"，2019年被评为始兴县"梁广榕先进校长"，2021年被评为韶关市"优秀乡村校长"等。

我的教育思想录：
以爱育人，和谐共进

　　始兴县隘子镇中心小学创办于 1950 年 9 月，是始兴县最边远的山区乡镇学校。学校占地面积 22924 平方米，建筑面积 12780 平方米。学校先后获得"校园建设达标学校""韶关市行为规范示范校""始兴县学年度考核优秀单位""始兴县学年度教学质量优秀单位""全国青少年五好小公民'美丽中国梦　我的中国梦'主题教育示范学校""韶关市绿色校园""始兴县平安校园""森林防火示范学校""始兴县青少年科普教育基地"等荣誉称号。

　　学校地处农村，孩子大多与祖辈一起生活，乡村种田人的个别陋习多多少少影响着孩子，这也成为我们在教育中必须重视的问题。因此，学校秉承"敦本，尚实，行稳，致远"的校训，以及"以爱育人，和谐共进"的德育理念，将立德树人作为立身之本，积极探索育人新方法新实践，融教师育人、课程育人、文化育人于一体，创新构建"一二三四五"敦本德育体系，推动学校德育工作在体系创新中实现新转变。

（一）汇聚一个育人核心

　　"立德树人"既是根本任务，更是敦本德育体系核心。"立德"是要明大德、守公德、严私德，"树人"是要强本领、守根基、有格局。立德树人，既要有理想信念，又能明辨是非；既怀高尚品格，又练高强本领；既存浩然之气，又持广阔胸襟。立德树人作为"敦本德育"育人体系核心，体现在其作为一条"生命线"，统领育人体系的内容、路径、方法和目标，融入办学治校各领域、教育教学各环节、人才培养各方面。学校围绕这个核心办学、育才，学生围绕这个核心求学，一切工作都以立德树人为出发点和落脚点，是检验育人工作成效的根本标准。

(二) 营造两个育人阵地

(一) 文化育人阵地

校园环境建设是学校精神文明建设的窗口，同时又是学校日常德育的载体。优美的环境氛围，高雅的校园文化，给人以奋进向上的力量，学校应充分发挥环境育人的作用，创设一个时时受教育、处处受感染的德育环境。利用新建校区的契机，健全教育阵地，如宣传栏、黑板报、广播站、阅览室、少先队活动室等。让每一堵墙成为无声的语言，在潜移默化中，向学生进行爱国主义和良好行为习惯教育。充分发挥红领巾广播站、黑板报等少先队阵地的作用，深入推进校园文化建设，发挥阵地育人的功能。各班利用教室空间的板块，让学生自己设计、自己动手来布置，凸显本班的育人理念和学生的成长目标。班级展板布置班级名片、主题活动、学生作品与照片、"博爱"之星、"诚信"之星等。

2020 年 8 月，新校门、新广场、新教学楼顺利落成并投入使用，极大地改善了学校的办学条件，教育环境得到明显好转，校风、班风、学风得到进一步提升，师生的精气神得到进一步升华，学校的影响力得到进一步扩大。现在的校园环境已成为始兴县山区学校一张亮丽的名片。

(二) 家校育人阵地

学生的教育不仅是学校教育，更离不开家庭教育。因此，学校一手抓好学校教育，一手抓好家庭教育，并且密切家校联系。学校结合社会实践，构建家庭、学校、社会德育网络，充分发挥德育网络的作用，通过多种形式做好家校联系工作，让家长了解学校的工作，听取家长对学校教育的建议和意见，形成教育合力。建立"留守儿童之家"，充分发挥"留守儿童之家"中亲情电话的作用，让孩子零距离感受父母的关爱，像其他孩子一样，可以在父母面前"撒撒娇"，说说身边的小事，拥有一个健康、快乐的童年。教学中，学校统一使用教材《父母课堂》《家长看的一本好书》，还选用了《义务教育法》《未成年人保护法》《中小学生法治教育读本》《小学生心理健康教育》等作为辅助教材，并动员广大家长订阅《父母课堂》等相关杂志，动员老师自编专题讲座材料，开发家长学校校本课程，让教学内容校本化。凝聚家校共育力量，为学生的健康成长保驾护航。2018 年学校被评为始兴县优秀家长学校。

三 创新三个育人模式

（一）党建引领，传承红色基因

学校充分利用周边地区红色文化资源、爱国主义教育基地等开展红色教育，通过现场参观、亲身体验让学生在活动中知史爱党、知史爱国、知史爱社会主义。如，2021 年 4 月组织学生就近到省级红色村党建示范工程——风度村参观，学习风度精神，聆听红色故事，追忆红色事迹。通过开展红色研学活动，学校形成了德育工作新常态，达到用身边事教育身边人的目的。校长亲自为党员教师上党课、给学生上思政课，充分发挥课堂教学主渠道作用，将以党史学习教育为重点的"四史"教育全面融入课堂教学，帮助学生正确认识党史、国情，牢固树立爱国主义情感。认真开展升国旗仪式教育，强化国旗下佩戴红领巾、向国旗敬礼等仪式的庄严感，在师生心中厚植爱党、爱国、爱社会主义情感。举办"从小学党史，永远跟党走"主题手抄报比赛、征文比赛及党员教师"学党史，颂党恩，奋进新时代"演讲比赛，筑牢师生听党话、跟党走的思想根基。2021 年学校党支部被评为县先进基层党组织。

（二）课程引领，提升教育理念

学校以发展学生核心素养为中心，从实际出发，将国家课程、地方课程、校本课程有机融合，进行横向拓展与纵深发掘，构建层次清晰、递进有序、开放有致的"三环六步"敦本课程体系；在课程改革与设计中不断求索创新，增加课程的多样性和选择性，发挥教师优势，发展学生特长，为学生创设多元化发展平台；积极组织青年教师参加各级各类业务学习、培训。广泛收集兄弟学校的课改信息，把握课改动态，通过"走出去、引进来"学习借鉴外地或外校的教育教学成功经验，创新课改智慧，提升教育理念，创造性地开展课改工作。充分利用好广东省阮美好名校长工作室资源，开展双向交流学习，进一步提升学校教育理念，努力打造高品质学校。

（三）团队引领，培育骨干精英

学校坚持"教师是学校发展第一生产力"的发展理念，大力培养管理干部队伍和专业教师队伍，稳步实施"青蓝工程""星级班主任工程"，精心构建专业成长平台、项目培训平台、学科活动平台、综合发展平台。引领提升教师的成长内驱力、师德引领力、教学竞争力、课程开发力和教育研究力。学校大力推动"教学—培训—研究"一体化模式，借助专家示范、同课异构、观摩研讨、校际交流、培训学习等形式，促进教师更新教育观念、提高德育研究水平。学校为了提高班主任的工作技能，定期召开班主任工作例会、班主任工作座谈会、德育工作研讨会等；研究解决学校德育工作中存在的突出问题，不断促使班主任在日常的德育管理中总结经验、探索德育工作规律和新的工作思路，让他们少走弯路，从而提高班主任的理论水平和实践操作能力。

学校年轻教师多，班级管理经验不足，学校通过组建"校级名师顾问团"，制定"骨干教师"培训计划。举办中层干部培训、"青蓝工程"师徒结对活动，让年轻班主任更快地步入正轨，提高德育工作的整体水平。在评先评优的制度上，也要有意识地向班主任倾斜，激发班主任工作的积极性，让他们全身心地投入班级工作，促进学校德育工作不断向前发展。

四 细化四项育人活动

（一）节日纪念活动

学校以创新德育活动为载体，定期举办"四节二礼，童年六月"系列校园文化活动，组织学生清明节祭扫烈士墓，"六一"国际儿童节组织文艺演出，国庆节开展歌咏比赛，元旦进行游园活动等，让学生在活动中培养阳光健康的心态，提升面向未来的综合素养。

（二）仪式教育活动

从认知和行为两个方面对学生进行教育和引导，让学生在活动中增强文明意识。在全校开展"争创文明校园、文明班级、文明宿舍、文明餐桌，争做文明学生和合格小公民"的教育活动，要求学生"走好路、用好餐、穿好衣、做好操"，从学习和生活的细节做起，养成良好的行为习惯。

（三）社会实践活动

组织学生到敬老院进行慰问，到街道开展清扫志愿活动，到风度学校德育基地举行少先队活动等，让学生走出校园，既有效填补了"双休日"教育的空白，又使青少年在实践中得到锻炼成长。

（四）校园节（会）活动

少先队以月主题教育为核心，适时开展学生活动，落实爱国主义教育、生命安全教育、心理健康教育、明礼诚信教育、法治教育、禁毒教育、感恩教育等，提高学生的道德认识水平，让学生在活动中锻炼自己，丰富自己。如九月开展"尊师重教""文明礼仪伴我成长"等系列活动。十月开展爱国主义教育专题活动，围绕"社会主义核心价值观"展开"扣好人生第一粒扣子""国庆纪念""纪念抗战胜利"等系列党史学习教育活动。开展庆祝"10·13建队节"活动，举行新少先队员入队仪式暨大队干部就职仪式，对学生进行入队教育。十一月开展消防教育、安全教育、"绿色节能"教育主题实践活动，十二月开展法治教育、预防校园欺凌、禁毒教育、卫生防疫教育、"12·2文明交通、告别陋习"主题实践活动等，一月因地制宜开展庆元旦游园活动及春节、元宵庆祝或教育活动等。

近年来，学校成立篮球社、足球社、乒乓球社、名著阅读社、心语社、街舞社、动漫社、星痕社、健美操社等20多个社团，除校园篮球联赛外，还举办了体育节、校园辩论赛、校园歌手大赛、红歌比赛、经典华章朗诵比赛等多样化的传统文化活动，为学生（特别是住宿生）健康成长、特长展示提供了更广阔的平台。不仅注重营造校园内的艺体文化氛围，还鼓励学生走出校园，在各级各类平台上展示风采。通过构建多样化活动平台，校内校外相结合，着力培养阳光、积极、自信、健康的敦本少年。

五 培养五个良好习惯

（一）健康生活习惯

健康生活是学生成长的第一要务，形成健康生活习惯是学生一生幸福的第一基础。一是教育学生养成良好饮食习惯，做到平衡膳食，不偏食、不挑食，适量饮食，不暴饮、不暴食；二是教育学生养成良好作息习惯，做到按时作息不熬夜、按时起床不赖床，既保证睡眠充足，又做到不"睡懒觉"；三是教育学生养成健康运动习惯，做到天天坚持体育锻炼，培养体育兴趣，发展体育特长；四是教育学生养成安全生活习惯，做到学习安全知识，遵守安全常识，学会自我保护；五是教育学生养成健康心理调适习惯，做到合理表达、善于控制调节自我情绪，掌握正确看待各种挫折、应对学习压力与生活困难以及寻求帮助的积极心理调控方法，保持自尊自信、自立自强、乐观向上、阳光健康的心态。

（二）遵守规则习惯

遵守规则是学生成长的重要保障，形成遵守规则习惯是学生一生平安的"护身符"。一是教育学生养成遵守自然规律习惯，逐步学会添衣保暖、降温防暑以及躲避雷电、防洪防滑等遵照自然规律生存的习惯；二是教育学生养成遵守国家法律法规以及校纪校规习惯，做到"该做的做好、不该做的坚决不做"，逐步形成法规思想；三是教育学生养成遵守社会公序良俗习惯，做到尊重他人风俗习惯、遵守社会公共秩序，逐步树立社会规则观念。

（三）刻苦学习习惯

刻苦学习是学生成长最核心的助推器，形成刻苦学习习惯是学生打开人生成功之门的密钥。一是教育学生克服勤奋学习之苦，养成按时上学的学习习惯；二是教育学生克服厌学难学之苦，养成热爱学习、善于学习、不断攻克学习难题的学习习惯；三是教育学生克服专心学习之苦，养成课堂上集中精力、认真听讲、积极参与的学习习惯；四是教育学生克服独学之苦，养成独立完成作业、及时复习巩固与查补缺漏的踏踏实实的学习习惯；五是教育学生克服坚持学习之苦，养成"好好学习，天天向上"的终身学习习惯。

（四）热爱劳动习惯

热爱劳动是学生成长的重要方式，形成热爱劳动习惯是确保学生一生衣食无忧最可靠的路径。一是教育学生养成热爱生活劳动习惯，逐步学会"择菜做饭刷碗筷"和"洗衣扫地理房间"等家务劳动，逐步掌握日常生活劳动技能；二是教育学生养成热爱生产劳动习惯，深入参加符合年龄、体能特征，切合实际背景的生产劳动，逐步掌握至少 1 项生产劳动技能，为终身劳动创造社会财富奠定基础；三是教育学生养成热爱脑力劳动习惯，逐步掌握科学思维能力，学会用脑力创新思想、创新技术、创新生活；四是教育学生养成热爱公益劳动习惯，积极参加力所能及的公益劳动，逐步掌握至少 1 项服务性劳动技能，为终身劳动帮助他人、服务社会奠定基础。

（五）弘扬美德习惯

弘扬美德是学生成长不可或缺的精神力量，形成弘扬美德习惯是学生得到社会认可最重要的资本。一是教育学生养成弘扬爱国主义的美德习惯，逐步树立"只有国家强盛，才有人民尊严"的意识，要有爱家人、爱老师、爱同学、爱学校、爱家乡、爱祖国的家国情怀；二是教育学生养成弘扬政治美德习惯，做到热爱中国共产党，坚持中国共产党的领导，逐步树立做共产主义接班人的革命理想；三是教育学生养成弘扬传统美德习惯，积极学习尊敬师长、助人为乐、敬业奉献、诚实守信、自强不息、艰苦奋斗、勤劳勇敢等中华传统美德，并在学习生活中发扬光大。

此外，学校在平时的教育中，一是充分利用晨周会、主题班队会加强引导，不断提高学生明辨好与差的能力，用有效的宣传手段，使良好的行为标准深入每一位学生心中；二是对学生行为加强培训，及时纠正不良行为；三是加强监督，每一个班级设立行为监督员，奖优罚劣，促使学生养成良好的行为习惯，最终让良好的行为习惯成为学生的自觉行为，营造和谐人文校园，努力使良好的习惯根植学生心中。

"学校无小事，处处皆教育。"学校工作虽然取得了一定的成绩，但作为一所山区学校，我们深刻地认识到，学校的教育教学工作与县直学校还有相当大的差距，德育活动单一，教学创新不足，效果不明显。今后，我们将加大年轻教师的培训力度，拓宽科教研途径，走出去，多学习，多交流，努力提升教育教学管理水平，使学校各项工作更上新台阶。

基于学校德育创新的品牌学校建设

——以韶关市始兴县隘子镇中心小学"敦本教育"为例

始兴县隘子镇地处粤北山区，是距离始兴县城 60 多公里的一个偏僻山区乡镇。东靠司前镇，南与翁源县毗邻，西与曲江区接壤，北与深度水瑶族乡交界，是始兴县最边远的山区乡镇。镇内有国家重点文物保护单位——满堂客家大围、宰相祠、桂山书院、抗日名将张发奎故居等。

始兴县隘子镇中心小学是始兴县乡镇学校中的首批县一级学校，它创办于 1950 年 9 月，1992 年更名为始兴县隘子中心小学，2017 年 10 月更名为始兴县隘子镇中心小学。学校占地面积 22924 平方米，建筑面积 12780 平方米，建有教学楼、学生宿舍楼、学生食堂、科学楼及占地面积为 9500 平方米的运动场等，校园绿化覆盖率达 87.8%，教学配套设施较完备，硬件建设趋于完善。学校各方面取得了长足的进步，为始兴县的教育作出了重要贡献，赢得了较高的社会声誉。

自 2021 年开始，学校通过"敦本教育"品牌学校建设，提高学校物质文化品位，丰富学校精神文化，培植学校责任文化，完善学校组织文化、制度文化和课程文化，为学生的发展、教师的发展和学校的发展创造优良的人文环境，充分展示了学校的个性魅力和办学特色。

（一）指导思想

以习近平新时代中国特色社会主义思想为引领，坚持党的教育方针，按照党的二十大报告提出的教育改革发展要求，牢固树立新发展理念，真抓实干，发展素质教育，促进内涵发展，从六个方面着力，确保各项工作部署落实到位，融合创新抓应用，扎实有效抓全体，为实现"山区教育优质学校"的办学目标而努力奋斗。

（二）实现目标

教师队伍建设目标：五年内在原有基础上，培养3—5名省、市、县级教学骨干、学科带头人。同时打造一支理念前瞻、师德高尚、教艺精湛、富有创意的教师队伍。

课堂教学目标：积极探索课堂教学改革，形成独具特色的课堂教学模式；推广体现新课程理念的"自主探究合作"教学模式，使师生享受教育、享受课堂。

育人环境目标：实现两大突破，一是有限向无限的突破，建立"大课堂"理念，以特色建设为纽带，倡导综合化，让课堂融入社会、生活与自然之中；二是有形向无形的突破，通过网络开辟时空园地，实时开展教育教学研究、校际交流，实现资源共享。

学生群体目标：具有五种能力，即实践探究能力、自主学习能力、交往合作能力、信息处理能力、创新能力。具备四大优势，即基础扎实优势、文艺特长优势、英语口语优势、可持续发展优势。

（三）实施战略

围绕实施目标，结合学校发展的优势与劣势、机会与挑战，学校实施了五大发展战略。

文化兴校战略。深厚的历史传统和文化底蕴，既是学校的财富，更是学校实现跨越式发展的动力。用文化升华人的思想意识的功能，强心固本提升人性美德；用文化凝聚文明塑造人格的精神属性，以文引人，以文养心；用追寻人本精神的发展命题，促进教育的德、智、体、美、劳全面发展；用清新内涵特色、活化秩序气场、文化组织结构的三维价值，迎接教育文化时代的到来。

依制度、依法、以德治校战略。加强学校常规管理，改革创新力度，围绕学校制定的发展规划，加强学校的行政及教学组织建设、文化组织运作和改进行为方法等，完善适合学校发展的科学管理运行体制，坚持依法治校和以德治校相结合，构建和谐校园。

"质量立校"战略。质量是决定学校生死存亡的生命线，学校质量的核心在于教育教学质量。为使学校的教育教学在常规工作的程序化、制度化运行中体现人本化、创新特征，必须不断探索教育教学规律和管理规律，运用有效的策略和手段，切实提升教育教学质量和整体办学水平。

建筑美校战略。学校不但要立志保护和发扬源远流长的文化传统，还要充分发挥传统和现代相结合的教育功效。为此，学校制订并实施相关校园环境建设纲要，在校园规划与设计方面，保留传统内涵，进而外化为建筑特色，在校园的物质文化层面蕴藏并散发出传统的精神特质，以建筑塑造环境，借环境实施美育。

特色强校策略。借助隘子镇深厚的文化底蕴，结合始兴县乃至粤北的地域文化特色，立足学校的历史与传统，以强化学校教育整体特色为战略目标，在其他各项战略和项目中形成不同的项目特色，有效提升学校教育品牌。

四 实施途径

遵循学校发展的指导思想，围绕学校 2021—2023 年的发展目标，按照有重点、有计划、分阶段实施发展的行动策略，以改善办学条件为基础，以深化学校内部管理改革为核心，以师资队伍建设为重点，以增强办学特色为突破口，以新课程改革为契机，大力提升教师教学科研水平，加强学校德育工作和校园文化建设，促进教育教学质量的全面提高，重点建设培育了四大工程。

（一）建设"敦本文化"工程

1. 校训：敦本，尚实，行稳，致远

校训是对全校师生具有指导意义的行为准则，是对学校办学传统与办学目标的高度概括。校训一方面要反映学校的办学理念、精神品位和价值追求，另一方面又要反映特定历史时期的发展和改革目标。校训既要有传承性，能反映本校的办学传统和特色，又要有创新性，能反映时代对本校师生行为规范的新要求。学校凝练"敦本，尚实，行稳，致远"校训来引领学校的发展。"敦本"，就是学校要注重根本，以立德树人为根本，师生要有高尚的品德、高尚的情操。"尚实"，就是师生要品德高尚，既要学有所得，又要努力践行所学，使所学最终落到实处，做到"知行合一"。"行稳"，就是师生要探索真理，一步一个脚印走稳走好求学路上的每一步。"致远"，就是教育学生要树立远大志向、远大理想，走出山区，奔向世界。

2. 校风：求实，拓新，团结，进取

优良的校风是学校办学的指导思想和培养目标的集中表现，是培育优良学风、教风的根本保证，它全面地反映出一个学校的精神面貌和办学水平。隘子镇中心小学在长期的办学过程中形成了"求实，拓新，团结，进取"的优良校风，显示出鲜明的特色。

3. 教风：敬业，爱生，勤勉，求精

教风是教师在教书育人中的态度与师德的表现。教风体现在教师的教学态度上，体现在教师公平合理地对待和评价所有学生的行为上，体现在教师本人的工作学习过程中。隘子镇中心小学教风建设的重点包括：秉承"计划先行，目标落实，校本培养"模式，加强科组和备课组建设。强化教师的合作意识和团队精神，将骨干教师与青年教师师徒结对"传、帮、带"常规化、制度化。大力促进教师教育教学能力的提升，鼓励教师大胆尝试、积极探索能充分发挥学生主体性和创造性的教学方法和教学模式，致力于形成"敬业，爱生，勤勉，求精"的教风。

4. 学风：诚实勇敢，乐学多思

学风主要是指学生的学习风气，良好学习风气的形成是培养高素质人才的基础。如果没有良好的学习风气，就不能调动学生的学习积极性和主动性，达不到培养的目的。隘子镇中心小学以"诚实勇敢，乐学多思"为学风，主要开展"师生论坛""成功教育""励志教育""感恩教育"等专项学习活动，创设学生发现自我、展现自我的平台，使每个学生都有获得成功的机会，实现自我认同；以养成学习习惯、发展学习能力、提高学习成绩为目的，逐步形成具有年级梯度的学生学习文化建设目标及评价体系，进一步深化"诚实勇敢，乐学多思"的学风。

5. 校徽

校徽由青、绿、黄、白四色组成，主体由圆及字母图案组成。最外圈为黄色，内圆由青色及校名、校名拼音组成；圆内由隘子镇中心小学的拼音首字母"A、Z"组成，"A、Z"还交叉组成字母"X"，合并组成隘子镇中心小学的拼音首字母，字母用青色和绿色，象征隘子镇中心小学是处于始兴县青山绿水间的山区学校（字母"A、Z"组成山水图案）。字母"A"做成五线谱音符，体现学校特色：在全面贯彻教育方针的同时，努力创办具有体、艺特色的学校。

6. 校歌:《爱，从这里起航》

爱，从这里起航

(童声合唱)

李幼容 词
徐涛 曲

1=♭B 4/4

中速稍快 朝气蓬勃的

（曲谱）

（二）构筑"敦本课堂"工程

"敦本课堂"在于规范、轻负、高质，能真正关注学生的学习和成长需求；在于自然、和谐、生态、快乐；在于面向全体、面向发展、分层辅导、因材施教；表现为师生能在课堂上闪耀智慧的光芒，碰撞思维的火花，使心灵得到浸润，思想得到提升，成果得以分享，师生得以共同成长。为此我们实施了一些策略。

1. 构建特色课堂

经过多年来对"敦本课堂"的研究，我们在课堂教学研究上有了质的飞跃，提出"三环六步高效课堂"教学模式，并将此确定为今后探索、践行、研究和发展的方向。"三环六步高效课堂"教学模式放眼的是学生终身学习的能力，基本点是"先学后教"，着眼点是"以学定教"，出发点是"教是为了不教"。这一概念的提出，提升了课堂教学理念的新高度，得到上级部门的充分肯定。

（1）开展课题研究。以课题促课改，以课题促效益。参与实践的教师围绕"三环六步"，充分开展"三环六步式预习""三环六步式教学设计""三环六步式课堂教学""三环六步式教学评价与反馈"等活动，定期开展微课研讨交流活动，及时总结经验、查找问题、摸索解决方法，不断将"三环六步式课堂"教学模式研究和实践推向深入。

（2）建立"三环六步高效课堂"评估机制。对"三环六步高效课堂"下教师教前教后的教学行为、学生学前学后的水平变化进行全面评估，期望通过科学有效评估促进师生的和谐与进步。

（3）进一步完善"三环六步式教学路径"的多元化的模式构成。既要符合教学规律，又要从校情、教情、学情出发灵活运用，努力实现"轻负担、高质量、有特色"的教学目标。重点面向全体学生，实施分层教学，强化自学能力及针对性的训练，开发智力，提高学业水平，同时使学生形成正确的学习观。

（4）定期开展课堂研讨和争鸣活动。鼓励教师尤其是青年教师放开手脚，大胆创新，大胆尝试，有所突破。骨干教师要积极更新教学观念，改进教学方法，学习先进的现代化教学手段，在实现"三环六步式教学模式"的整体优化中发挥好示范带头作用。通过以上活动，全校掀起打造特色课堂的热潮，使"三环六步式教学路径"的理念深入教师的心田。

（5）及时做好资料整理。只有注重平时的点滴反思和积累，才能逐步丰富实践经验，提高理论水平，推进"三环六步式课堂"的深入实施。我们要求每位实验教师积极撰写课后小记、教学随笔，记录教学过程中一个个小的思想火花，收集整理好相关的过程性资料，及时反思课堂教学的得失，以推进"三环六步式路径"的进一步优化。同时把优秀的课后小记、教学随笔编印成册，推广交流。

2. 优化课程实施

（1）开足开齐并高效实施好国家规定课程。

（2）大力开发校本课程。除了开展"寻访美丽清化"等社会实践活动，实施"我们的清化"等地方课程外，根据学校的历史文化特点、教师的特长和学校学生的实际需求，进一步确定具有学校特色的课程项目。培养学生的个性特长，促进学生的多元化发展。做到学生将来发展需要什么，学校就能提供什么服务。

（3）大力推进校本阅读。作为建设书香校园的重要组成部分，每周开出两节阅读课，通过组织师生阅读对历史、社会、人生影响巨大的50本著作，来提升师生内涵。制定师生阅读方案，引导全校师生分阶段、分要求、分层次、有计划地开展阅读。将4月23日（世界读书日）定为校园阅读节。坚持做到每学期有读书节，每月有读书主题，每周有读书课程，每天有读书活动。

3.挑战数字化学习

数字化学习是教学方式的重大变革，是时代进步和社会发展的必然趋势，作为学校，理应顺应潮流，加大投入，积极探索，勇于实践，主动适应新时代发展新要求。我们将采取以下措施，争当数字化学习先锋：

（1）加强领导。成立数字化学习专题工作小组，把"学乐云"项目列为学校教育现代化的重点推进工程。

（2）加大投入。经多年建设，学校不断优化学校教育资源配置，目前已经达到《广东省中小学教育技术装备》Ⅰ类标准，信息技术装备已基本能满足数字化学习的基本要求。在此基础上，还要进一步加大投入，实现千兆进校园，百兆进班级，有线无线全覆盖，建设好信息化高速公路。

（3）加强培训。学校对教师进行电子白板、"学乐云"等专项培训和考核，使专任教师全员熟练应用各种数字化设备，同时加强信息化设备的使用管理，使之发挥出最大效益。

（4）推广"学乐云"平台。在以语、数、英为实验学科的基础上，扩展试点实验班级和实验科目的数量。在实现校内跨班教学的基础上，进入实验学校间的互动阶段和支教单位间的辐射阶段，大力开展远程教研组、备课组活动和远程支教活动，从而实现优质资源共同分享，教学水平和课堂效率共同提高的目的，并进一步促进教育均衡化。

（5）加强信息化管理。采用 OA 办公自动化系统、"学乐云"教学平台系统、学籍管理系统、继续教育系统、安全教学平台系统、财务管理信息系统。下一阶段设想建立图书管理系统，实现图书管理智能化。

（三）培养"敦本仁师"工程

学校发展靠教师，要牢固树立人才立校、人才强教意识，全力提高教师队伍整体素质。

1.锤炼务实的行政班子

新一届行政班子成立以来，各项工作态势呈上升趋势，但仍要不断加强班子队伍的政风行风教育，讲政治、讲正气，兢兢业业，廉洁奉公，切实履行党风廉政建设责任书。要勤于走访基层，深入教育教学第一线，观察教育教学实际，倾听各种各样的呼声，进行调查研究，从而本着实事求是的精神，作出正确的判断和决策。要全面关心教师的工作和生活，构建平等、和谐、互助的新型上下级关系；自觉接受民主监督，虚心听取意见，积极改正错误，形成强大的集体凝聚力和战斗力；吃苦在前，享乐在后，大胆实践，勇于创新，为全校教职员工树立榜样。

2. 打造"四有"好教师队伍

教师是教育的第一资源，优质的师资是优质教育的核心。

（1）强化师德建设，注重内外兼修。坚持德才兼备、以德为先。通过"道德讲堂"、师德大讨论、师德建设专题教育月、"官子明奖教学金评选"活动等多种形式，全面提高教师的职业理想、职业道德、学术规范以及心理健康，树立厚德清正、恪尽职守、敬业爱生的师表形象。为此，学校开展丰富多彩的师德建设、敬业精神教育主题活动，牢固树立现代教育的思想和观念，大力宣传和推广师德先进典型，完善师德评价制度，每学期对教师的师德进行全面、综合的评价，每年推出1—2名师德先进典型，通过召开现场展示会、举行演讲报告会等形式对先进典型加以宣传和推广，形成"领导当楷模、党员做示范、教师创榜样、学生树形象"的良好德育氛围。把师德表现纳入教师综合评估的主要内容，并作为教师评先评优与职务评聘晋升等方面的依据，同时，建立学校、教师、家长、学生四位一体的师德建设监督网络，对于严重违背职业道德的教师，在教师评优评先、竞争上岗、职务评聘、晋升职称等方面实行师德"一票否决制"。强调形象美和内涵美的和谐统一：形象美主要包括服饰整洁美观、礼仪文明优雅、态度端庄亲和；内涵美主要包括品德高尚、心胸开阔、身心健康、志趣高雅、热爱生活、富有激情、本领过硬、技艺超群。

（2）强化制度管理，坚持责任引领。既要结合学校实际，提出新的配套措施；又要审视现有制度，使之得到进一步规范和提升。比如，丰富学校"目标责任制"的内涵，除了强调教师的专业发展外，还要与时俱进，引进"美丽教师"的相关要求；在"述职考评制"中，引进第三方考核机制；进一步完善"评优评先申报制""绩效考核分配制"，使之更具有公信力和透明度。通过以上措施，不断提高学校的管理能力和教育教学水平，努力形成更加规范、更具特色、更高质量的发展局面。

（3）培养青年教师，推进持续发展。让每个青年教师进行师徒结对，做好"青年教师成长档案"；继续开展"青年教师教学基本功达标考核"评比；对每周听课和课后小记数量作出明确规定。

（4）推进教师流动，促进均衡发展。一是积极培养优秀教师队伍；二是选派骨干教师，进行支教活动；三是继续做好片区兄弟学校之间的校际交流工作。

（四）培育"敦本少年"工程

要建设高品质学校，就要培育理想远大、信念坚定、热爱祖国、热爱人民、注重团结、讲求文明、遵守法纪、热爱生活、敬畏生命、身体强健、兴趣广泛、内外和谐的接班人。

1. 深化阳光德育，培育健康心理

（1）关注心理健康教育，着力培育自信乐观、接纳宽容、坚毅向上的阳光心态。鼓励学生积极乐观地面对学习上的困难与压力，学会宽容，学会理解，学会沟通，学会合作，构建和谐关系。

（2）积极开展"阳光系列行动"，全面贯彻"阳光德育"育人理念。

第一，熏染阳光文化。大力营造"阳光"的校园文化氛围，通过宣传橱窗、墙壁走廊等阵地以及阳光旋律（校园广播）等媒体，报道阳光事迹，展示阳光形象，交流阳光感悟。各班制定"美丽班级活动方案"和"美丽之约"，让进步文化浸润每个心灵。定期举办以普及知识为主的艺术节、科技节等活动，利用传统节日、纪念日等，创新性开展文艺汇演、科技比赛等活动。

第二，牵手阳光助学。通过师生捐款、爱心义卖等形式筹集"阳光基金"，在自己学校及对口帮扶学校中对表现优良但家境暂时困难的学生开展阳光助学行动。

第三，亲历阳光旅程。组织学生开展以励志教育为主题的"走进清化""走进历史""走进名人""走进科技""道德讲堂""做一个有道德的人""小手牵大手""中华经典诵读"等活动，拓宽学生视野，增强生活体验，磨砺坚强意志。组织学生深入开展"养成教育、安全教育、生命教育、诚信教育和心理健康教育"等主题班会，不断提高青少年学生的思想道德水平。

2. 利用现代科技，加强家校联系

（1）短信互动。除每学期开设家长会之外，每周通过"学乐云"平台，向家长发送学生在校学习生活情况，让家长了解孩子的动态，家校结合，构建和谐的教育方式，最终实现美丽学生的愿望。

（2）QQ群、微信群。每个班级都建立班级群，成员为班主任、任课老师、家长和学生，目的在于搭建沟通的桥梁。对学生来讲，此举可以免去直接面对老师、家长的压力，能够更加轻松地和老师、家长聊聊自己的心事，找到自己情绪的输出通道，以及在遇到困难时可以及时地寻求帮助。

总之，在广东省名校长工作室主持人阮美好校长的示范引领下，我们将通过精诚合作，继续以创新学校德育品牌建设为抓手，进一步夯实常规教学与研究基础。整合张九龄故居、满堂客家大围等本土教育资源，着力打造"敦本教育"的课程、课堂与活动系列，着力打造"敦本仁师"队伍，积极推进品牌理念引领下的高品质学校建设。

品牌：同行·美好教育

揭阳市榕城区地都镇军民小学·陈熙

"同行·美好教育"是揭阳市榕城区地都镇军民小学的品牌定位。

在广东省阮美好名校长工作室的引领下，揭阳市榕城区地都镇军民小学师生团结一致，凝心聚力，向着共同的目标前行。我们追求自己的远大理想和抱负，努力实现学校的办学目标——携手同行，共创美好教育。为了打造"同行·美好教育"品牌学校，学校根据实际情况修订"一训三风"。校训更新为"同心，同德，同行，同美"，努力营造"平等，互爱，求真，向上"的校风，"博爱，奉献，严谨，务实"的教风，"自信，乐学，慎思，明礼"的学风。创立《同行·文苑》校刊，宣传学校同行文化；创建"同行·励志"基金会，与乡贤仁者同行共建，同心协力追求美好教育。在品牌学校培育的过程中，学校文化不断彰显其精神伟力，引领全体师生和家长携手同行，为实现更美好的教育而奋斗。教师注重情境导入、问题启思、合作学习和智慧闯关，让学生能够充分发挥实践能力，教学效能更加显著。教师成为思辨方法的探索者，他们阳光健康、博学温良、乐教善创，自行担当；学生成为责任意识的拥有者，他们阳光健康、仁孝温良、乐学善创，自信担当；家长成为学校教育的积极参与者，他们努力提高审美品位，身体力行地为孩子健康成长赋能。每一个同行班级都是运动精神的健行者，学生成长为启慧学员，在共同建设陶情花园和怡性乐园中快乐成长。

校长简介

陈熙，1975年出生，中学数学一级教师。1998年参加工作，曾担任高中数学、初中化学、初中数学、小学数学教学工作。2004年担任中学教导主任，2010年调往揭阳市地都镇军民小学，2011年负责学校的全面工作。致力于农村教育工作，努力探索农村教育发展的路子，引领学校"树品牌、奔未来"。2021年被揭阳市教育局评为优秀教育工作者。为适应新时代教育发展需求，2021年被揭阳市教育局推荐参加广东省阮美好名校长工作室并成为入室学员。

我的教育思想录：
携手同行，共创美好教育

军民小学创办于 1950 年，是一所全日制公立小学。几经易址，学校现地处揭阳、汕头、潮州三市交界处的桑浦山东麓，位于地都镇革命老区军民村。这里山川秀美，人才辈出。学校占地面积 3265 平方米，建筑面积 3084 平方米，拥有标准化、规范化的教学楼、宿舍楼和运动场。校园布局合理，"三区"分开，绿化达标，环境清幽、美丽、整洁，是办学的好地方。

随着时代的发展，21 世纪的今天是以知识经济为主要特征的时代，这对从事农村小学教育教学和管理的教师和校长提出严峻的挑战，但也提供了难得的机遇。校长作为学校的管理者和领导者，其正确的办学理念，对于确立正确的办学方向、贯彻教育方针、促进通识教育的实施具有重要意义。

我 1998 年大学毕业开始任教，用村里人的话讲是已经跳出了这个山坳，可我为了改变家乡教育局面，毅然回到家乡。为提高自身素质及业务水平，我参加了广东省教育厅组织的广东省阮美好名校长工作室跟岗学习培训。在阮美好名校长工作室这个优秀团队里，我先后参加多次专业理论、教育教研讲座的学习，并在东莞市多所名校观摩学习。在一场场的学习交流活动中，我如同经历一次次教育思想和管理理念的洗礼，自身的治学策略和行政管理视野得以开拓。几年来，在工作室主持人阮校长的指导和帮助下，我对学校的办学历史进行了全面了解，对学校的办学经验进行了认真总结，对学校的现状进行理性分析，确定以教师专业发展为重点的办学理念。我根据学校的实际情况，重新确立适合我校未来发展的办学理念（特色）"同行·美好教育"，并且修订了学校的"一训三风"，通过一系列同行行动，实现学校的美好教育。

办学目标：携手同行，共创美好教育

学校文化：同行·致远（独行速，众行远，同行方可致远）

办学愿景：同行助力，办一所家门口的优质学校

校训：同心，同德，同行，同美

校风：平等，互爱，求真，向上

教风：博爱，奉献，严谨，务实

学风：自信，乐学，慎思，明礼

一 "同行"释义

"同行"引自东莞市东城虎英小学阮美好校长创建品牌学校的理念（"与人同心、与物同理"），"同行"具有同心同德、平等互爱、共同发展、积极进取、健行致远等多重含义。

二 倡导与民同行，共建美丽校园

我校是一所乡村小学，位于潮汕三市交界处，既位于农村，又处于山区。由于地域的特殊性，很多村民经常外出务工，在家时间较少，难以分出精力教育孩子，大部分学生都是留守儿童。加之受市场经济的影响，一些村民目光不够长远，部分家长对孩子的学习不够重视，甚至放任自流。可以说，当地村民教育意识淡薄是当前我校教育家校合作的主要问题。长此以往，不利于家校统筹教育的开展，不利于家校互相交流教育经验，不利于学生的发展。

（一）家校同行

多年来，从事一线教育工作的我清楚地认识到，家庭教育是学校教育的基础，学校教育是家庭教育的延伸和扩展，因此，家庭教育与学校教育的配合非常重要。在日常生活中，学生大部分的科学知识和技能、社会规范和道德价值观都是从学校教育中学到的，但知识、社会规范和道德价值观的教育也是儿童纪律的基本功能。两者的教育目标在根本上是相同的，而且是相辅相成的。只有学校和家庭有效地合作，形成一个有机的、互动的整体，才能有效地开展当前的教育工作。为此，作为学校教育的执行者，教师和家长必须共同努力，密切合作，加强沟通，探讨儿童的教育问题，只有这样才能真

正做好儿童的教育工作。

我除了继续做好教育工作，还努力争取得到家长的配合和支持。通过学校家长会、家访、校园安全平台，及时有效地与家长沟通，结合孩子的成长经历、家庭氛围、学习和生活表现，探索和发掘孩子的优点，帮助孩子在学习和生活中纠正不足，做到因材施教。

（二）家庭、学校和社区构建"三位一体"教育

学生在家有父母长辈的言传身教，在校有老师的传道授业解惑，在社会也要靠良好风气来感染熏陶。

当前社会信息化时代发展迅速，网络早已遍布城市和农村的每个家庭，孩子们几乎天天与它们打交道，可以说是不出自家门，便知天下事。孩子们从中可以接收到来自世界各地的各种信息，也可以学到很多知识，了解国内外大事小情，但也不可避免地受到一些不良信息的影响。因此，学生的教育不单靠学校、家庭，也要社会正能量的支持。学生不单在学校学习，他们还在家里、村里生活，单纯依靠学校、家庭和村（社会）的任何一方显然是不够的，必须做到"三位一体"，群策群力，同心协作，让家庭教育、学校教育和社会教育形成一个整体性的教育体系，才能构建一个让学生健康成长的环境。

结合我校实际情况，我与军民村"两委"沟通，统筹为学生搭建社会实践平台，如让学生参加社区小义工、社区文艺表演等力所能及的公益活动。这样既可以锻炼学生的能力，让他们学以致用，同时，也让村"两委"和更多的村民进一步了解学校的工作，并能主动担负起相应的社会教育责任。在村"两委"和村民的大力支持下，学生在校外情况能及时反馈到学校，学校可以及时教育并联系家长，充分体现"三位一体"教育的作用。

为了让广大家长成为实施素质教育的得力助手，让学生得到全方位的培养，促进我校教学教育质量稳步提高，自担任校长以来，我一直倡导社会参与、共同打造学校，优化学校办学环境、条件。完善家委会相关制度，发动乡贤为家乡教育事业作贡献，并于2022年创立"同行励志"教育基金会，这些都得到村民、村"两委"和乡贤的热烈响应。

三 倡导教师同行，共创优质教育

百年大计，教育为本；教育大计，教师为本。随着学生的成长，教师的专业技能也在不断提高。我以学习为目标，以校园文化为引领，以新制度为保障，以课新程为载

体，通过组织开展各类教学科研活动，凝聚师生的共同愿景，促进教师队伍的快速成长，共创军民小学优质美好教育。

（一）引领教师专业发展，提升教师队伍专业能力

打铁还需自身硬。学校在全区开办线上备课组的基础上，成立军民小学教师备课组。结合学校的发展愿景，给备课组成员提出明确要求和合理的学习模式，通过学习交流，教师日常教学更具前瞻性，改变传统教学模式，适时创新。科组之间通过学习和讨论，凝聚共识，然后让教师应用在教育教学中，使教师的学习与实践相结合，让备课组的作用得到更好发挥，这样可以让备课组和教师个人在"知行合一"的环境下实现专业发展。此外，军地小学教师备课组还定期观摩专家名师讲座，不断吸收新的教学理念和教育思想，参加各种教育教学研讨会，学习先进教育理念、教学方法的实际应用，不断提高业务水平。

（二）众人拾柴火焰高，凝心聚力谋发展

不忘初心，方得始终。教师既是一种职业，也是一种事业。建校以来，面对师资力量匮乏，生源质量、教育教学硬件设施差等客观因素，学校始终迎难而上，开拓进取，取得了一定的成绩。

随着新课程改革的到来，学校应该有一个新的发展目标。过去虽有成绩，但仍要清醒地认识到，我们的工作还存在许多不足，未来还有许多困难和挑战。例如，学校的综合实力与同区域学校之间的差距还很大，教师队伍团结与领导班子管理等方面存在的问题仍是学校未来发展当中无比重要的部分。过往的办学理念及办学文化提炼中少了学校办学理念的内涵化、特色化，所以学校的物质文化、精神文化还需要进一步丰富和深化，课程文化与课堂文化的逻辑联系还需要进一步补充设计，新的学校制度建设还需要探索与实践，学校现有制度的框架体系还需要进一步梳理与提炼，教师队伍建设规划和激励评价机制建设亟待完善，一些关于学校建设的重要战略计划还需要进一步落实，等等。

全体教师务必将个人成长与学校发展紧密联系在一起，把个人的发展融入学校的发展之中。教师应树立终身学习的理念，在全面学习中提高自己的教育教学水平，成为真正的教育家。同时，注重有效的课堂研究与实践，逐步形成自己的教学特色，成为学生喜欢、家长放心、无忧无虑的领导型教师。我相信，军民小学全体教师同行齐心，必将打造出军民小学优质、美好的教育。

(四) 倡导老幼同行，传承优良民风

"老吾老以及人之老，幼吾幼以及人之幼。"尊老爱幼是中华民族的传统美德，爱护和帮助老年人是全社会的共同责任。由于一些家长外出务工或忙于工作，学校很多低年级学生都是由他们的爷爷、奶奶或外公、外婆每天不辞辛劳接送，有的还要负责一日三餐。

作为孩子，在享受老一辈人对自己无私的爱的过程中，也应该学会用自己的方式回馈老人的付出，如"老幼同行""老幼同学"。教师要向孩子发出倡议：让孩子为爷爷、奶奶或外公、外婆等洗一次脚、按一次背、送一件礼物、做一次家务劳动，用自己的方式表达对爷爷奶奶或外公外婆的敬爱。通过学校教育的影响，让孩子在学会用"爱与陪伴"给予老人以及身边的人幸福和快乐的同时，又能够向老一辈人学习，弘扬并传承他们的优良作风。

学生是祖国的未来，要有使命感和责任感，要学习祖辈们在艰苦环境下依然卓绝奋斗的精神。初心不变，薪火相传，作为革命老区的新一代学子，每个人都要接续发力，砥砺前行，读好书，扬长避短，将祖辈的故事传颂，将祖辈的优良作风和革命精神继续发扬光大！

(五) 倡导精神同行，发扬革命传统

1931年，桑浦山游击队在军民村春祖祠成立工农会开展革命活动。如今，革命的烽火已经远去，"红色印记"仍传颂着曾经的峥嵘岁月。军民村是革命老区村，军民村的孩子更要传承好红色基因。在新的教育模式下，学校要依托本村红色资源，整合一切可利用的资源和力量，把革命传统教育作为学校德育工作的核心内容，充分发挥红色文化教育资源的思想引领、道德示范、心灵净化、审美熏陶等育人功能，培养学生健康向上的道德意识、责任意识和使命意识。

学生对本地大家熟知的人和物容易亲近和接纳，学校可以利用每周的主题班会课、道德法制课等开展学习革命传统、提升精神品质的教育活动；让学生课后收集相关信息，举办红色故事大赛，让每个学生都成为红色文化的学习者和传承人，使传扬革命精神、厚植爱国情怀成为我校思想教育的新特色。

学校要利用红色文化资源全方位开展学生社会实践活动，如组织学校少先队员参观春祖祠、红军洞和周鲁故居，让他们走近英雄事迹，走近历史、了解历史，厚植家国

情怀，赓续红色血脉，接受革命传统教育。充分发挥校园育人主阵地作用，利用好宣传栏、文化墙、电子屏等，打造出一条红色教育文化长廊，让广大师生随处可见军民村老一辈无产阶级革命家名言名句、革命场景、人物事迹简介等，全方位、立体化营造浓厚的红色文化教育氛围。

总之，学校要从课堂、活动、环境多方面着手，让学生认识历史，走近历史，与革命英雄同行，让他们深刻地认识到今天的幸福生活是来之不易的，是由许许多多革命志士抛头颅、洒热血，用宝贵的生命换来的，从而更加坚定继承革命精神，发扬革命先辈的优良传统，学习勤奋刻苦，长大报效祖国。

（六）倡导学子同行，追求美好明天

学生来自一个个不同的家庭，每个学生受原生家庭、性格等影响，在各个方面都会存在一些差异。这无疑给学校的教育工作增加了难度，教师也想尽办法来改变这种现状，但效果不尽如人意。因此，我认为单靠家长和教师的力量还是不够的，如果我们能够发动孩子们共同努力，让他们在学习中能互相帮助，取长补短，其效果有时可能大于教师的影响。

（一）以生为本，同行共进

"火车跑得快，全靠车头带。"要引领学生树立主人公的意识，营造良好的班级文化，让他们在集体中互相学习，共同成长。可以发动那些学习好、思想积极、接受能力强的学生，让他们采用"一帮一"等方式，帮助学习困难的同学提高他们的学习能力。同时，在这个帮助的过程中，助人者巩固了知识，也收获了帮助他人的乐趣。"小教师"的出现，可以弥补教师大班制教育的缺陷。另外，学生同行互助的方式不局限于学习，在课外、校外等日常生活中，也要养成同行互助的习惯，在他人需要时及时伸出援手，在自身有需要时，也能得到他人的帮助。正所谓"赠人玫瑰，手留余香"，只要全校学生践行同行互助精神，就能创造出美好的家园。

（二）跟踪调整，正面引导

事物总是具有两面性，学生年龄比较小，心智还不很成熟，在实践同行互助过程中，教师不能当"甩手掌柜"，放之任之。教师要跟踪他们同行互助的学习情况，如果发现什么问题，要及时调整。学生毕竟还是小孩子，不是真正的教师，处理简单的问题可以锻炼他们。但有时候难免也会出现一些特殊情况，或许会给助人者造成一些不适，这种情况下，教师的及时介入就很必要了。教师要根据具体情况作出对策，予以调整。同时对双方进行正面引导，要就事论事，多肯定他们的优点和进步，毕竟小学生还是比较期待得到教师的肯定的。

发动学生自身的力量，让他们同行互助，共同进步，这也是一种新的教育模式。只有发掘出他们的潜力，让所有的学生携手同行，他们才会变得更加优秀，未来才会更加美好。

（七）倡导师生同行，以爱筑梦

师生关系是教育活动中最为重要的人际关系，一切教育教学工作都是靠师生之间的互动来完成的。在全面实施通识教育的今天，构建和谐的师生关系具有重要意义。每个教育工作者都知道，建立和谐的师生关系最有效的途径就是加强师生互动。教育过程变成师生情感互动的过程，就会增进师生之间的良好关系，取得良好的教育效果。结合多年的工作经历，我倡导师生同行，以爱筑梦。学校在教育管理中要加强师生的互动，以增进师生的关系。

（一）亲近学生，做学生的守护者

良好的师生关系是教育教学的基本条件。教师只有加强与学生的沟通与互动，与学生的感情才能更加和谐，学生也才能"亲其师，信其道"。要建立良好的师生关系，教师应主动放下架子，与学生在一起，加强师生互动。教师必须经常深入学生之中，以真挚的感情对待学生，做学生的知心朋友，让学生敞开心扉。只有这样，教师才能洞察每个学生的内心世界。因此，学校除了教育学生，还要关心学生的日常生活，加强人文关怀，建立良好的师生互动机制，关注小学生的学业、生活和心理健康情况，采取合适方式给予帮助，把和学生有关的事情做实做细。

（二）平等对待，做学生的知心朋友

为了赢得学生的尊重和信任，教师应该尊重学生，了解学生，信任学生，最重要的是平等对待学生。一个班级应该允许由不同特点的学生组成。在工作中，教师不应过分

偏袒某些学生，不应公开区分好坏，以免损害落后学生的自尊心，应以平等、公正的态度面对学生，真诚地做学生的导师。对于学生的不良行为，教师应本着平等相待的原则来处理。在处理这些问题时，我们应该保护学生的自尊心。尊重学生，才能拉近师生的感情，使学生认识到自己的不足，才能更好地激励他们努力学习，开拓进取。

（三）因材施教，激励学生积极上进

师生互动是实现教育教学任务的基本途径，教师应加强与学生的互动，并把这种互动贯穿于整个教育教学过程之中，全方位、多角度地与学生进行交流。在教育教学方面，教师可以通过语言或行动，甚至眼神、神态、表情等，加强与学生的沟通，也可以通过对话、家访等，加强与学生的互动。在这种多渠道的互动中，教师可以获得更多有效的信息，进而协调自己的行为，使"教"与"学"互相促进。对于学生来说，教师所做的一切都是为了与学生交流，教师的动作、话语、语调、面部表情，甚至作业本上的批改记录，都是为了向学生传达信息。

（四）师生携手同行，增进友好情谊

为了增强师生团队荣誉感与凝聚力，增进师生情感，促进师生交流，我认为可以在课堂教育之余，重视"活动育人"。学校可以组织学生开展形式多样的活动，如故事会、文艺活动等，以此激发学生的合作意识、创作意识，培养学生创造性的思维和实践能力，激发学生个人潜能，提高沟通交流的主动性和技巧性，树立相互配合、相互支持的团队精神。这对增进师生情谊、建立良好的师生关系具有积极的推进作用。以下是乡贤为学校题写的《同行碑记》：

同行碑记

巍巍蕉山，福泽绵长，人才辈出，陈永高、陈圆圆、陈召凤等先烈为民族独立舍生忘死，慷慨就义，铸就蕉山革命老苏区美名；后辈不忘先祖创业之艰，兴教育才、振兴桑梓，慷慨解囊。蕉山同奉福利会重教育、行善举，助学之功德无量。因此，我们鼓励学生以"同行·美好"为铭，承先烈之志，感乡贤之德，奋发图强，为民族复兴计，开创美好未来，以报诸君之义。其词曰：与民同行，建校园之美；与师同行，塑教育之优；与老幼同行，承民风之淳；与仁人同行，扬革命之志。

在方兴未艾的教育事业发展征途上，既充满着千载难逢的发展机遇，也面临着前所未有的严峻挑战。道虽远，行则将至。"同行·美好教育"的发展道路是艰难漫长的，现实和理想仍存在着较大的差距，但这并不影响我怀揣着信念不断前行，因为在我的身边有许多志同道合的伙伴，吾道不孤。我坚信，在"同行·美好教育"理念的引领下，军民小学必将发展为片区最优秀的学校。

基于学校创新发展的品牌建设

——以揭阳市榕城区地都镇军民小学"同行·美好教育"为例

"没有自己的品牌的学校是走不远的。"几年来，我牢记广东省阮美好名校长工作室主持人阮美好校长的教导，努力打造属于自己学校的品牌。从没有特色的教育，到拥有自己的办学品牌，我在创建品牌的道路上不断前进。

（一）基于学校创新发展的品牌建设

（一）以"同行·美好教育"为学校的品牌发展目标

"同行·美好教育"是一个富有内涵和意义的品牌理念，表达学校对于教育发展的追求和期望。通过这个品牌发展目标，学校希望打造一个积极向上、和谐美好的教育环境，促进学生全面发展，实现学校品牌的塑造和提升。

具体而言，学校将以同行为核心理念，秉持共同成长、相互支持的发展原则。学校与学生、家长、教师以及社会各界形成共同体，努力实现教育目标。同时，学校也强调"美好"，意味着对于未来的美好期望和追求，以及对于学生的全面发展和幸福成长的关注。

以"同行·美好教育"为学校的品牌发展目标，学校将会在各个方面制定具体的措施和策略。例如，重新修订学校的"一训三风"，加强学校的教育理念和学风建设，为学生提供更好的学习环境和条件。

学校推出各项举措，打造"同行·致远"学校文化，以同行促进家校共育建设，实现办学目标。通过积极开展家校合作，学校能够更好地与家长配合，共同培养学生，促进学生全面发展，实现学校品牌的发展。创立《同行·文苑》校刊，致力于同行文化的宣传。通过发布学校内部的优秀案例和故事，让学校品牌得到宣传和推广，进一步提升学校的声誉和知名度。创建"同行·励志"基金会，实现与贤者同行的愿望。通过与社会各界人士的交流和合作，学校能够吸引更多的资源和人才，为学生提供更好的发展机会，推动学校品牌的发展。

（二）重新修订学校的"一训三风"

为了实现基于学校创新发展的品牌建设，学校重新修订原有的"一训三风"。通过对学校的价值观念、行为准则和文化传统的重新界定和梳理，实现学校品牌办学的创建与发展。

首先，学校明确新的"一训三风"内容，重新定义学校的核心价值观念。在这个过程中，学校注重培养学生的责任感、担当精神和创新能力，强调学生的全面发展和社会责任意识。此外，学校还加强对师生之间的尊重、信任和团结的要求，形成了积极向上、积极向善的校园氛围。

其次，重新修订学校的"一训三风"，强调学校的行为准则和规范。学生应遵守诚实守信、自律自强、团结友爱、勤奋努力的行为规范，以及积极参与社会实践和公益活动。同时，学校注重培养学生的公民素养和文化自信，提升学生的创新思维和实践能力。

最后，推动学校文化的转型和升级，形成新的文化传统和风尚。通过举办各种形式的校内外活动，营造积极向上、充满活力的校园文化。开展各种特色教育活动和课程，激发学生的学习热情和创造力，提升学校的教育质量和声誉。

通过重新修订学校的"一训三风"，学校有效地推动了基于学校创新发展的品牌建设。学校在培养学生的综合素质和社会责任感方面取得显著成果，提升了学校的品牌形象和影响力。这为其他学校的品牌建设提供了一定的借鉴和参考价值。

（三）打造"同行·致远"的学校文化

基于学校创新发展的品牌建设，凝练"同行·致远"学校文化是非常重要的环节。为了实现这一目标，我们采取了以下措施。

1. 通过同行促进家校共育建设，打造品牌学校文化

学校与家长的紧密合作是促进学生全面发展的关键。通过组织家校互动活动，开办家庭教育讲座等，增进学校和家庭之间的联系和合作，共同育人，实现学校品牌的发展。

2. 创立《同行·文苑》校刊，致力于同行文化的宣传

通过校刊介绍学校内部的优秀案例和故事，向外界展示学校的品牌形象和教育理念，提升学校的知名度和声誉，进一步推动学校品牌的发展。此外，通过创建"同行·励志"基金会，实现与社会各界人士的交流和合作，让学校能够得到更多的资源和支持，为学生提供更多的发展机会，推动学校品牌的发展。

3. 在教育教学方面，注重培养学生的实践能力和思辨能力

引入创新的教学理念和方法，如项目制学习、探究式教学等，培养学生的实践能力和思辨能力，提高教学质量，助力学校品牌建设。

通过同行促进家校共育建设，创立《同行·文苑》校刊，创建"同行·励志"基金会，以及注重培养学生的实践能力和思辨能力，打造"同行·致远"的品牌学校文化体系，推动学校品牌建设的发展。

二 基于同行促进家校共育的策略

（一）家校合作

家校合作是促进学校品牌建设的重要策略之一。通过家校合作，学校能够与家长建立良好的关系，共同培养学生，实现学校品牌的发展。

首先，家校合作可以促进学生全面发展。家庭是学生成长的第一道防线，家长的参与和支持对学生的学习和发展具有重要意义。学校与家长建立沟通渠道，例如召开家长会议、设立家校联络日等，及时了解学生的学习和生活情况，并与家长共同制定培养计划和目标，促进学生的全面发展。

其次，家校合作可以提升学校声誉和知名度。家长是学校品牌的重要传播者和推广者。通过与家长的沟通和合作，学校可以积极宣传和推广学校的品牌理念和特色，提升学校的声誉和知名度。同时，家长的满意度和口碑也会对学校品牌起到积极促进的作用。

最后，家校合作可以为学校提供更多资源和支持。家长作为学校的重要合作伙伴，为学校提供各方面的支持和资源，例如资金、设备、人才等。学校可以与家长共同探讨

如何更好地为学生提供各种发展机会和资源，促进学校品牌的发展。

总的来说，家校合作是基于同行促进家校共育的重要策略之一。通过与家长的紧密合作，学校能够促进学生全面发展，提升学校声誉和知名度，获得更多资源和支持，推动学校品牌的建设和发展。

（二）共同培养学生

在"同行·美好教育"的品牌建设中，家校共育是一个重要的方面。通过家校合作，学校能够与家长紧密合作，共同培养学生，实现学校品牌的发展。

1. 有效沟通，形成合作的桥梁

学校与家长间的沟通和合作是共同培养学生的基础。学校借助现代科技手段，如手机 App、公众号等，及时向家长传达学校的通知和信息，加强学校与家长之间的联系和互动。

2. 强化目标，引领家校的生活

学校和家长共同制定学生的培养计划和目标。学校通过强化育人目标指引，主动了解家长的期望和关注点，根据学生的特长和兴趣，制定个性化的培养计划。同时，家长也积极提供宝贵的意见和建议，帮助学校更好地了解学生，为学生提供适合的教育和培养方式。

此外，学校组织家长参与学校活动和项目。例如，学校结合学科教学，每周布置"亲子共读"作业，通过鼓励学生开展课外阅读，丰富学生的文化积累，提高审美鉴赏能力。同时经常邀请家长来学校演讲或开展讲座，分享自己的经验和观点，为学生提供更多的学习机会。组织家长参与学校的社区服务活动，鼓励家长与学生一起参与社会实践，培养学生的社会责任感。

3. 布置作业，确立共育的理念

学校和家长之间的合作应该是平等、互利的。学校应该充分尊重家长的意见和决策权，与家长平等协商，共同制定学生的培养计划和方案。同时，学校也应该及时向家长反馈学生的学习和发展情况，共同关注学生的成长和进步。

总之，随着时代的发展，家长在学生教育中的地位更加突出，家校育人势在必行。通过同行促进家校共育建设，学校能够与家长共同培养学生，实现"同行·美好教育"目标。学校充分发挥家校共育的优势，为学生提供更好的发展机会，推动学校品牌的建设和发展。

三 基于"同行"文化宣传的策略

（一）创立《同行·文苑》校刊

为了打造"同行·致远"的品牌学校文化，学校创立《同行·文苑》校刊。通过发布学校内部的优秀案例和故事，宣传同行文化，进一步提升学校的声誉和知名度。校刊还可以让师生共享教学资源，互相学习，共同进步。通过校刊的宣传，传播学校的品牌理念和文化内涵，树立品牌形象。

《同行·文苑》校刊的创办，让教师和学生拥有了展示创作作品、研究成果和学习心得的广阔平台。校刊丰富了学校的文化内涵，激发了师生的创新力和创造力。

此外，《同行·文苑》校刊促进师生之间的交流与合作。通过投稿、编写和编辑校刊的过程，师生可以相互学习、借鉴和启发，提高各自的学术水平和写作能力。校刊具有知识传播的作用，传递学校的教育理念和价值观，加深了师生对学校品牌文化的认同感和凝聚力。

在推动《同行·文苑》校刊的发展过程中，学校制定相应的管理规章制度，明确投稿审核程序和标准，确保校刊的内容质量和学术水平。同时，学校还充分发挥各方资源的作用，确保校刊能够持续发展，为学校品牌建设提供支持。

创立《同行·文苑》校刊是一项有效的策略，通过宣传同行文化、展示师生的创作成果和促进师生交流，实现学校品牌建设的目标。学校将继续重视校刊的发展，加强管理，并通过不断创新和改进，使校刊成为学校品牌建设的重要载体。

（二）宣传和推广学校品牌

一是借助《同行·文苑》校刊推广同行文化。通过发布学校内部的优秀案例和故事，学校品牌得到了宣传和推广，进一步提升了学校的声誉和知名度。在《同行·文苑》校刊中，既可以刊登学生在学科竞赛中取得的成绩，又可以分享教师在教学实践中的创新经验。这些案例和故事可以向社会宣传学校在教育领域取得的成就，吸引更多家长和学生关注学校，增强了品牌的知名度。

二是与家长进行有效沟通和互动，这是宣传和推广学校品牌的关键。学校定期组织家长会议、家长讲座等活动，与家长分享学校的教育理念和特色。通过与家长的互动，增强家长对学校的信任和认同，促进他们对学校品牌的宣传和推广。

三是与其他知名教育机构或品牌进行合作，共同开展品牌推广活动。例如，与相关教育机构合作举办一些教育讲座、研讨会等活动，共同宣传品牌理念和价值观。通过与其他品牌合作，可以借用其品牌影响力，进一步扩大学校品牌的知名度和影响力。

创立《同行·文苑》校刊，利用多种媒体渠道与家长进行有效沟通和互动，以及与其他教育机构或品牌进行合作，有效宣传和推广军民小学的"同行·美好教育"品牌。这些策略的实施将进一步提升学校品牌的知名度和形象，为学校的品牌建设作出积极贡献。

（三）提升学校声誉和知名度

为了提升学校的声誉和知名度，首先，学校通过校刊发布学校内部的优秀案例和故事，向内部师生和家长展示学校的品牌形象和教育成果。通过这种方式，学校的优秀品质能够被更多人了解和认可，从而提升学校的声誉。

其次，积极开展同行文化的宣传活动。组织同行教师的交流和分享会，邀请优秀教师举办讲座，以及展示学校的教育理念和教学方法。通过这样的活动，学校能够吸引更多的关注和认可，提高学校的知名度。

最后，学校还与社会各界进行合作，建立起"同行·励志"基金会。这个基金会能够为学校引入更多的教育资源和人才，支持学校的教育事业发展。通过与社会各界的合作，增强社会对学校的认同和肯定，进一步提升学校的声誉和知名度。

通过以上的策略，学校在同行文化的宣传中提升学校的声誉和知名度。这些宣传活动能够向内部和外部展示学校的优秀品质和教育成果，吸引更多的关注和认可，进一步推动学校品牌的发展。

四 基于与贤者同行的愿望

（一）创建"同行·励志"基金会

为了实现与贤者同行的愿望，学校决定创建"同行·励志"基金会，旨在与社会各界人士展开交流和合作，为学校提供更多的资源和人才支持，推动学校品牌的发展。

首先，通过与社会各界人士的接触和交流，吸引更多的人才和资源加入基金会。这些人才和资源可以为学校提供新的思路和创意，帮助学校更好地推动品牌建设和发展。同时，与同行贤者的交流也能够为学校提供宝贵的经验和智慧，提升学校的教育水平和影响力。

其次，基金会可以为学生提供更多的发展机会和资源支持。通过基金会的活动和项目，学生可以参与各种实践和培训活动，提升他们的综合素质和能力。同时，基金会也可以为优秀学生提供奖学金和资助，鼓励他们追求卓越，发挥出更大的潜力。

最后，基金会还可以与学校合作开展各种社会公益项目。通过与基金会的合作，学校可以参与社区建设、环境保护、公益活动等，培养学生的社会责任感和参与意识。这不仅有利于学校品牌的建设，也有助于培养学生的社会责任感和公民意识。

总之，创建"同行·励志"基金会，是军民小学基于学校创新发展的品牌建设的重要举措。通过与社会各界人士的交流合作和资源支持，基金会可以为学校提供更多的发展机会和实践平台，推动学校品牌的发展，实现学校与贤者同行的愿望。

（二）吸引更多资源和人才

通过"同行·励志"基金会，学校与社会各界人士建立了合作关系，包括企业、社区组织、教育机构等。通过与这些伙伴的合作，学校获得了一定的资金支持、教育资源和人才支持，为学生提供更多的培训和教育机会。

基金会邀请了一些成功人士作为学校的顾问，为学校的发展提供指导和建议。这些成功人士与学校形成紧密的合作关系，分享他们的成功经验和智慧，为学校提供了珍贵的资源和指导。

基金会的成立和合作关系的建立，吸引了更多的教育资源和人才加入学校，为学校的发展提供强大的支持。通过与社会各界成功人士的合作，学校得到更多的支持和指导，能够更好地培养学生，推动学校品牌的发展。

（三）推动学校品牌的发展

通过基金会的支持和资助，学校能够开展更多的创新项目和活动，丰富学生的学习与成长经历。学校通过举办讲座、研讨会和工作坊等活动，邀请专业人士和行业领军人物与学生分享经验和知识。这不仅能提高学生的学术水平和技能，还能展示学校的办学特色，促进学校品牌的发展。

基金会为学生提供奖学金和助学金等形式的经济支持，帮助那些家庭经济困难的学生完成学业。这将让更多的学生有机会接受优质教育，实现个人潜力的发展，同时也能够彰显学校的社会责任感，提升学校品牌的形象。

通过创建"同行·励志"基金会，学校实现与贤者同行，提高品牌的知名度、声誉和形象，为学生提供更好的教育机会和发展环境。

（一）"同行·美好"课堂——实践能力创作者

"同行·美好"课堂——实践能力创作者，是基于教育教学的策略，旨在培养学生的实践能力。这个概念引入创新的教学理念和方法，为学校的品牌建设提供重要支持。

首先，"同行·美好"课堂——实践能力创作者，强调学生的参与和实践。通过积极参与课堂活动和实践项目，学生在实践中学到知识和技能，提高自己的实践能力。这不仅让学生更好地理解学习内容，还培养了学生创新思维能力和问题解决能力。

其次，"同行·美好"课堂——实践能力创作者，注重培养学生的合作与沟通能力。在同行的过程中，学生需要与同伴合作，进行集体讨论和项目合作。这种合作与沟通的活动有助于学生培养团队合作精神和互相理解的能力。

最后，"同行·美好"课堂——实践能力创作者，鼓励学生培养创造力和创新意识。通过给予学生更多的自主权和创造空间，他们可以发挥自己的想象力和创造力，创造出独特的作品，提出解决问题的方法。这种创造性思维的培养有助于学生在未来面对各种挑战时更具创新能力。

总之，"同行·美好"课堂——实践能力创作者，通过让学生参与实践、培养合作与沟通能力以及激发创造力和创新意识，学校可以实现品牌目标的发展，提升学校的品牌形象和声誉。

（二）"同行·美好"教师——思辨方法探索者

"同行·美好"教师——思辨方法探索者，是指以"同行·美好"教师的身份作为职业发展目标，在教学实践中不断探索思辨方法，提高自身的教学水平和能力。"同行·美好"教师——思辨方法探索者，需要具备以下几个方面的能力和素质。

1. 引领思辨教学

"同行·美好"教师——思辨方法探索者，应当具备引领学生思辨的能力。他们能够引导学生通过对问题的思考和解决，培养批判性思维能力和创造性思维能力。

2. 推动教学创新

"同行·美好"教师——思辨方法探索者，应当不断推动教学创新，尝试使用新的教学方法和策略，以提高学生的学习效果和兴趣。教师可以利用案例教学、游戏化教学等方式，激发学生的学习兴趣和积极性。

3. 注重反思与反馈

"同行·美好"教师——思辨方法探索者，应当重视对教学过程的反思与反馈，及时反思自己的教学方法和策略，不断改进和调整。教师也要主动寻求同行的反馈和建议，进一步提升自身的教学水平。

4. 拥有团队精神

"同行·美好"教师——思辨方法探索者，应当具备良好的团队合作精神，积极与同事进行教学经验的分享和交流，相互学习和进步；与其他教育者共同合作，共同推动教育教学的发展。

通过培养和选拔优秀的"同行·美好"教师——思辨方法探索者，不断提升教师的教学水平和能力，进一步推动学校品牌建设和发展。此外，"同行·美好"教师——思辨方法探索者，也能为学生提供优质的教学和学习环境，促进学生的全面素质发展。

（三）"同行·美好"学生——培养责任意识，成为社会活动者

在教育教学方面，培养"同行·美好"学生的责任意识，使其成为社会活动者的重要性非常关键。学校可以通过以下策略来实现这一目标。

1. 开展社会实践活动

通过组织学生参与社会实践活动，如参观社区、参加支教活动等，让学生亲身体验社会的多样性和社会问题的复杂性，以培养他们对社会的责任感。

2. 推行志愿服务

通过鼓励学生积极参与志愿服务活动，如参与环保、慈善等公益活动，激发学生的社会参与意识，培养他们形成为他人和社会做贡献的习惯。

3. 强化道德教育

通过加强对学生的道德教育，注重培养学生的良好品德和价值观，如诚实守信、助人为乐等，通过这种方式让学生意识到对社会和他人的责任。

培养"同行·美好"学生的责任意识，使其成为社会活动者，可以提高学生的综合素质，使他们具备更广阔的发展空间和更广泛的影响力，进而推动学校品牌建设的发展。

（四）"同行·美好"家长——提高审美品位，成为艺术人文者

在基于学校创新发展的品牌建设中，家长的参与和支持起着至关重要的作用。作为学校品牌建设的重要力量，家长不仅需要扮演着同行的角色，还需要具备良好的审美品

味和艺术人文素养。

首先，在"同行·美好"家校共育建设中，家长需要提高自己的审美品位。提高审美品位不仅能影响家庭教育的质量，还能对学校品牌建设产生积极的影响。家长通过积极参与各种艺术活动和文化活动，提升自己的审美能力，培养对美的感知和欣赏能力，从而更好地与学校一起打造美好的教育环境。

其次，作为"同行·美好"家长，他们应成为艺术人文的倡导者。艺术人文素养是家长在培养子女过程中应具备的重要素质之一。家长通过参观美术展览、戏剧表演以及参与艺术创作等活动，引导子女对艺术的兴趣和热爱，培养他们的艺术情操和创造力，为学校品牌建设注入更多的艺术氛围和文化底蕴。

最后，"同行·美好"家长还应激发子女的艺术潜能和创造力。家长给予子女更多的自由空间，鼓励他们参与各种艺术创作和表演活动，提供良好的学习环境和支持，使他们在艺术领域内得到更好的发展。同时，家长还可以积极参与学校的艺术教育活动，与学校共同营造艺术氛围、打造文化品牌。

综上所述，"同行·美好"家长应具备审美品位和艺术人文素养，成为学校品牌建设的重要力量。他们可以提高自己的审美品位，成为艺术人文的倡导者，激发子女的艺术潜能和创造力，为学校品牌建设贡献力量，使学校的品牌建设更加全面和完善。

（五）"同行·美好"班级——运动精神践行者

在基于教育教学的策略中，"同行·美好"班级——运动精神践行者，是非常重要的一部分。为了培养学生的团队合作精神和积极向上的态度，学校可以通过创建"同行·美好"班级的方式来推动学校品牌建设。这个班级将践行者的思想内化为班级文化，并通过各种活动和培训来培养学生的领导能力和团队精神。这样的班级将成为学校品牌的亮点，吸引更多的学生和家长关注。为了实现这个目标，学校制定相关的培训计划，开展形式多样的活动，如班级精神培训、团队项目实践等。此外，通过建立"同行·美好"班级的评选机制来激发学生的参与热情，为他们提供更多的学习和发展机会。通过这样的教学策略，学校可以培养出更多具备运动精神和践行者精神的学生，并进一步推动学校品牌的建设和发展。

（六）"同行·美好"校园——创新思维创意者

在基于学校创新发展的品牌建设中，教育教学是至关重要的一部分。为了实现学校品牌的发展和提升教学质量，军民小学提出"同行·美好"校园——创新思维创意者的概念。

首先，重点培养学生的创新思维和创新能力。引入创新的教学理念和方法，激发学生的想象力和创造力，培养其解决问题的能力和创新意识。开展多种创新活动和课程，提供丰富的学习机会，促进学生积极参与和思考，不断拓展他们的思维边界。

其次，学校鼓励教师成为"同行·美好"校园——创新思维创意者的引领者。通过教师培训和交流分享会，学校提供一个平台，让教师相互学习、分享创新教学方法和经验。学校也积极支持教师参与教学研究，鼓励他们在教学中尝试新的思维方式和教学策略，不断追求教学创新和进步。

此外，学校与社会各界人士开展合作，共同推动"同行·美好"校园的建设。学校与企业、社区等合作，开展校外实践活动和项目合作，为学生提供实践的机会。这样的合作不仅丰富了学生的学习内容，还帮助他们将所学的知识与实际应用相结合，培养创新思维和创新能力。

最后，学校注重提供良好的教育环境和资源，为"同行·美好"校园的创新思维创意者提供支持和保障。学校积极改善教学设施和学习环境，提供先进的教学技术和设备，为学生和教师提供良好的学习和教育条件。学校还积极争取教育资源和资金，支持学生和教师的创新活动和项目，为他们实现创意提供必要的支持。

综上所述，军民小学以"同行·美好教育"为品牌目标，通过打造"同行·致远"的品牌学校文化，重点培养"同行·美好"校园的创新思维创意者，在教育教学中实现"同行·美好"校园的建设。培养学生的创新思维和创新能力，引领教师成为创新思维创意者的引领者，与社会各界合作，提供优质的教育环境和资源，共同推进"同行·美好"校园的发展，不断推进学校品牌建设。

品牌：幸福教育

揭西县五云镇龙江小学·刘进军

"幸福教育"是揭西县五云镇龙江小学的品牌定位。

揭西县五云镇龙江小学建于1956年，地处五云镇龙江村，依山傍水、风景秀丽。随着改革开放，村里很多年轻人都到经济发达的地区谋生，家里的孩子就自然成了留守儿童。为了办好百姓家门口有品质的学校，为了让孩子们能够获得幸福，学校努力打造浓郁的人文环境、深厚的文化底蕴，为教育的发展培植肥沃的土壤。"为每个受教育者提供有品质的教育，使每个受教育者活出有品质的人生"，这是学校的办学宗旨。学校通过一系列切实有效的创新举措，不断擦亮幸福教育品牌的底色，奏响新时代"幸福教育"的号角，以国家"双减"政策为契机，不断提高作业管理水平、课后服务水平、教育教学质量。以"立德树人"为根本任务，着力提升学校教书育人主体功能，综合施策、重点突破、持续发力，促进学生全面发展和健康成长，努力办好人民满意的教育。实行"双减"以来，学校努力打造"幸福教育"，从学生、教师、家长三类群体的急难愁盼问题入手，让学生在学习中找到幸福，教师在教学中体验幸福，家长在教育发展中获得幸福。从"人为、兴趣、充实、安全"四个维度丰富"幸福教育"内涵，真正把"幸福教育"打造成回应人民群众对美好生活向往的民生品牌，让留守儿童同样能感受到学校带给他们的幸福。

校长简介

刘进军，1978年出生，广东揭西人，中共党员，小学语文一级教师。1998年毕业于揭阳师范学校，毕业后回家乡揭西县良田乡小学任教多年，后因工作需要调到揭西县五云镇多所小学任教。其间，2004—2007年中央广播电视大学大专函授毕业，2016—2019年韩山师范学院本科函授毕业。2004年被评为揭西县"优秀教师"。现任揭西县五云镇龙江小学党支部书记、校长。

我的教育思想录：
打造幸福教育，彰显教育特色

在山区乡村学校，留守儿童往往占了绝大多数，"学生幸福指数""学生幸福感"成为学校的关键词。今天的孩子幸福吗？孩子，你感到幸福吗？孩子，怎样才能提高你的幸福感？我们的话题就是在这一系列的忧虑和思考中展开的。

我们说，教育不是万能的，它不能使学生不受他所生活的环境的影响，但教育必须保护孩子们心灵中巨大的、无可比拟的精神财富——欢乐和幸福。

教育的责任在哪里？教育的责任就在于珍惜并维护孩子享受欢乐和幸福的权利。教师的义务在哪里？教师的义务就在于帮助孩子提升感知幸福的能力。但是，怎样才能让我们的担忧转化为实实在在的促进孩子幸福成长的行为呢？这需要我们每一个教育工作者共同的倾情付出和实践努力。

一 "幸福教育"的理念

"幸福教育"有两种理解：一是把幸福作为教育内容，教学生幸福观及各种有效获得幸福的办法；二是把幸福作为教育过程的性质，不管教什么内容，教育过程本身应该是幸福的。这两种理解都是可以的。但有时候，第一种理解的"幸福教育"有可能以不幸福的方式推行，所以，更"纯正"的"幸福教育"应该是把幸福弥散在教育的全过程，让教育本身成为师生幸福的过程。这种"幸福教育"体现了三个理念。

（一）情感取向的哲学观

早期的哲学是关于认识世界的，是格物致知的。只有当哲学关怀回到人自身的时候，才是真正的人本主义哲学。情感在教育中的位置不断发生着变化。起初，根据实验心理学的看法，情感是一种无组织的紊乱或者瓦解状态，后来情感被用来为认知服务。随着人们对情感的重视，情感不只可以为认知服务，它自身就是一个相对独立的发展序列和教育内容。"幸福教育"坚持把情感置于比认知更崇高的位置上，认为不管是认知活动还是实践活动，都是为了满足需要、安顿情感的，所以"幸福教育"就是关注人自身的情感以及生命质量的一种教育。

（二）人格取向的教育观

小学是基础教育。什么叫基础教育？第一种理解是所谓的基础知识、基本技能（"双基"）的教育等；第二种理解是从类别去理解，如基础教育、职业教育、高等教育等；第三种理解是人格取向的理解。如果把基础教育理解为"双基"，我们就会过早地让小孩子学知识、学技能，然而，知识、技能的学习很容易给学生带来不必要的困难，也给他们造成不必要的挫折感。其实，有些小时候学不会的东西，长大了以后一学就懂了。

如果我们的老师不懂得这个发展的差异和规律，一定要在规定的时段让所有学生都掌握这个、学会那个，有些孩子大概就会饱受批评，其个性人格的成长将受到消极干扰。

我有这样的认识，孩子小的时候，知识学习并不是最重要的，人格养成却很重要，身体健康更重要。如果片面理解基础教育的价值，认为读小学是为了升初中，读初中是为了升高中，读高中是为了升大学，读大学是为了找个好工作。这样的话，读小学本身是没有价值的，只有升上初中，小学才有价值；读高中本身是没有价值的，如果没考上大学，高中就白读了。

（三）过程取向的课程观

过程取向与结果取向是很不一样的。如果是结果取向的教育，"1＋1＝2"的教学三分钟可以解决。但如果是过程取向，强调学习的经历和体验，"1＋1＝2"的教学可能要花费一个课时，为什么？因为可以通过教"1＋1＝2"这个知识来育人。教育不是教知识，而是通过教知识让学生学会倾听和表达，学会具体思维与抽象思维，学会合作与竞争，学会评价，学会思考。知识本身不是目的，知识只是养成人格的一个手段。知识的学习也需要展现知识的形成过程和运用方法，知识的味道蕴涵在过程的展现之中，学习的乐趣在于"时习之"，体验成功带来的愉悦。幸福的教学过程就是德育过程，就是情感体验和生命享受的过程。因此，"幸福教育"实际上就是把教育理解为德育。只有把教育理解为德育，这个教育才会指向人，才不会那么急功近利。因为是过程取向，所以过程当中出现的任何现象，都是可以利用的积极的教育资源。结果取向的老师追求正确，排斥错误。我们去听课的时候，经常发现有的老师会绕开错误。一个问题抛出来，老师会迅速地找一个合适的人答出来。如果这个学生没答对，老师就觉得好像找错人了。因为他们觉得课堂里面表现错误是不好的，是失败的。用过程取向来观察课堂，正确也好，错误也罢，都是激励学生学习的教育资源。没有错误，学生往往理解不了正确；没有等待，学生消化不了，前面的知识就不能成为学习后续知识的力量。

过程取向的教育一定是让学生学的时候有些体悟，有些感受，甚至还要有意识挑战一下不一样的东西。幸福的生活需要各种各样的体验，过程取向的"幸福教育"对学生在学校里的各种表现，甚至学生的偶尔"作恶"，都善加利用，使其具有教育价值和成长价值。

大量的研究和实践证明，"幸福教育"是对幸福学习、快乐成长的诠释，能让一个学校持续、健康和长足发展，而人——在学校中指教师和学生，是生产力中最活跃的因素。教师作为教育事业的第一资源，其专业成长与发展直接决定着教育的质量，也决定着学生全面、健康、和谐、幸福发展的程度。为此，我们认为用"幸福教育"的理念引领学校发展势在必行。

二 关于"幸福教育"的思想

（一）"幸福教育"的基本含义

"幸福教育"作为一种教育理念，是以人的情感培养为目的的教育，是教育对人的发展理解的深化。通过这种教育培养出能够创造幸福、拥有幸福的人，即以理想主义的态度拥抱当今教育从而构建教育的美好未来，以海纳百川的胸怀兼容各种优秀的教育理念。鼓励学校和教师个人发扬个性，立足于本校本人优势打造品牌学校和优秀教师，成就幸福的学校、幸福的教师、幸福的学生，最终实现幸福的教育和幸福的人生。

（二）"幸福教育"的内涵

培养一个幸福的人，就是通过教育能够活出自己生命的意义，能够感受自己生活的价值，能够不断丰富自己的精神和灵感，能够在教育的引导下以一种庄严的态度对待人生中的每一段时光，以一种积极的精神去展示生命存在的意义与价值。

（三）"幸福教育"的目标

为学生智慧和人格的同步发展创造最佳的环境和条件，使在揭西县五云镇龙江小学接受教育的所有学生都具有理解幸福的思想、创造幸福的能力、体验幸福的境界、奉献幸福的人格。

（四）"幸福教育"的核心

把教育当作一件幸福的事情来做，教师幸福地教，学生幸福地学。

（五）"幸福教育"的必要条件

幸福教师，幸福地教。没有幸福教师，就没有"幸福教育"。在教学活动中，学生的激情迸发需要教师激情的激荡，学生的快乐拥有需要教师快乐的感染，学生的幸福体验需要教师幸福的传递，只有"幸福教师"才能托起学生幸福的人生。

三 先进的教育理念是"幸福教育"的依据

习近平总书记在党的二十大报告中指出："中国共产党是为中国人民谋幸福、为中华民族谋复兴的党。""为中国人民谋幸福"，则是贯穿于党的二十大报告全文的一条主线。在此基础上学校提出并确立了以"幸福"为主题的"幸福教育"。

四 "幸福教育"是国家战略和民族复兴的需要

"幸福教育"始终本着全面发展的教育思想，坚持公民教育与人才教育的有机统一，以提高学生的核心素养为根本宗旨，通过创新素质教育，逐步建立具有文化传承、时代精神和本土特色的素质教育体系，切实发挥"育人"的动态建构机制，让教师具有"人文精神、科学素养、创新能力、国际视野、务实作风"，使学生在德智体美劳等方面发展，成为能够担当国家发展战略和民族复兴大业的合格劳动者和可靠接班人。

揭西县五云镇龙江小学作为一所普通小学，是怎样实施"幸福教育"的呢？一是学校建立健全了教师业务培训的长效机制，采取种种举措在促使教师业务水平和能力迅速提高的同时，也让教师有了优越的成长快乐感。二是立足学生幸福地学，创设了幸福课堂，给教师增添了崇高的职业幸福感。三是坚持没有爱就没有教育，没有活动就没有学生成长，开展丰富的德育活动和文艺活动，提升学生的幸福指数。四是努力建设和谐校园，使学校成为教师之家，学校实行民主化、精细化、人文化管理。教师地位和待遇不断提升，教职工的主人翁意识不断提高，产生了强烈的归属感。五是学校着力打造各类活动，让孩子们在丰富多彩的活动中健康成长。六是学校开展丰富多彩的大课间活动，如跳绳等，让学生快乐幸福成长。七是学校打造幸福课堂，规范师生幸福课堂用语，语文坚持主题学习实践，数学坚持"学导练与三疑三探"相结合，英语尝试情境学习，体音美等学科实施"主体"学习。

（五）关于"幸福教育"的探索和实践

（一）以贯彻党的教育方针为载体进行"幸福教育"

引领师生学习贯彻党的教育方针，使其树立正确的世界观、人生观、价值观，使其学会做人富有爱心，关怀社会；学会求知，掌握技能，体现自我价值；学会健体，迎接未来挑战；学会审美，培养情趣，塑造高雅品格；学会劳动，形成习惯，提高创造能力；学会生存，承受挫折，树立竞争意识。

（二）用一笔一画习字进行"幸福教育"

"一颗心明礼守纪，两件事读书写字。"这是学校大门口的文化标志，它最终落在写字上。字是怎么演变的？写什么？怎么写？这些是我们教育者应该思考的问题。解答这些问题不仅使师生掌握了我国文字的演变，了解了文字源远流长的知识，而且也让师生对文字产生了兴趣和爱好。结合学校实际情况，学校专门开展书法课，抓基础抓书写，经过几年的学习，学生的书写已逐渐规范，真正做到了一笔一画习字，幸福快乐书写。书山、书水、书经典，传情、传神、传文明。引导师生书"天下兴亡，匹夫有责"的社会责任感；书"先天下之忧而忧，后天下之乐而乐"的崇高抱负；书"自强不息，厚德载物"的意志胸怀；书"富贵不能淫，贫贱不能移，威武不能屈"的浩然正气；书"天下为己任"的远大理想；书"己所不欲，勿施于人"的为人原则。把这些书写下来，展示到粉笔字、硬笔字练习园地里去，启迪心智，传承文明，伴随师生健康快乐幸福成长。

（三）在海量阅读中进行"幸福教育"

读书唤醒智慧，知识改变命运，读万卷书，行万里路。这些道理我们都知道，可是究竟怎样读，读什么呢？为了让孩子们快乐学习幸福成长，现在我们学校在诵读上已经做到了"五诵"：晨诵、上课前3分钟诵、午饭后诵、放学路上诵、茶前饭后诵。诵读的内容也很丰富：诵诗、诵词、诵曲、诵赋、诵天下文章，如《弟子规》《三字经》《少年中国说》《满江红》《水调歌头》等。师生同诵经典，在轻吟低唱中，启迪心智，传承文明，浸润心灵。

（四）用身边的名校友进行"幸福教育"

利用身边的名人资源，引领师生做仁义礼智信，忠孝廉耻勇的圣贤人。这些名人回报家乡的一桩桩事例，生动演绎着乌鸦反哺、羊羔跪乳的故事。这些事例号召我们的学生快乐学习，幸福成长，长大之后也要向这些名人学习。用这种精神创幸福教育，把幸福思想引进课堂，播幸福之种，育幸福之苗，开幸福之花，结幸福之果，营造群心向善、众心向上、正能量浓郁的"幸福教育"。

（五）以活动为载体进行"幸福教育"

为什么我们看了一场精彩的比赛会感到心情愉快？为什么我们听了一曲优美的音乐会感到舒服？为什么我们吃了一顿佳菜美肴而感到幸福？那是因为我们的视觉细胞、听觉细胞、味觉细胞得到了满足，从而感到快乐、幸福。要使师生幸福成长，不能抑制学生的个性发展，把学生按在班级上文化课。学校开展各种形式的活动，使师生凝结一心，编织一梦，酝酿一情。同时让那些不爱学文化知识的孩子也找到适合自己成长的环境，使其身心愉悦，情感得到满足，个性得到发展，从而创造一种幸福和谐、轻松愉快而又积极向上的氛围。

学校开展丰富多彩的校园活动，学生在活动中幸福成长，在活动中快乐进步。学生通过活动能获得许多在课堂中学不到的知识和技能，有利于激发学生学习兴趣，拓展文化视野，形成高尚情操，提高适应能力、应变能力，发展特长爱好，促使其德智体美劳全面发展。师生踊跃参加活动，不仅锻炼身体，陶冶情操，还活跃了校园的氛围，使学校呈现出生机勃勃的景象，从而促进学生核心素养全面提升，最终让学生快乐学习，幸福成长。

（六）打造优秀教师团队进行"幸福教育"

教师是学校发展的关键，是学校管理的主体。一支团结向上、凝心聚力、作风优良的教师队伍，对学校精细化管理起着决定性作用。一是外出学习。让教师不断学习更新教学观念，鼓励老师培训，走出去与请进来相结合。通过"外出学习—回校分享—消化吸收—共同进步"，学校教师迅速成长，其中一大批已成长为骨干教师。二是加强班主任队伍建设。建立班主任工作量化考核机制，学校值周教师和学生直接考核班主任工作，学校依据考核结果提高班主任津贴，进一步激发班主任工作积极性和幸福感。三是建立教师培训培养机制。实施"帮、扶、带"和"树样子、搭台子、结对子、压担子"的教师培养模式，不断推动教师提高业务素养和工作能力，从而在教师的岗位上绽放精彩的人生。四是细化教师管理内容，强化量化考核力度。制定教师绿色评价方案，对教师的备、讲、辅、批、考、评、补、思进行详细规定，以学校常规检查、不定期抽查、学生评教等方法强化教师工作量化考核，考核结果作为绩效考核的重要依据。要教师做到"博备、精讲、细批、勤辅、严考、慎析"。五是加强师德师风建设。坚持开好教师例会、教育理论学习会，督促教师撰写学习心得，落实职业道德规范。向教师提出"三多三少三带"要求，即多一些尊重，少一些专制，把微笑带进教室；多一些鼓励，少一些指责，把幸福用语带进课堂；多一些启发，少一些禁锢，把合作带进课堂。

（七）规范教学管理进行"幸福教育"

学校详细地制定计划，科学合理地编排课程表，开齐、开足各类课程（包括体育、音乐、美术、信息技术、阅读、书法等）。检查工作方面，构建"校长—分管教学副校长—教导处—教研组长"四线管理机制，各环节均有具体要求，严格落实。管理制度规范合理，教学工作井然有序，促使老师们幸福育人。

（八）减负增效抓课改进行"幸福教育"

在推进课改方面，学校力度大，效果好。为了让课改顺利进行，学校通过举办讲座，让教师更新观念，再通过观看示范课，让教师掌握并实践海量阅读课，具体的做法是课堂上三分之一的时间用来学习课本内容，三分之二的时间用来拓展阅读。为了使课改落到实处，人人运用语文主题学习模式上达标课，其他语文教师参与听课、评议。学校现在语文主题学习百花齐放，形成了自己的教学模式。

学校现在的课改在语文方面坚持主题学习实验，数学坚持"学导练与三疑三探"相结合，英语尝试情境学习，体音美等学科实施"主体"学习。学校有书香气，教师有书卷气，学生有书生气。

近几年，学校在"幸福教育"理念的引领下，在上级领导的关怀下，在全体师生的奋斗下，取得了一系列骄人成绩：学校被授予镇2020—2021学年度教学质量综合评价二等奖，2021—2022学年度被镇评为教育"先进单位"，荣获镇2022—2023学年度教学质量综合评价一等奖、县2021年"揭西县少先队红旗大队"称号、县2021—2022年度"红领巾奖章"二星章、市2021—2022年度"红领巾奖章"三星章等。

总而言之，"幸福教育"是一种"思想"，也是一种智慧，还是一种文化，更是我们师生前进的航标。启世纪之航，扬理想之帆，承载着揭西县五云镇龙江小学全体师生，一起驶向美丽幸福的远方。

基于乡村学校特色发展的品牌建设
——以揭西县五云镇龙江小学"幸福教育"为例

揭西县五云镇位于揭西县西南，东与河婆镇、坪上镇相连，西北与上砂镇接壤，东南与陆河县交界，北与五华县接壤。龙江小学建于 1956 年，地处五云镇龙江村，依山傍水，风景秀丽。学生来自附近的几个自然村。五云镇常住人口大约 4500 人，学校外100 米有远近闻名的"九厅十八井"，1 公里外有五云革命英雄纪念碑。学校原来全部是简陋瓦房。随着教育形势的发展，在各级党委政府及教育主管部门的重视和支持下，外出乡贤情系桑梓，热烈响应，筹集资金，于 1996 年建了一栋两层 8 个教室主教学楼；2001 年，又建一栋两层 6 个教室的教学楼。学校的不断发展，凝聚着无数乡亲、各界人士的挚爱深情，也凝聚了建校以来为龙江小学教育事业作出贡献的各位校长、教师的辛勤汗水。

学校现占地面积 2816 平方米，其中校舍建筑面积 1108 平方米，共有 7 个教学班，学生 150 人。2019 年 1 月成立中国共产党五云镇龙江小学支部委员会。学校教学配套设备齐全，配有计算机室、多媒体室、图书室、科学实验室等。

学校在上级领导以及村"两委"的热心关心下，在东莞市中医院驻村扶贫工作队和各界热心人士的大力支持下，面貌发生了巨大的改变，环境有了一个质的飞跃。全校师生继承了优良传统，勤教勤学，全面实施素质教育，教育教学质量稳步提高。

学校围绕着"一切为了学生的幸福"的教育理念，走内涵发展的道路，从学校的精神文化、物质文化、制度文化、行为文化这四个层面入手，开展"幸福教育"主题的学校文化建设，全面推进学校"幸福教育"实践，着力打造学校"幸福教育"特色品牌。所谓"幸福教育"，就是立足于师生生活立场，尊重师生生命价值，引导师生在教育教学中体验幸福，创造幸福，从而获得素质全面提升的一种学校教育实践。

一 "幸福教育"的行动举措

（一）勇于创新，铸就特色品牌

学校将"幸福教育"作为学校文化，具体在物质文化、行为文化、制度文化和精神文化中体现"幸福教育"的特质。通过构建和谐校园，实施"三三策略"，使教师的人格得到完善，专业水平得到提高，师德修养得到加强，创造潜能得到激发，审美情趣得到提升，让教师享受教育的幸福。

1. 领导示范带头，提升教学质量

学校领导经常深入教学一线，参加教学研究活动，指导教学工作。校长亲自主持课题研究，带领广大教师以新课程改革为契机，深化教学改革，以学案为突破口，构建"领、扶、放三段教学模式"，促进生成"生本高效课堂"，让学生享受"幸福教育"，大幅度提升教学质量。

2. 构建幸福德育，树立正确三观

学校不断创新德育建设，并以此为契机帮助学生树立正确的人生观和价值观，让学生感受生活的幸福，教育他们有感恩的情怀、宽厚的胸怀，懂得真正的幸福不是他人赐予的，而要靠自己来创造。同时，鼓励学生在自主创造性活动中实现人生追求，让他们感受到成长的幸福。

（二）创新幸福德育，提高德育实效

创新幸福德育，我们的根本目标是提高德育效能，使每一个学生能够全面发展，幸福成长。幸福德育管理模式主要通过以下五个途径落实。

1. 以师寓德，打造幸福团队

以师寓德，不仅能提升教育教学成效，更重要的是能让教师感受教育职业的幸福。加强教师队伍的团队精神和师德建设，强化师德修养，我们组织教师进行拓展训练，每学期组织教师业务培训，强化教师的团队合作精神和奉献精神。学校每学期进行幸福团队的评比，让老师感受到没有完美的个人，但有完美的团队；让每个老师充分发挥自己的所长，为团队的建设出力、添彩。开展幸福德育实践研究以来，我们进行了多次和谐团队的展示评比，极大地融洽了团队成员间的关系，增强了学校团队的凝聚力。

2. 以班寓德，建设幸福班级

幸福德育管理的班级管理策略就是建设个性化班级，形成一班一品，个性化班级

成为我们学校"幸福教育"的重要组成部分。个性化班级是在"幸福教育"理念的引领下，结合各班班主任的特长，从学生的兴趣爱好、需求出发，开展系列班级特色活动。

3. 以情寓德，培植幸福情感

德育教育的本质是人文情感教育，一旦离开情感的注入教育就会变得苍白和空洞。无论是良好的师生关系、生生关系的构建，还是幸福、温馨的班集体的构建，都是幸福情感的生成过程。学校按月设计并开展了不同的德育主题活动，比如三月开展以"奉献"为主题的系列教育活动，通过"我们每天都在奉献""谢谢你的奉献""我们奉献更多""奉献多么美丽"四个系列主题，在学校里弘扬奉献精神，让学生牢记：不忘别人的帮助之恩，不忘父母师长的养育教导之恩，善于发现别人的善举，体会到温暖，加强自律，学会对帮助过自己的人心存感激，培育学生的健康心态，进而塑造学生的健全人格。

4. 以习寓德，涵养幸福习性

义务教育阶段的德育过程是一个养成的过程，在养成教育中，首要的是良好习性的养成。因为良好习性是人生幸福的基石。学校学生德育目标的实现都是从培养良好习性开始的。以习育德，让学生在养成良好习性中感受幸福。为此，我们制定了《龙江小学学生学习行为规范》《龙江小学课堂常规规范》等制度，从上课、课间、班务等六个方面和学生做了约定，促进学生良好行为习惯的形成。

5. 以优寓德，促进幸福成长

学校通过开展星级评比活动，激励和开发学生优异成长的潜能，让学生在进取优异中感受幸福：①班级激励：每月各班根据学生星星积攒情况，评选"班级之星"。②学校激励：学校的大队部，每月从班级之星中，择优评选出"校园之星"。③多元评价：学生个体自我发展评价线，人人争星；学生群体互动发展评价线，游园用星。所谓游园用星，就是开展全校性的"星星消费"游园活动，把星星的激励制度推到极致。活动是这样开展的：每年的元旦和"六一"国际儿童节，孩子们用自己平时得到的星星，去换取相等数量星星货币，成为游园会当日的"快乐星使"。这样，通过游戏活动，让学生自我评价自己前一阶段在学业、行为规范方面的得失，自觉养成良好的行为习惯。

（三）构建幸福课堂，提高课堂效率

课堂是实施幸福教育的主渠道，离开了课堂，"幸福教育"只不过是一句空话。因此，立足课堂，幸福施教，传递幸福，创建幸福课堂，是"幸福教育"课堂教学追求的目标。

1. 研究幸福课堂的理论体系，创新幸福课堂理论

在构建幸福课堂的实践过程中，我们通过研究学习习性、学习效率、学习成功感与学生幸福指数提高的变化规律，结合解决小学生各科学习问题与学生健康幸福成长的问题进行理论创新，从而指导学生有效学习，健康发展。通过研究教师课堂教学效果、课堂教学成就与教师职业幸福指数相互作用的变化规律，实施应用性的理论创新，从而建设优质教师队伍。

2. 进行幸福课堂实践研究，构建幸福课堂操作体系

构建幸福课堂的操作体系，主要分为四个阶段。第一阶段的主要任务是制定幸福课堂构建标准。我们综合关于幸福课堂研究的经验材料，结合学校实际，明确了学校幸福课堂构建中"信息通达、对话平等、评价客观、容量饱和"等多项关键指标，制定学校幸福课堂构建标准。第二阶段的主要任务是进行教师教学技能培训，提高教师专业化水平。第三阶段的主要任务是完善幸福课堂评价指标，及时调整构建策略，解决构建过程中出现的问题。第四阶段的主要任务是评估构建幸福课堂的价值，总结经验教训，进行深化研究。

通过实践，幸福课堂的构建已基本完成，学生的课后作业负担大为减轻，教学质量显著上升。

（四）实施幸福管理，完善现代学校管理体系

实施幸福管理，我们力求做到"两化"：制度化和人性化，即目标管理制度化、管理过程人性化。在实施幸福管理的过程中，我们制订了《龙江小学章程》《幸福德育执行标准》《幸福课堂执行标准》《龙江小学校园文化建设执行标准》等一系列管理标准，建立健全学校管理体系，让管理有据可依。同时在管理的过程中尽可能地体现人性化，做到依法治校，以情待师。

（五）建设幸福校园文化，形成学校品牌特色

校长严格要求自己，淡泊名利，不计个人得失，一心扑在教育工作上，时时处处注意用自己的人格魅力和模范行为去影响和带动教职工。廉洁自律，率先垂范，做到严于律己，宽以待人，这些都给予全校师生积极的影响和指导。在校长的带领下，学校将会发展得越来越好。幸福教育品牌文化，幸福教育制度文化，幸福教育课程文化，幸福教育体育文化，幸福校园安全文化等逐步形成典型特色项目。

（六）围绕幸福教育主题，建设学校文化

1. 学校行为规范教育文化展示

校园的文化烘托着学校"幸福教育"的氛围：在教学楼楼梯走廊，有"让安全与生命同行，让幸福与人生相伴""主动捡起的是一片纸屑，纯洁的是自己高贵的心灵""主动节约的是一滴水，享受的是自己愉快的心情"等宣传板，还有《中小学生守则》《中小学生课堂常规》《小学学生行为规范一日常规》《学生安全疏散示意图》等。学校行为习惯五星竞赛宣传栏里有"做文明学生，过幸福生活"的标语，让人无比温暖。

2. "幸福教育"主题文化展示

教学楼上清晰地展示学校"幸福教育"实践的理念、核心、目标、思路和具体措施。走廊里挂满了学生关于"我感恩我幸福""我学习我幸福""我参与我幸福""我读书我幸福""我锻炼我幸福""我成功我幸福""我成长我幸福"等感恩体验、幸福感受的写真宣传板。

二 围绕"幸福教育"主题，建设学校制度文化

（一）实施"以生为本，依法治校"的文化管理

（1）学校一切管理制度的制定和管理活动的开展，都以促进教师幸福地教、学生幸福地学为目的。我们多渠道、多方位地为教师提供发展的时空，给教师创造一个宽松愉快的环境，让教师创造辉煌，使幸福不断充盈在我们的教育生活中。

（2）学校遵循"以生为本，依法治校"的管理原则，倡导"我工作我幸福"的工作理念，落实"我服务我幸福"的管理理念，以保证学校"幸福教育"实践的贯彻落实。

（3）学校为了激励学生体验成功和进步的幸福，改革期末的"三好生"评比表彰制度，设立"幸福之星"（全面发展，幸福能力强）、"感恩之星"（行为习惯好）、"学习之星"（学习成绩优秀）、"跳绳之星"（跳绳突出）、"书法之星"（书法突出）、"自理之星"（自理能力强）等评价项目，每学期末进行表彰，在宣传橱窗展示。

（二）学校特别重视仪式文化建设

学校的仪式主要有开学典礼、升降国旗仪式、毕业典礼等，定期举行，长期坚持。

学校的升旗仪式主要有：①出国旗；②奏唱国歌，升国旗；③国旗下讲话——朗读幸福感言；④宣讲升旗手事迹；⑤颁发上周流动红旗，布置本周工作；⑥呼号（校训、学风）等。学校的降旗仪式主要有：①奏唱国歌，降国旗；②总结本周工作；③学生代表朗读感恩日记；④全体师生朗诵配乐诗《感恩》；⑤全体师生做感恩的心灵体操等。

（三）围绕"幸福教育"主题，建设学校行为文化

学校围绕"幸福教育"主题开展的主要课外活动有以下几个方面。

幸福运动会系列：春季运动会（3月底），夏季跳绳比赛（6月初），秋季运动会（9月底），冬季朗读比赛（12月初）。

智慧杯阅读节系列活动："我成长我幸福"征文比赛（5月初）；"激情挥毫颂中华"书法比赛（10月初），"祖国在我心中"配乐朗诵比赛（10月底）等。

美好杯艺术节系列活动："我们多么幸福"六一文艺演出（5月底），感恩之心新年歌会（12月底）。

创造杯科技节系列比赛：数学、信息、科学活动比赛（11月底）。

征文比赛活动：学校还定期在老师和家长中分别开展"我工作我幸福""孩子成长我幸福"征文比赛并进行表彰，让大家都有表达成长、成功、进步和幸福的机会与渠道。

学校创新的"幸福教育"系列课外活动，定期举办，长期坚持，参与面广，获奖率高，成为学生发展自我、展示自我、获得成功、体验幸福的大舞台。另外，学校还组织中高年级的学生进行拓展训练，到揭阳实验基地参加校外的教育实践活动，来推进"幸福教育"实践。

（四）主要做法和体会

（1）学校文化建设，是学校深化改革、内涵发展的必然途径，要充分认识到它的重要意义和巨大价值。学校应该是最有文化品位的地方。学校育人，实质上是文化育人。建设优良的学校文化，绝对不是搞花架子。建设学校文化要成为学校特别是校长等领导自觉的积极的行动。

（2）学校文化建设，要围绕学校教育理念这个主题展开，系统规划，整体设计。学校文化是一个系统，是一个由众多要素有机结合构成的整体。要实现学校文化中的精

神文化、物质文化、制度文化、行为文化的有机结合和协调发展。

（3）学校文化建设，要集思广益，充分调动教师、学生、家长等一起参与，而且学校文化建设的过程应该成为教师、学生、家长接受教育的过程。

（4）学校文化建设，要在继承中创新，在创新中继承，并逐步积淀成为学校文化特色。

（5）学校文化建设，要量力而行，要根据学校实际情况（环境、师资等）来设计和展开。学校文化建设依靠的不是金钱的堆积，而是要有精心的设计，应于细处显现学校精神和文化品位。

（6）学校文化建设，要加强理论和实践研究，从而更有效地发挥学校文化的教育作用。

（五）"幸福教育"的品牌价值

学校实施"幸福教育"已有多年，产生了很好的社会效益。现在，学生在校学习快乐，教师职业幸福感倍增。"幸福教育"文化辐射到社区，社区群众也感受到了学校文明带来的幸福，对学校的办学成果非常满意。"幸福教育"成了龙江小学现代办学、特色发展的名片。

综上所述，几年来，学校开展的"幸福教育"主题学校文化建设，从不同的角度、不同的方面，促进了学生、教师和学校的全面、协调和可持续发展，有力地促进学校"幸福教育"的实践，促进学校"幸福教育"特色品牌的打造。

大海逐浪，百舸争流。学校全体教职工拥有对教育的真挚情怀，正是凭着拼搏进取的实干精神和永不服输的顽强斗志，使学校在短时间内由一所名不见经传的学校成为教育新秀。教育的路是漫漫长路，教育的花是朵朵鲜花，教育的果是累累硕果，教育的爱是满满真爱。作为教育者，我们担负着爱的使命去完成教育的重任，我们须不断更新观念，与时俱进，开拓创新。我们相信，在不断的探索实践中，我们会创造一片属于自己的灿烂辉煌。我们深信，龙江小学的"幸福教育"之路一定会越走越光明，越走越幸福。

品牌：儒风匠韵教育

东莞市道滘镇四联小学·刘妙妍

"儒风匠韵教育"是东莞市道滘镇四联小学的品牌定位。

东莞市道滘镇四联小学品牌学校培养经历了三个阶段，建成"儒风匠韵教育"的文化与实践体系。第一阶段：探索"儒风匠韵教育"品牌。学校以"诗书可化人，匠艺可育人"办学理念明确引领品牌学校建设，以学校章程、组织及运行机制规范品牌学校建设，以国家基础课程教学与校本课程相结合为基石，以校园标识树立学校品牌形象，提炼出"儒风匠韵教育"的"一理念三维度"实践体系。第二阶段：实践"儒风匠韵教育"品牌。学校在教育品牌实践验证中，在"儒风匠韵，德才兼善"教育思想的引领下，把原来的办学理念"诗书可化人，匠艺可育人"调整为"儒匠相彰，德才兼善"，形成更加完善的"基于本土文脉传承的课程体系"，促使教师成长更加专业，科研能力不断提升，评价体系更加多元，管理部门更加健全。"儒风匠韵教育"由"一个理念三个维度"的实践体系升级为"一个理念五个维度"的实践体系。第三阶段：推广应用"儒风匠韵"教育品牌。学校通过制定校内、校外教育资源互为促进的流通机制，促进"本土文脉"在校内、校外的推广应用。"儒风匠韵教育"由"一个理念五个维度"的实践体系再次升级为"一个理念六个维度"的实践体系。

校长简介

刘妙妍，东莞市道滘镇四联小学党支部书记、校长，教育集团龙头学校校长，副高级教师（小学语文）。撰写的多篇学校管理论文在《广东教育》《师道》等报刊发表，主持课题获广东省中小学教育创新成果奖、东莞市普通教育科研成果二等奖，曾荣获广东省"千校扶千校"行动计划先进个人、广东省"书香校长"、东莞市教书育人优秀教师、东莞市"三八红旗手"、道滘镇优秀教育工作者、道滘镇优秀校长、道滘镇"党员先锋"、道滘镇巾帼建功活动先进个人等荣誉称号。

我的教育思想录：

儒风匠韵，德才兼善

关爱每一个人，促进人的全面发展是教育的主旨。学校的教育教学要培养德智体美劳全面发展的社会主义建设者和接班人。在近三十年的教育教学实践中，我一如既往地全身心投入到教学与课程改革的大潮中，结合实际工作深入研究教育教学的工作与发展，坚持不懈地追求高质量的教育。在探索实践中，我逐步形成并积极践行我的教育思想，形成鲜明的教育教学风格，让自己的教育教学工作始终充满热情与活力。以下我从思想溯源、思想内涵、思想践行与反思等方面对我的教育思想进行阐述。

(一) "儒风匠韵，德才兼善" 教育思想的缘起

每一个人的发展都离不开他的成长经历，与他的生长环境、家庭氛围、地域文化有密切关系。我的成长历程体现了教育的文化传承，通过亲历其中，体察感悟，我进而热爱教育，全身心打造高质量的教育。我的教育思想的形成与发展过程，可以分为三个阶段。

（一）体验教育的美好，萌发当一名教师的梦想

我是土生土长的东莞道滘人，淳朴善良的水乡孕育了我，温婉流淌的母亲河——思贤河见证了我的童年生活。

道滘镇中心小学是我的母校，当时教我高年级的语文老师叶兆源是全国优秀教师、

东莞市劳动模范，他丰富的教学经验、渊博的知识让我萌发当一名语文老师的梦想：长大后我就成了你。叶老师在课堂上经常给我们讲课外知识，带我们开展班级活动，激发起我当"孩子王"的梦想。难忘初中物理老师丁黄志，因为我积极举手发言并准确流利回答问题，丁老师常在课堂上表扬我，让我学习更有自信，更积极主动。

（二）提高自身的素质，引领青年教师专业发展

1. 提高自身的素质

1995 年 7 月，我从东莞师范学校毕业被分配到道滘镇厚德小学任语文老师并兼班主任工作。我虚心好学，在叶仲宁校长的精心培养下，成为镇"十佳青年教师"，参加广东省"百千万人才工程"名教师的高级研修班学习。为了提升自我，我经常阅读《小学语文教师》等刊物，把每一节常态课上成公开课，主动邀请镇教研员听课指导，我主持研究的课题"课外阅读的指导与实践的研究"获东莞市科研成果三等奖。

2. 引领青年教师专业发展

"三名工程"让我对自己的专业发展规划更明确，成长为教学能手、名教师。我主动通过创新校本教研模式，开展"名师、教学能手展示课""骨干教师公开课"等教学活动。通过师徒结对、示范课、讲座、听课、评课等形式，我先后指导了多位青年教师，把自己多年教学经验毫无保留地与他们交流分享，培养他们精益求精的工作态度，引领他们快速发展。

（三）办好人民满意的教育，让群众在家门口享有优质的教育

2003 年 7 月，我通过竞争上岗，担任道滘镇大岭丫小学的校长。当时 27 岁的我满怀激情，与全校师生打成一片，积极与村委会沟通，得到鼎力支持，发挥家委会的作用，让这所农村学校焕发生机。2004 年 8 月，我被任命为四联小学副校长，品尝了联合办学的酸甜苦辣。协助开展道滘镇党的群众路线教育实践活动、创建广东省教育强镇等工作，从此，我树立了"办好人民满意的教育，让群众在家门口享有优质的教育"的决心。2007 年 8 月，我的恩师叶兆源副校长退休，我交流到道滘镇中心小学任副校长。其间我参加东莞市名校长、广东省骨干校长高级研修班的培训学习，不断积累管理经验，提高管理水平。2015 年 8 月，我接任中心小学校长职位，带领全校师生积极挖掘本土文化，传承中心小学八十年的历史底蕴，创建"思贤教育"办学理念与"思贤"课程体系，把中心小学打造为东莞市品牌学校培育对象，并承担东莞市道滘镇中心小学教育集团龙头学校任务。

2020 年 8 月，我交流到道滘镇四联小学任校长，运用创建"思贤教育"品牌学校的工作经验和精益求精的工作态度，从传承崇文尚武、重视读书、文风鼎盛等本土文化，学校的教育实践以及学生的发展要求，提炼出"儒风匠韵，德才兼善"教育思想，提出创立"儒风匠韵教育"品牌的设想，引领学校战略发展。同时成立道滘镇四联小学教育集团，学校取得良好办学成效，美誉度不断提高。

2021 年我成为广东省阮美好名校长工作室的学员，借力名校的成功经验，为学校的教育教学高质量发展提供更有力支撑。

这三个阶段的成长与发展历程，可以说是我教育思想的生长与发展的过程。

(二) "儒风匠韵，德才兼善"教育思想的内涵

(一) "儒风匠韵"的基本释义

"儒风"二字最早出自南朝文学家刘勰所写的《文心雕龙·时序》："华实所附，斟酌经辞，盖历政讲聚，故渐靡儒风者也。""儒风"在传统文化中的含义为儒家的传统、风尚。"儒风"在现代教育内涵中可引申为崇文重教的价值取向与"以生为本"的教育观。具体包含以下三个方面内容：第一个方面是崇尚文教，好读诗书。引导学生在学好课本知识的同时，广读诗书，传诵经典，开卷有益，以此加深自身的文化底蕴。第二个方面是讲求修身，涵养美德。培养学生的德行，铸魂育人，让学生具备明是非、识真伪、知善恶的能力。第三个方面是强调能力，学以致用。注重以学生为本，让学生做学习的主人，开阔视野，增长见闻，提升学生学以致用的能力。

匠，木工也。从匚从斤。斤，所以作器也。韵，音和曰韵也。"匠韵"的字面意思是形成工匠的精神和品格，其教育内涵有三层：第一层是强调精益求精的严谨精神。要倡导学生在平时的学习生活中从细微入手，从实际出发，千锤百炼磨砺自己，不断追求进步。第二层是注重科学技能与艺术审美的培养。要培养学生崇尚真知，独立思考，注重科学技能提升及发现美、审视美的能力。第三层是重视动手习惯和创新精神的养成。要打开学生的视野和思路，使学生对未知充满好奇和探索之心，积极调动学生的主观能动性，使其主动参与到学习中来，而不只是学习过程中的接收者。

概而言之，"儒风匠韵"作为现代教育思想，强调道德素养、人文素养、艺术素养、技能素养四大方面的培养。

（二）"儒风匠韵"的文化溯源

1. "儒风匠韵"源自本土的文化传承

道滘镇四联小学所处的东莞市道滘镇，拥有巍焕楼、衡斋家塾、草编工艺等众多文化遗产，丰富的优秀传统文化成为学校发展得天独厚的精神财富。

道滘巍焕楼是一座儒家建筑，它的名字取自《论语》："巍巍乎其有成功也，焕乎其有文章！"巍焕楼上刻有"扶摇直上""文经武纬"等匾额，说明自古以来道滘人崇文尚武、重视读书、文风鼎盛。所以，我们以"儒风"二字概括其传统。

与此同时，道滘还被文化和旅游部授予"中国民间艺术之乡"，其在粤剧、莞草编织手艺等方面，都取得了丰硕的成果，且因其历史价值和精湛技艺被评为省级非物质文化遗产。无论是粤剧还是草编工艺，能做到精雅之至，都与道滘艺人专心致志、精益求精的工匠精神密不可分。所以，我们以"匠韵"二字概括其精神。

可见，"儒风匠韵教育"品牌定位的提出是基于道滘镇本土文化的传承，是对本土文化的提炼和整合。

2. "儒风匠韵"基于学校的教育实践

第一，学校使用统一的国学经典校本读物。该读物是儒家经典的选粹，承载修身成人的教育理念。学校教导学生统一诵读，形成非常浓厚的国学氛围，使学生时时将先贤的嘉言懿行铭记于心。校门两侧精心展示着"仁义礼智信"等传统美德的介绍，"囊萤映雪""闻鸡起舞"等历史典故在学校长廊上随处可见，达到耳濡目染、潜移默化的教育效果。

第二，学校开设篆刻、剪纸、粤剧等传统文化特色社团。特色社团在各种比赛中多次获奖，成绩斐然，得到社会各界的高度认可。其中，篆刻社团尤为突出，其用于篆刻的材料已获得国家专利。特色社团的建设正是对工匠精神的实践体现。

由此可见，"儒风匠韵"和学校一直以来的教育实践十分契合，既是对学校现有文化建设的凝练和提升，又为学校提升形象赋予独有的人文内涵和鲜明特征。

（三）"儒风匠韵"的教育观

教育是民族振兴和社会发展的基石，中华优秀传统文化是我们民族凝聚力和生命力之所在。儒家文化是中华优秀传统文化的主体部分，它重视道德的养成，重视学生能力的全面发展。故而，"儒风"品牌定位的提出符合国家政策，也切合"立德树人"的教育宗旨。

与此同时，工匠精神在当今时代越来越受到重视。以"匠韵"为学校品牌的核心能够满足时代教育观发展的需求。

（四）"儒风匠韵"的人才观

人才培养一定是育人和育才相统一的过程，而育人是本。人无德不立，育人的根本在于立德，这是人才培养的辩证法。办学就要尊重这个规律，否则就办不好学。

当代教育强调德才兼备、以德为先，未来需要的正是德与才全面发展的高素质人才。教育的最终目的就是培养符合时代需要的人才，有才干、有道德修养的人可谓"儒"，学校提出创立"儒风匠韵教育"品牌，正是对新时代新要求的呼应。

三 "儒风匠韵，德才兼善"教育思想的实践探索与反思

（一）让学校走上品牌发展之路

2020年8月，因岗位交流的缘故，我来到道滘镇四联小学担任校长。为满足本学区群众对优质特色教育的需求，以先进理念为引领，提高学校办学品质、发展特色，谋求学校、教师、学生更好地发展，基于国家的教育方针、本土的文化传承、学校的教育实践以及符合学生的发展要求，我提炼出"儒风匠韵，德才兼善"教育思想，提出创立"儒风匠韵教育"品牌的设想，引领学校战略发展。把"儒匠相彰，德才兼善"作为办学理念，以"修儒德，砺匠才"为校训，让师生富有文化意蕴的德行和匠心巧手的才华，经过传统文化熏陶出来的德行，体现书理气息、道德操守和视野格局；经过严格要求训练出来的匠心品格和巧夺天工的精美技艺，体现出来的是沉得住气、耐得住心、雕得出美。以"崇文礼，精技艺"为校风，学校教育要崇文重礼，不仅要让学生掌握学科知识、具有较强的动手能力及习惯，还要让学生懂礼知礼，具备精雕细琢、精益求精的精神和态度。以"厚仁信，精研导"为教风，旨在让教师注重自己的德行，有一份博大而切实的仁爱之德，还要认真备课、上课，精确地钻研课本，研究更适合学生吸收知识的教学方法。以"雅言行，精学思"为学风，要求学生在言语上要儒雅、有礼貌，在行为上举止端正、有礼有节，并且对待每个知识点、每个学理都要精细推敲和思考，不可苟且马虎。

1. 构建起乐沟通、善合作的"儒匠"管理文化

在创建"儒风匠韵教育"品牌过程中，基于"儒风匠韵教育"的理念、课程等体系不断完善，我为了更好地把品牌各项工作落到实处，进一步健全品牌项目管理部门，增设品牌管理办公室负责制订品牌的各项制度，教育资源服务中心（办公室）负责品牌校园文化建设和经费预算，教研培训中心（教导处）负责品牌教师的培训和课题研究方

向，课程研究中心（国素研究院专家小组）负责品牌课程开发和实施，学生发展中心（德育处）负责学生培养和评价。同时通过"五会"加强学校各管理部门之间的沟通，从不同角度推进学校管理，形成乐沟通、善合作的"儒匠"管理文化，促使学校顺利走出一条"文化立校、特色兴校、品牌强校"的发展之路，提升学校办学品位，促进全体师生健康、和谐发展。

2. 构建起精研导、精学思的"儒匠"学习文化

在教学工作中，我带领全体教师备好和上好每一节课，认真批改作业，作业格式工整、规范，使学生养成良好的学习习惯。对学困生能悉心辅导，我经常面批作业，找出学生的薄弱环节，及时进行补漏；倡导在班级中开展互帮互学小组，进行一帮一的学习活动，通过优秀生辅导学困生，以先进帮助后进，促进双赢效果。在学生的思想教育工作中，我做到循循善诱，耐心疏导，精心教育，与学生交朋友，做学生的知心人。同时，加强学科教研组建设，提高教研质量。制定教师专业成长规划，加强教学基本功训练，分类搭建成长平台，提高教师综合能力。一是立足课堂教学，提高课堂教学有效性。开展主题式、参与式、针对性的教研活动，借鉴学习、灵活运用莞城中心小学、东城虎英小学的教研经验，提高教师参与教研活动的积极性；加强教法、学法和教学手段的研究，提高课堂教学有效性。二是优化教学资源，提高教师应用现代教育技术和学科整合的能力，促进教育教学质量的提高。三是扎实开展课题研究，定期交流研究成果，应用于课堂教学，提高教育质量。

3. 构建起修儒德、砺匠才的"儒匠"课程文化

儒匠课程的命名源于学校"儒风匠韵教育"品牌，在品牌理念的引领下，儒匠课程体系以"厚底蕴、明道理、正德行、精技法、巧工艺、求完美"六大核心素养为导向，延伸出儒风课程、匠韵课程两大板块，并各自在国家课程、校本课程中设计相应的落实内容，从道德素养、人文素养、艺术素养、技能素养等方面培养学生，使之成为德才兼备的新时代贤良。（1）儒风课程，侧重于培养学生"厚底蕴、明道理、正德行"的核心素养，分为人文类基础课程、科学类基础课程、文化类校本课程三大类。人文类基础课程包括语文、英语和道德与法治；科学类基础课程包括数学、科学和信息技术；文化类校本课程包括品牌课程和一般课程两个部分，均为全年级必修课程。品牌课程为学校重点打造的精品课程，对提升学生核心素养、彰显"儒风匠韵教育"品牌特色具有重要意义。一般课程以培养学生文化情怀、扩充学生文化知识为主要目标。（2）匠韵课程，侧重培养学生"精技法、巧工艺、求完美"的核心素养，分为体艺类基础课程、实践类基础课程、技艺类校本课程三大类。体艺类基础课程包括体育、音乐和美术；实践类基础课程包括综合实践活动；技艺类校本课程包括品牌课程和一般课程两个部分。品牌课程为儒匠劳动课程，全年级必修。一般课程为多元兴趣课程，全年级选修。

4. 构建起形式多样、全员参与的"儒匠"校园文化

我通过主题活动、仪式教育、校园节日、班级文化、家校共育、多元评价等方面的建设，全方位构建起学校的"儒匠"校园文化，努力为学生的和谐发展创造有利条件。在主题活动里，学校定期确立一个全校性的德育主题（如庆元宵、捐赠爱心压岁钱、开展"三节三爱"主题教育等），开展形式多样的相关活动，提升学生的整体素养。在仪式教育里，学校每周轮值一个班级当选"国旗班"，每周举行升旗仪式。"国旗班"承担学校升国旗仪式全部内容，包括出旗、护旗、升旗、指挥全校师生唱国歌、唱校歌、学生国旗下讲话等，并结合入队礼强化学生的礼仪教育，增强学生的荣誉感。此外，学校结合当前社会发展和学生成长的实际，注重方式方法的创新，开展"儒匠少年成长三礼"校园仪式教育活动。在校园节日里，开展"与经典同行"阅读、体育艺术节、科技文化节、心理健康节和数学活动节等，促进学校育人目标的达成。在班级文化里，学校积极探索班级文化建设的先进理念和有效途径，如创设班级精神、班级制度等，以促进"儒风匠韵"的教育理念落地。在家校共育里，我成立了家长委员会，每个学期都会邀请家长代表来校，通过座谈会、实地巡视等形式，进一步探讨办好家长学校的措施，研究当前家庭教育、学校教育、社会教育的动态。在多元评价里，为促进学生个性的发展，我开展"儒匠少年""阅读之星""礼仪形象大使"等评比活动，让每一个孩子都能找到自己的闪光点，使孩子的个性得到理性发展。

（二）助力学校减负提质增效

"双减"工作启动以来，道滘镇四联小学积极贯彻落实国家、省、市相关工作要求，以"儒风匠韵，德才兼善"教育思想为引领，重构校园生活，通过校园文化营造、教学改革、家校共育、治理变革和课后服务等措施，实现学校减负提质增效。

1. 推进校园建设，让"儒匠"校园成为第三位老师

在校园文化营造方面，我在"儒匠相彰，德才兼善"的办学理念指导下，坚持"整体规划，重点突出，分项实施，逐步完善"的建设原则，深入推进"儒风匠韵"特色校园文化的建构。在校门两侧精心展示"仁义礼智信"等传统美德的介绍，"囊萤映雪""闻鸡起舞"等历史典故在学校长廊上随处可见，形成非常浓厚的国学氛围，使学生时时将先贤的嘉言懿行铭记于心，让他们努力做德才兼善之人，成为"厚底蕴、明道理、正德行、精技法、巧工艺、求完美"的时代新贤。

2. 优化校本课程，让"儒匠"课程满足学生个性发展需求

在教学改革方面，我通过转变教师教学方式、教学手段和教学方法，积极推进"品质课堂"建设，引领全体教师利用各种有效途径，引导学生主动学习，激发学生的学习

兴趣，切实减轻学生过重的作业负担，让学生有时间参加课后特色社团活动。同时，优化校本课程，在原有"儒匠"社团活动的基础上，增设多元兴趣社团课程：（1）色彩斑斓人文类，包括毛笔书法课程、"印迹"篆刻社团课程、莞草编织课程、古诗词兴趣小组课程、"翰修社"书法社团课程、巍焕楼文学社课程、"润心"心理健康社团课程。（2）飞越梦想体育类，包括"风火"篮球社团课程、乒乓球社团课程、"足球小将"社团课程、游泳社团课程、击剑社团课程。（3）流光溢彩艺术类，包括"小墨点"水墨画社团课程、"阳光蓓蕾"舞蹈社团课程、合唱团课程、琵琶班课程、粤剧班课程。（4）未来可期科技类，包括车模社团课程、天文社团课程、观鸟社团课程、科技建筑模型课程、"未来大脑计划"信息技术课程、数学活动课程。从而锻炼学生多种技能、增强学生动手实践能力，更好地满足学生的个性发展。

3. 采用多元评价，让"儒匠"评价更具全面性

根据"双减"的相关要求，结合"儒风匠韵教育"品牌的理念主张、核心素养，我采用多元化结合的评价方式，结合学校原有的《小学生素质发展报告册》，不仅关注学生的学业成绩，还对学生在课程学习中表现出来的参与意识、活动能力、交往能力、探究精神等个人表现以及学生的作品，采取定性评价。同时在课程实施过程中，我要求教师指导学生分类整理、遴选具有代表性的重要活动记录、典型事实材料以及其他有关资料，编排、汇总、归档，形成每一个学生的校本课程档案袋，并纳入学生综合素质档案。档案袋是学生自我评价、同伴互评、教师评价学生的重要依据，让"儒匠"评价更具全面性、有效性，促进学生德智体美劳全面发展。

"儒风匠韵，德才兼善"教育思想，不但顺应国家颁布的教育方针政策，贴合学校的教学实践和办学追求，符合学生全面发展的根本要求，还满足人民群众对优质特色教育的需求，提高学校办学品质、发展特色，助力学校、教师、学生更好地发展。

基于本土文脉传承的品牌建设

——以东莞市道滘镇四联小学"儒风匠韵教育"为例

东莞市道滘镇四联小学成立于2004年，由道滘镇厚德、永庆、南丫、大罗沙四村联办而成，是东莞市一级学校，已获得"广东省绿色学校""东莞市体育特色学校""东莞市德育示范学校""道滘镇青少年粤剧曲艺培训中心"等荣誉称号。校内绿树成荫、环境优美、风景秀丽，教学设备齐全。为满足人民群众对优质特色教育的需求，以先进理念为引领，提高学校办学品质，谋求学校、教师、学生更好地发展，学校特提出创教育品牌的设想，引领学校战略发展。

从2020年到2023年，学校从探索品牌学校建设路径，到实践检验路径，再到推广应用完善路径，经历了三个阶段的研究，探索出"儒风匠韵教育"品牌学校可行性路径，并建成"儒风匠韵教育"品牌"一个理念六个维度"的实践体系。

（一）探索"儒风匠韵教育"品牌

（一）"儒风匠韵教育"的提出

"儒风匠韵"旨在将学生培养成为知识丰富、诚信友善、热爱祖国、文明礼貌、勤奋努力的人。"儒风匠韵教育"作为学校教育品牌定位的提出，顺应国家颁布的教育方针政策，贴合学校的教学实践和办学追求，符合学生全面发展的根本要求，具有科学性、时代性、独特性。学校构建"儒风匠韵教育"三个子系统：理念识别系统，包括办学理念（"诗书化人，匠艺育人"）及"一训三风"（校训"以和至善 以雅笃行"、校风"和生共长 雅言正行"、教风"儒雅善导 和教立新"、学风"文雅善学 和学立行"）；行动识别系统，包括道滘镇四联小学章程、教导处等机构职能、教研组长等岗位规范、校本课程管理等工作规程、教科研等绩效方案；视觉识别系统，包括学校标识、校徽、校刊、"仁义礼智信"传统美德宣传栏、"囊萤映雪""闻鸡起舞"历史典故长廊、月琴室、篆刻室、书画室、粤韵室等。

（二）诵读国学经典校本读物

学校使用统一的国学经典校本读物，教导学生统一诵读，形成非常浓厚的国学氛围，使学生时时将先贤的嘉言懿行铭记于心。开设篆刻、剪纸、粤剧等传统文化特色社团。"儒风匠韵教育"的校园文化氛围日渐浓厚，"诗书可化人，匠艺可育人"的办学思想在师生中逐渐得到认可，崇文重教成为学校的文化主流，修养美德是四联人的追求。

由此探索出"儒风匠韵教育"品牌建设的基本路径：以"诗书可化人，匠艺可育人"办学理念明确引领品牌学校建设，以道滘镇四联小学章程、组织及运行机制规范品牌学校建设，以国家基础课程教学与校本课程相结合为基石，以校园标识树立学校品牌形象，提炼出"儒风匠韵教育"品牌"一理念三维度"的实践体系（见图1）。

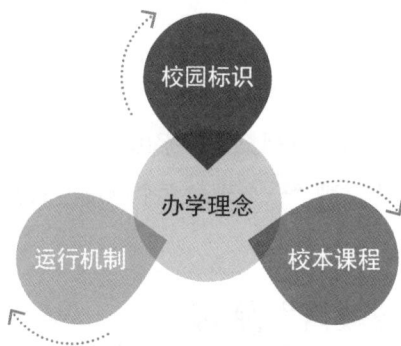

图1 "儒风匠韵教育"品牌"一理念三维度"的实践体系

到目前为止，学校市级课题"诵读国学经典与学生校园文明礼仪习惯养成研究""小学生安全素养养成教育的实践研究""小学英语对话教学'留白'的应用研究"顺利结题，其中"诵读国学经典与学生校园文明礼仪习惯养成研究"获东莞市第十五届优秀教育教学成果三等奖。学校学生在各类比赛中崭露头角、收获颇丰。张燊业、蒋家成在2019年东莞市青少年击剑锦标赛U13男子花剑团体获第一名，周家添在东莞市第十一届大中小学规范汉字书写大赛小学硬笔组获一等奖。

（二）实践"儒风匠韵教育"品牌

2021年道滘镇参照东莞市品牌学校的做法，启动创建镇级品牌中小学校三年行动计划，为每个学校提供一定的品牌建设经费的支持，让学校获得实践验证品牌学校建设路径的宝贵机会。

基于学校"儒风匠韵教育"品牌建设的目的，进一步优化系统整体及系统内部各要素的思想，学校聘请广东国素文化教育研究院专家组与学校一起挖掘"儒风匠韵教育"的深刻内涵，并进一步调整或完善"儒风匠韵教育"品牌的标识要素、品牌文化要素、品牌载体要素、品牌运营要素，进而完善校园理念识别系统（MI）、行为识别系统（BI）、视觉识别系统（VI）、环境文化规划系统（EI），从根本上确立"儒风匠韵教育"的核心理念体系，塑造科学、严谨、整体、系统且具有深刻内涵和强烈教育影响力的学校品牌。

（一）深化品牌内涵

在专家指导下，学校对中华优秀传统文化进行深入研究，对"儒风匠韵"思想进行深挖，使品牌内涵更加丰满，定位更加准确。

（1）"儒风"在现代教育内涵中可引申为崇文重教的价值取向。具体包含以下三个方面内容：一是崇尚文教，好读诗书。引导学生在学好课本知识的同时，广读诗书，传诵经典，以此加深自身的文化底蕴。二是讲求修身，涵养美德。培养学生的德行，铸魂育人，让学生具备明是非、识真伪、知善恶的能力。三是强调能力，学以致用。注重以学生为本，让学生做学习的主人，开阔视野，增长见闻，提升学生学以致用的能力。

（2）"匠韵"的字面意思是形成工匠的精神和品格，其教育内涵有三层：第一层是强调精益求精的严谨精神。要倡导学生在平时的学习生活中从细微入手，从实际出发，磨砺自己，不断追求进步；第二层是注重科学技能与艺术审美的培养。要培养学生崇尚真知，独立思考，注重科学技能提升及发现美、审视美的能力。第三层是重视动手习惯和创新精神的养成。要打开学生的视野和思路，使学生对未知充满好奇和探索之心，积极调动学生的主观能动性，使其主动参与到学习中来，而不只是学习过程中的接收者。

概而言之，"儒风匠韵"作为现代教育思想，强调道德素养、人文素养、艺术素养、技能素养四大方面的培养。也就是说，以"儒风匠韵"为核心理念的教育强调学校要培养学生"厚底蕴、明道理、正德行、精技法、巧工艺、求完美"六大方面的素养。

（二）调整理念体系

基于对"儒风匠韵教育"内涵进一步挖掘和完善，学校对办学理念及"一训三风"作出调整（见图2），凸显"儒风匠韵教育"崇文重教、精益求精的精神内涵，讲求修身、追求进步的行动姿态。以"儒匠相彰，德才兼善"办学理念引领"儒风匠韵教育"生态建设：以"修儒德，砺匠才"为校训让师生富有文化意蕴的德行和匠心巧手的才华，以"崇文礼，精技艺"为校风营造崇文重礼、精益求精的校园文化氛围，以"厚仁信，精研导"为教风要求教师具有仁爱之德、精确钻研的精神，以"雅言行，精学思"为学风要求学生在言语上要儒雅、有礼貌，在行为上举止端正、有礼有节，在学习上要精于思考。

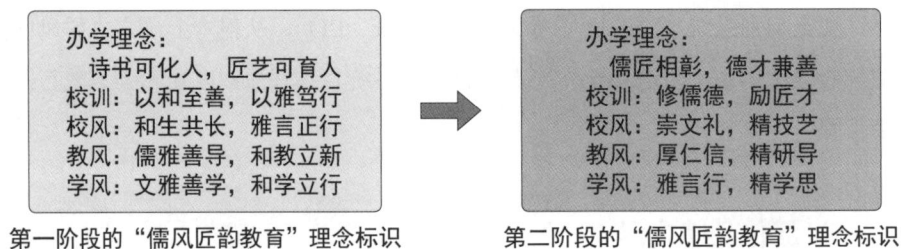

办学理念：
诗书可化人，匠艺可育人
校训：以和至善，以雅笃行
校风：和生共长，雅言正行
教风：儒雅善导，和教立新
学风：文雅善学，和学立行

第一阶段的"儒风匠韵教育"理念标识

办学理念：
儒匠相彰，德才兼善
校训：修儒德，励匠才
校风：崇文礼，精技艺
教风：厚仁信，精研导
学风：雅言行，精学思

第二阶段的"儒风匠韵教育"理念标识

图 2 "儒风匠韵教育"理念标识的迭代更新

（三）完善儒匠课程

儒匠课程名字源于学校"儒风匠韵教育"品牌，在品牌理念的引领下，儒匠课程体系以"厚底蕴、明道理、正德行、精技法、巧工艺、求完美"六大核心素养为导向，延伸出儒风课程、匠韵课程两大板块（见图3），并各自在国家课程、校本课程中设计相应的落实内容。

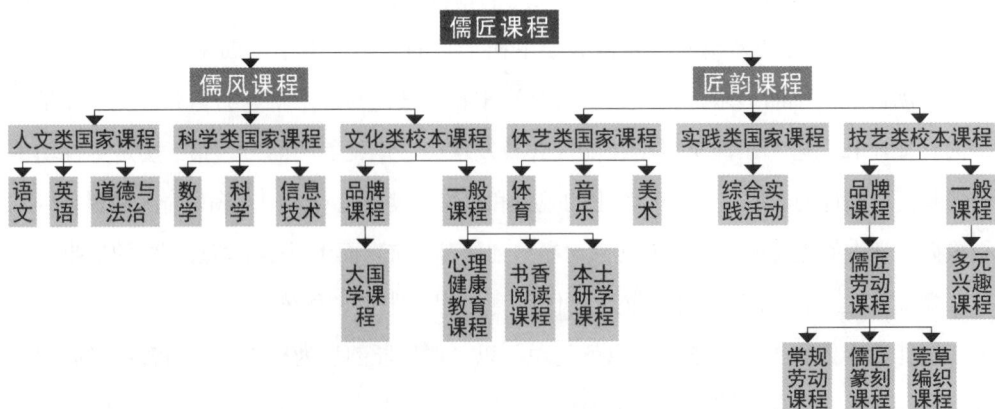

儒匠课程
├ 儒风课程
│ ├ 人文类国家课程
│ │ ├ 语文
│ │ ├ 英语
│ │ └ 道德与法治
│ ├ 科学类国家课程
│ │ ├ 数学
│ │ ├ 科学
│ │ └ 信息技术
│ └ 文化类校本课程
│   ├ 品牌课程
│   │ └ 大国学课程
│   └ 一般课程
│   ├ 心理健康教育课程
│   ├ 书香阅读课程
│   └ 本土研学课程
└ 匠韵课程
  ├ 体艺类国家课程
  │ ├ 体育
  │ ├ 音乐
  │ └ 美术
  ├ 实践类国家课程
  │ └ 综合实践活动
  └ 技艺类校本课程
    ├ 品牌课程
    │ └ 儒匠劳动课程
    │   ├ 常规劳动课程
    │   ├ 儒匠篆刻课程
    │   └ 莞草编织课程
    └ 一般课程
      └ 多元兴趣课程

图 3 儒匠课程体系

（1）儒风课程。侧重培养学生"厚底蕴、明道理、正德行"的核心素养，分为人文类基础课程、科学类基础课程、文化类校本课程三大类。

①人文类基础课程核心素养结合点（见表1）。

表1　人文类基础课程核心素养结合点

学科	核心素养结合点
语文	集中培养学生"厚底蕴、明道理、正德行"核心素养，利用课程中的语言文字渗透的价值引导和道德熏陶，培养学生人文情怀、人文积淀、审美情趣、乐学善学、国家认同等。
英语	集中培养学生"厚底蕴、明道理"核心素养，利用语言学习培养学生的国际视野，增进学生的国际理解，引导学生了解并尊重世界文化的多样性。
道德与法治	集中培养学生"明道理、正德行"核心素养，通过积极的道德情感体验与道德实践，使学生养成良好的品德和行为习惯，自觉遵守道德规范。

②科学类基础课程核心素养结合点（见表2）。

表2　科学类基础课程核心素养结合点

学科	核心素养结合点
数学	集中培养学生"厚底蕴、明道理"核心素养，引领学生通过学习数学知识，发展理性思维、问题解决、批判质疑、勇于探究等素养。
科学	集中培养学生"明道理、正德行"核心素养，培养学生对客观事物的总体认识，在认识科学本质及规律的基础上逐渐形成该有的科学态度和社会责任。
信息技术	集中培养学生"厚底蕴、明道理"核心素养，培养学生的信息意识、计算思维、数字化学习与创新、信息社会责任，促进学生数字素养与技能的提升，促进学生在数字世界与现实世界中健康成长。

③文化类校本课程核心素养结合点（见表3和表4）。

本课程分品牌课程和一般课程两个部分，均为全年级必修课程。

A. 品牌课程——大国学课程。

表3　文化类校本课程核心素养结合点（1）

课程主题	核心素养结合点
大国学课程	集中培养学生"厚底蕴、明道理、正德行"素养，从丰厚的国学文化中汲取智慧。对应人文积淀、人文情怀、审美情趣、乐学善学等素养。

B. 一般课程。

表4 文化类校本课程核心素养结合点（2）

课程主题	核心素养结合点
心理健康教育课程	集中培养学生"明道理、正德行"素养，健全学生的人格和良好的个性心理品质。对应珍爱生命、健全人格、自我管理等国家素养。
书香阅读课程	集中培养学生"厚底蕴、明道理"素养，从书本中的人物、历史、物件、事件中汲取智慧。对应人文积淀、人文情怀、审美情趣、乐学善学等国家素养。
本土研学课程	集中培养学生"厚底蕴、明道理"素养，丰厚学生的文化积淀，增强学生对本土文化的热爱，培养学生发现问题、解决问题的能力。

（2）匠韵课程。侧重于培养学生"精技法、巧工艺、求完美"的核心素养，分为体艺类基础课程、实践类基础课程、技艺类校本课程三大类。

①体艺类基础课程核心素养结合点（见表5）。

表5 体艺类基础课程核心素养结合点

学科	核心素养结合点
体育	集中培养学生"精技法、求完美"核心素养，引导学生在学习体育知识、技能的基础上，体会追求健康、遵守规则、团结协作、友好竞争的体育精神，养成经常锻炼身体的好习惯。
音乐	集中培养学生"厚底蕴、精技法"核心素养，充分发挥音乐教化、导人向善的功能，培养学生健康、高尚的审美情趣和积极乐观的生活态度，进而健全人格，提升人文情怀。
美术	集中培养学生"厚底蕴、精技法、巧工艺"核心素养，通过视觉审美体验，陶冶学生的审美情操，增强学生对社会与自然的热爱和责任感，丰厚人文积淀。

②实践类基础课程核心素养结合点（见表6）。

表6 实践类基础课程核心素养结合点

学科	核心素养结合点
综合实践活动	集中培养学生"明道理、精技法、巧工艺"核心素养，引导学生从真实生活和发展需要出发，从生活情境中发现问题，通过探究、服务、制作、体验等方式，培养学生综合素质。

③技艺类校本课程核心素养结合点（见表7）

本课程分品牌课程和一般课程两个部分。品牌课程为儒匠劳动课程，全年级必修；一般课程为多元兴趣课程，全年级选修。

A. 品牌课程——儒匠劳动课程。

儒匠劳动课程分为常规劳动课程、儒匠篆刻课程、莞草编织课程三大主题，综合提升学生"厚底蕴、明道理、精技法、巧工艺"素养。

表7　儒匠劳动课程核心素养结合点

课程主题	核心素养结合点
常规劳动课程	集中培养学生"明道理、精技法、巧工艺"核心素养，对应劳动意识、社会责任、问题解决、技术运用等国家素养，进而让学生树立正确的劳动观念，形成必备的劳动能力。
儒匠篆刻课程	集中培养学生"厚底蕴、精技法、巧工艺"素养，从对篆刻艺术中书法、章法、刀法的学习中，体会传统文化之美。对应人文积淀、审美情趣、劳动意识、技术运用等国家素养，发展学生的设计与运用工具的能力，锻炼劳动能力。
莞草编织课程	集中培养学生"厚底蕴、精技法、巧工艺"素养，从对莞草编织艺术的文化学习和实操创作中，体会传统文化魅力与劳动智慧，锻炼动手能力，提升审美情趣，激发学生对于本土文化的热爱之情。

B. 一般课程——多元兴趣课程。

多元兴趣课程包含四大类：色彩斑斓人文类、飞越梦想体育类、流光溢彩艺术类、未来可期科技类，前三类课程的素养指向为厚底蕴、精技法、巧工艺，最后一类课程的素养指向为明道理、精技法、巧工艺。

其中，色彩斑斓人文类有软笔书法、"印迹"篆刻社团、莞草编织、古诗词兴趣小组、"翰修社"书法社团、巍焕楼文学社、"润心"心理健康社团等；飞越梦想体育类有"风火"篮球社团、乒乓球社团、"足球小将"社团、游泳社团、击剑社团等；流光溢彩艺术类有"小墨点"水墨画社团、"阳光蓓蕾"舞蹈社团、合唱团、琵琶班、粤剧班等；未来可期科技类有车模社团、天文社团、观鸟社团、科技建筑模型、"未来大脑计划"信息技术、数学活动等。

（四）促进教师成长

学校重视教师团队的梯级结构建设和梯度发展，以"一中心三梯队"的模式培养教师（见图4），即以"专家组、市镇名师"为中心，引领带动青年教师、骨干教师、名优教师 3 支梯队建设，逐步形成教师发展课程，为教师成长搭建学习、交流及展示的平台，实现教师队伍群体式专业化发展。

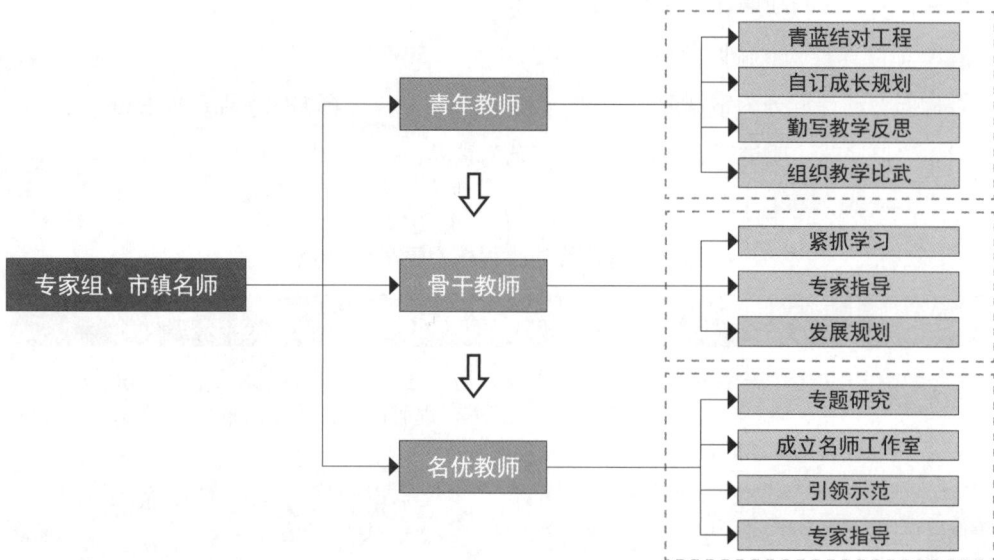

图 4 "儒风匠韵教育"品牌"一中心三梯队"的教师培养模式

（1）青年教师成长计划。

①开展"青蓝结对工程"。开展"一帮一"的师徒结对活动，对新教师给予三年辅导期，引导其尽可能多地安排时间到指导教师那里跟班学习，尽快融入角色，熟悉教学常规。

②制订成长规划。要求青年教师制定成长规划，对自己在师德师风、学历进修、业务能力、教育科研等方面提出目标，既有短期目标，又有长期目标，使教师学有方向、干有目标。

③勤写教学反思。要求青年教师勤写教学反思，对成功或失败的案例写出反思性的体会文章。学校采用择优刊登在校报上或评比等形式，激发教师积极性。同时定期开展学术沙龙，为青年教师搭建交流和展示的平台。

④组织教学比武。学校每年定期开展教学比赛，如青年教师教学技能比赛、微型课比赛及各类优质课的评比，并及时展示教师的教学成果，在一定范围内扩大优秀青年教师的知名度，使他们在不断的"拼搏"中走向成熟。

（2）骨干教师成长计划。

①紧抓学习。坚持每学期组织不同层次的教师开展教学基本功竞赛活动，举办学科教学基本功竞赛活动、课堂教学评优活动，提高教师专业水平。创造条件，选派优秀教师参加市、镇骨干教师培训班，并要求参加学习者把好经验带回校传给其他教师。

②专家指导。积极争取市、镇级作课机会，把专家请进学校为骨干教师做重点指导。通过名家指导，教师变得更专业、更聪颖，他们强烈的进取心更好地得到激发。

③发展规划。指导教师学会做自我发展规划，教师根据自己的实际情况，制定"个人自我发展三年规划"及学年"自我发展计划"，转换教师心理视角，发挥教师发展中的主体作用，使教师充分体验职业的价值、人生的价值。

（3）名优教师成长计划。

①专题研究。深入研究教育名家，提炼自己的教育理念，确定研究方向，形成自己的品牌课程，并进行课题研究，撰写教育著作。

②成立名师工作室。鼓励和支持名优教师成立名师工作室，聚集一批名师，结成"学习共同体"，定期开展专题活动。

③引领示范。不断自我提升，做好示范作用，每学年承担两次校级以上教学公开课、示范课或名师专题讲座等活动，并且承担校内"青蓝工程"帮扶新秀教师成长的任务。

④专家指导。邀请专家进行专业上的指导与引领。

除此之外，学校还建立完善的"儒风匠韵"校本课程教师培训机制、培训考核系统、教师轮训制度等，明确培训目标，努力提升教师的跨学科知识整合能力、课程资源的开发和利用能力等。

（五）提升科研力度

学校将教育教学中的共性问题、难点问题、重点问题梳理出来作为聚集点，组织开展"科研能力提升"活动：一是组织教师开展网上课改沙龙活动、网上集体备课活动，通过这些教研活动优化课堂教学，提升教师理论水平，为教师进一步开展该课题研究打下坚实的专业理论基础。二是开展校本研究活动，以活动为载体，设计研究方案，解决"儒风匠韵教育"中的实际问题，提高各项工作的效率。三是举行研究课、展示课、示范课活动，从而促使科研活动更加务实、高效。

（六）建立评价体系

根据"儒风匠韵教育"的理念主张、核心素养、课程体系等内容建立"儒风匠韵教育"的评价体系。

（1）国家课程评价。以《基础教育课程改革纲要（试行）》等为主要评价依据，在落实国家课标评价之外，兼顾"儒风匠韵教育"核心素养评价，形成校本特色的评价体系（见表8）。

表 8　"儒风匠韵教育"品牌核心素养观测点

素养类型	素养板块	观测点	评价场景
儒风	厚底蕴	1. 有效掌握丰富的学科知识，能够利用学科知识解决实际问题。 2. 广泛阅读，积极参加形式多样的读书活动。 3. 热爱中西优秀文化，具有一定的传统文化修养。	1. 课堂 2. 课内外 3. 课内外
	明道理	1. 懂得待人接物的道理，自尊自律，诚信友善，心胸宽广。 2. 懂得万事万物的道理，崇尚真知，能理解和掌握基本的科学原理和方法，尊重事实和证据，有实证意识和严谨的求知态度。	1. 学校、家庭 2. 课堂
	正德行	1. 孝敬父母。 2. 尊敬师长。 3. 友爱同学。 4. 热爱祖国。 5. 遵守礼规。	1. 家庭 2. 学校 3. 学校 4. 学校 5. 学校
匠韵	精技法	1. 具有积极的劳动态度和良好的劳动习惯，掌握一定的劳动技能。 2. 培养自己的兴趣爱好，有一项精专技能的同时多方面培养自身的各种能力，并积极付诸实践。	1. 学校、家庭 2. 课内外
	巧工艺	1. 动手能力强。 2. 具有创新意识和创新精神，勇于探索。	1. 课内外 2. 课内外
	求完美	1. 对待学习和生活都认真负责，脚踏实地。 2. 能够专注细节，做到精雕细琢，孜孜不倦。 3. 乐于接受挑战，勇敢面对挫折，能够迎难而上。	1. 课堂 2. 课内外 3. 课内外

（2）校本课程评价。采用多元化结合的评价方式，结合学校原有的《小学生素质发展报告册》，对学生在课程学习中表现出来的参与意识、活动能力、交往能力、探究精神等个人表现以及学生的作品，采取定性评价。

（七）健全管理部门

基于"儒风匠韵"的理念、课程等体系不断完善，学校为了更好地把品牌各项工作落到实处，进一步健全品牌项目管理部门，增设了品牌管理办公室负责制订品牌的各项制度，教育资源服务中心（办公室）负责品牌校园文化建设和经费预算，教研培训中心（教导处）负责品牌教师的培训和课题研究方向，课程研究中心（国素研究院专家小组）负责品牌课程开发和实施，学生发展中心（德育处）负责学生培养和评价。促使学校顺利走出一条"文化立校、特色兴校、品牌强校"的发展之路，提升学校办学品位，促进全体师生健康、和谐发展。

自此，学校在教育品牌实践验证中，"儒风匠韵"内涵不断丰富，办学理念更加凸显"德才兼善"的精神内核，儒匠课程更加完善，教师成长更加专业，科研力度不断提升，评价体系更加多元，管理部门更加健全，部门合作更加紧密，实现教学、研究和师培有机结合，提升课堂教学效能、科研成果运用效能和项目育人效能，并且"儒风匠韵"教育品牌由"一个理念三个维度"的实践体系升级为"一个理念五个维度"的实践体系（见图5）。其间，徐韵湘、吴路吉、罗萌霞老师荣获广东省优秀自制教具评选活动一等奖；陈芳、叶健仪老师获第五届广东省科普剧大赛剧本创作赛三等奖；陈光阳同学获广东省"科学防疫抗疫，使命有你有我"主题科普征文活动三等奖；蒋家成、杨子豪同学获2020年珠三角青少年机器人DIY挑战赛三等奖等。

图 5 "儒风匠韵教育"品牌"一理念五维度"的实践体系

（三）推广应用"儒风匠韵"教育品牌

学校开展"儒风匠韵教育"品牌办学受到社会高度关注，道滘镇主要领导到校调研，镇内多个兄弟学校到校参观学习，促进"儒风匠韵教育"品牌在校内、校外的推广应用。

（一）双向互动，制定校内、校外教育资源互为促进的流通机制

一是立足道滘实际，与镇足协、镇文广中心、镇经科信局和镇宣教文体旅游办加强沟通，并借助道滘镇体校，建立一批学生实践活动基地，推动研学工作的深入开展；二是学校在家长委员会的基础上，成立家长义工队和家长巾帼志愿服务队等心理健康教育的组织。学校定期为家长义工队和家长巾帼志愿服务队发放学习资料，举办家庭教育和心理健康教育讲座。家长义工队和家长巾帼志愿服务队参与学校的家长会、心育主题班会和运动会、艺术节、读书节等校园活动，同时携带自己的孩子积极参与各项社会公益活动和社会志愿实践活动。学校在节假日有序向社会开放体育场馆，为社区教育和社区

文化活动提供支持，从而使学生在学校、家庭、社会构成的三维立体成长环境中形成善良待人、诚信待人的良好品质。"儒风匠韵教育"由"一个理念五个维度"的实践体系再次升级为"一个理念六个维度"的实践体系（见图6）。

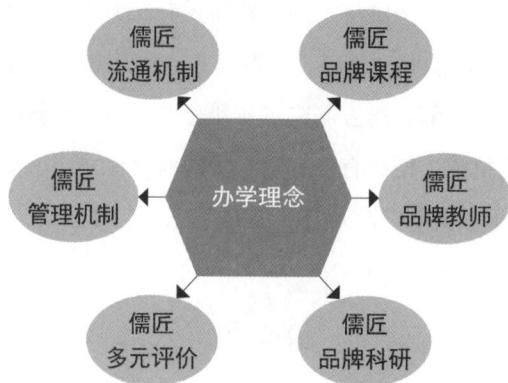

图6 "儒风匠韵教育"品牌"一个理念六个维度"的实践体系

（二）辐射引领，充分彰显示范引领作用

一是成立道滘镇四联小学教育集团，做好与道滘镇中南学校的集团化办学建设。认真制定集团化办学的发展规划和年度工作计划，以统一发展理念、教研组交流为突破口，以资源共享、优势互补、特色共建为主要路径，全面提升集团化办学的整体办学水平。二是充分发挥道滘镇四联小学作为镇优秀学校的引领示范作用。学校通过送课、观摩、论坛、宣讲、跟岗、结对帮扶等多种方式与镇内兄弟学校进行交流互动，进而以"儒风匠韵"的先进办学理念、鲜明的办学特色、优质的办学成果辐射、带动、引领他们的发展，为镇教育质量的提升和品牌的打造贡献力量。三是认真做好"儒风匠韵教育"品牌学校建设本身的总结与提炼工作。一方面可以在反思中最大限度地优化品牌学校建设工作；另一方面尽量用自身的教育智慧凝练品牌学校培养经验，为镇品牌学校建设提供智力参考。其间，学校被评为道滘镇输送泳苗先进单位、小金星广播站被评为"东莞市优秀红领巾广播站"。叶健仪老师的课例《芙蓉楼送辛渐》荣获全国中华经典诵写讲大赛之"诗教中国"诗词讲解大赛三等奖；巫美玲老师的论文荣获广东省二等奖；刘梦雪、张淑芹等6位老师被评为东莞市普通中小学第五批教学能手。唐子杰、向浚恺同学在第六届珠三角人工智能研讨暨青少年机器人DIY挑战赛中荣获小学组"轨迹竞赛——重走长征路"项目二等奖；黎诗淼、孙炜翔同学在广东省书信活动比赛中荣获三等奖。

行稳致远，进而有为。道滘镇四联小学"儒风匠韵教育"品牌建设初显成效，学校全体教职工将会继续把"儒匠精神"融入教育教学工作，向更高的目标迈进，助力四联学子健康快乐成长，推动学校教育事业更上一层楼。

品牌：赤子教育

东莞市虎门镇赤岗小学·黄桂芳

"赤子教育"是东莞市虎门镇赤岗小学的品牌定位。

东莞市虎门镇赤岗小学创办于 1941 年，是一所具有悠久历史的公办小学。学校曾停办 9 年，于 2019 年成为"虎门镇中心小学教育集团"一员，借助集团化办学力量成功复办。学校于 2023 年 2 月完成二期扩建，现有教学班 21 个，在校学生 909 人，教职工 56 人。几年来在广东省阮美好名校长工作室的带领下，学校以打造"赤子教育"为目标追求，围绕"德育为首，教学为主，和谐育人，全面发展"办学宗旨，秉承"赤子之心 屹立于岗"的育人理念，以"感恩文化"作为核心文化追求，大力推进学校"赤子悦读""赤子德育""山岗体育"等"赤子教育"品牌课程群的建设，践行"诚信向善 乐学求新"校训，营造"敬业奉献 团结进取"的校风，不断达成"正直向善、勇于担当、乐学健美"赤小少年的育人目标，努力打造成区域优质学校。学校在推进品牌办学的过程中大力培养教师，目前学校有小学高级教师 4 人，市学科带头人 1 人，镇学科带头人 4 人，市教学能手 5 人，镇教学能手 10 人，市镇名师工作室学员 10 人。学校推进教育科研，省级课题 1 个，市级课题 7 个，基本达到学科全覆盖。学校将大力推进教科研、教育评价改革，以促进"赤子教育"品牌走上高质量发展快速道。

校长简介

黄桂芳，本科毕业，副高级教师（小学语文），东莞市小学语文学科带头人。2019 年 4 月至 2023 年 1 月，任虎门镇赤岗小学校长，其间进入广东省阮美好名校长工作室学习，本篇就是其学习成果汇报。现任东莞市虎门镇实验小学党支部书记、校长。从教 28 载，一直在小学教育教学工作中默默耕耘，曾担任省、市级课题研究主持人，先后获评广东省书香校园阅读点灯人、东莞市优秀教师、东莞市教学先进个人、东莞市教育科研先进个人、东莞市第四批学科带头人等。

我的教育思想录：
真心教书，真诚育人

"求真、务实"是我一直奉行的人生信条。我崇尚追求真实。求真，求的就是生命的本真，也就是追求生命原来的样子——自然、简单、快乐。在接近 30 年的教育生涯中，我始终坚守"真心教书，真诚育人"，"真"是我对自己的教育教学及学校管理的风格定位。

（一）上善若水，孕育纯真本性

我是土生土长的东莞人，出生在东江之南，水道纵横、河涌成网的沙田镇。水作为自然之源，衍生世间万物，这是自然。万物生长，物竞天择，适者生存，也是自然。孩童时代的家乡村头村尾，房前屋后，都是水，我们是在水边成长起来的一代人。

还记得我们在校园旁边的小河摸鱼捉虾，在简陋的操场喧闹撒野；我们骑着自行车到田间地头追赶落日的余晖，自由自在……小学启蒙的陈老师总是微笑地注视着我们的顽皮，我们就在这样的天性中自主学习，自由生长。还记得，每逢期末考试后，我一定会把一张张色彩鲜艳的奖状贴在家里大厅的墙壁上，甭提有多得意了！还记得第一次跟着小姑到东莞师范学校参观，亲耳听到那悠然的琴声，目睹那整洁干净的讲台，小姑站在讲台上试教的自豪神气，我暗下决心自己也要成为一名这样的师范生。还记得第一天到师范学校报到时看到赫然高挂在教学楼的标语"千教万教，教人求真；千学万学，学做真人"。不知道为什么，它顷刻定格在我的脑海中，一直到现在，不时地提醒我：作为一名教育工作者，就是要带领孩子们在求真的路上，享受每一分努力的美丽与充实。

一方水土养一方人，家乡温润的水文化，浸润我的真性情；淳朴善良的家乡人，让我懂得生命的珍贵，拥有一颗悲悯之心，呵护孩子，热爱孩子，自然而然地把孩子的生命成长转化为自己的教育使命。

二 脚踏实地，用真心教书

时光飞逝，不知不觉间，我已在教坛上辛勤耕耘 28 载，无论是从初出茅庐的师范毕业生成长为班主任、科组长、市级学科带头人，还是从将近 10 年担任虎门镇中心小学教导处副主任到成为虎门镇赤岗小学复办创建负责人、校长，我一直谨记自己首先是一名教师，所以一直坚持奋战在语文教学的第一线，与孩子们一起在课堂上享受学习的快乐。我认为学习的过程是一个习得的过程，也是一个"做中学"的过程，课堂教学更应该是师生共同成长的过程。

（一）锐意进取，追寻"真""实"

班主任工作方面：我建立班级常规制度，把工作重点放在日常的班级活动中，肩负起协调各种教育教学力量的责任，时刻以一个优秀的人民教师的标准严格要求自己。在培养学生上，高度尊重与信任学生，热爱和关心学生，积极创设情境让学生展示才华；在班级管理上，十分重视班干部的培养，充分调动、激发和发挥学生的学习积极性，并与家长密切联系、配合，实行多管齐下，齐心合力地教育好学生，促进良好班风、学风的形成，从而使学生形成良好的行为习惯和心理素质，在德智体美劳等方面得到全面发展。在 16 年的班主任工作中，我十分重视德育，始终坚持在教育、引导学生成长中形成自己的工作特色，特别是在培养学生良好的学习与生活习惯上取得了很好的效果，成功转化后进生 30 多名。我所担任过的班级（包括集体和个人）获得市、镇级先进荣誉10 多个；校级先进荣誉 70 多个。本人被评为"东莞市教书育人优秀教师"。

课堂教学方面：有过硬的教学基本功，形成自己独特的教学风格，课堂教学深受学生欢迎。注重学生学科素养和创新能力的培养，做好扶优转差工作，从教以来，我接任的中高年级教学班的语文科期末考试合格率均达 100%，优秀率均达 85% 以上。根据新课标的要求不断改进教学方法，教学设计《作文指导、讲评：文明只差一步》获省、市级学科教学设计二等奖；教学设计《概括文章的主要内容》获市级学科教学设计三等奖；执教的课例《小学语文阅读复习课》《观察漫画习作》获虎门镇专题教研展示活动一等奖；我被推荐为东莞市首批青年骨干教师培养对象，2013 年被评为"东莞市教学先进个人”。

教研方面：严格履行校副教导主任的研究、指导和服务的职责，加强对新教材的学习、研究、使用和专题研讨，重视教研组和校本教研建设，努力建立以理论学习、案例分析、教学反思、结对帮扶、经验交流、教学指导、骨干教师与其他教师对话、专业人员与学科教学骨干合作等为形式的校本教研制度，不断完善校本三级教研网络，建立教研群，拓宽教研新途径，深入课堂，努力在总结和反思中形成自己的教研风格。教研论文《搭合作探究平台　展小组合作学习魅力》获广东省优秀学科论文二等奖，教学论文《"一准""二足""三放"——浅谈小学语文第三学段略读课文的教学策略》获东莞市优秀学科论文二等奖，教学论文《搭合作探究平台　展小组合作学习魅力》发表在《广东教育》，教学论文《准、足、放：略读课文教学策略》发表在《教育策划与管理》。

科研方面：努力实践"科研促教促研"教研理念，科研成绩突出。近年来，独立主持市级立项课题 2 个，省级专项课题 1 个。立项期间认真扎实开展课题研究工作，现已全部通过结题审查。此外，本人还是省级立项课题"开展'阅读考级'实验，培养学生读书能力""反思型语文教师的培养与发展""组织校本阅读考级活动，推进课外阅读的探索"等课题组的主要成员；东莞市小学课堂优化教学课题组成员，参与《人教版小学语文五年级同步精练与测试》的编写工作。本人被评为"东莞市教育科研先进个人"。

（二）乐于奉献，言传身教

在自己进步的同时，我乐于培养年轻教师。我培养袁庆堂、欧义赐成为学校执行校长；罗灿军、陈伟红、邓倩怡等成为镇学科带头人，方乐标成为市级学科教学骨干培养对象，钟志敏、王海珠 2 位老师先后成为校语文教研组长、教导主任；沈益然、曾秀棠等 10 人成为市镇级教学能手。在教学上，培养马国平、黎彩媚、曾秀棠 3 位老师，辅导他们在市、镇级语文优质课评比中获一、二、三等奖，使她们成为市、镇的语文教学骨干等。

在承担虎门镇城区片语文教学指导工作期间，通过不懈努力，使得城区片威远小学、博涌小学、汇英小学等三所较薄弱的小学在语文教学、校本教研方面都有了很大的提高，尤其威远小学从一所薄弱学校转变成虎门镇一所教学质量较好的学校。同时，整个城区片的语文学科教育、教研工作形成良好的氛围。2010 年 7 月至 2011 年 6 月，曾作为外派行政主持虎门中心小学与汕尾市红海湾东洲二小结对的"千校扶千校"支教工作，其间组织 12 次教学交流活动，并进行示范教学交流活动，通过努力学校被评为"东莞市千校扶千校"先进单位。

三 兢兢业业，以真诚育人

自 2019 年 4 月担任虎门镇赤岗小学复办筹建及学校负责人以来，我深知肩负的责任之重，积极履行岗位职责，立足学校实际，努力争取镇党委、镇政府和社会各界支持，切实调动全校教职工的工作积极性，推动学校复办各项工作稳步迈进，学校教育教学秩序井然。

（一）强化素质，榜样引领

在学校的日常管理中，我努力加强自己的政治修养，不断提高思想觉悟，增强党性观念，坚持原则，顾全大局，与上级保持一致。经常学习党和国家的方针、政策，学习教育教学方面的知识，撰写读书笔记，不断提高自身的理论水平和工作能力。在自己的工作岗位上，经过不断学习、不断积累，有丰富的工作经验，能够熟练地处理日常工作中出现的各类问题。组织管理能力、综合分析能力、协调办事能力和文字言语表达能力等，经过多年的锻炼都有了很大的提高，保证了本岗位各项工作的正常运行。平时积极主动地参加理论知识培训，形成了科学化、规范化的学校管理思想；主动参加学科培训，使自己胜任各学科的教学工作，目前还担任六年级语文教学工作，积极开展教育教学的研讨工作，及时地帮助教师处理好与家长之间的矛盾，深受教师和家长的好评。学校复办至今教育教学工作得到规范、健康的发展。

作为学校的领头人，我时刻谨记要以正确的态度对待各项工作任务，热爱本职工作，对工作中遇到的难题，总是想方设法、竭尽所能予以解决，始终能够任劳任怨，尽职尽责。在我的带领下，全体教职工全力以赴，认真遵守学校各项规章制度，努力提高工作效率和工作质量，服务学生，服务家长，保证了学校工作的正常开展。始终坚守在工作岗位上，以勤奋的理念去实现人生的价值，带领全体教职工努力工作，推动顺利复办的虎门镇赤岗小学迅速步入教育教学正轨。

作为学校的负责人，我从虎门镇中心小学调任到虎门赤岗小学负责筹建及复办工作，面对陌生的工作环境，时刻严格要求自己，实实在在做事，堂堂正正做人，以自己坦诚的待人态度，踏实的工作作风，为师生做表率。坚持理论学习，了解教育发展信息，用先进的教育理论指导工作、管理教学。在工作作风方面，任人唯贤，平等待人，与人为善，集思广益；在学校管理上，有事业心和责任感，有比较清晰的工作思路，有开拓创新的意识和勇于克服困难的决心；在工作态度方面，能够恪尽职守，勤恳敬业，与教师同甘共苦，共同进步；在工作业绩方面，能够较好地完成上级各项任务，学校复学后各项教育教学工作稳步推进，并取得一定成绩，现正向着逐步形成学校自身特色的方向努力；在统班子带队伍方面，充分调动每个班子成员的积极性，提出"讲政治、懂业务、会管理、敢负责"的工作要求，做到各司其职，各尽其责，同时倡导分工不分家，团结协作，民主管理，形成班子凝聚力。因而使学校行政团队工作从不相互推诿，遇到问题总是群策群力。在学校行政团队的带动下，教师之间互帮互学，友善相处，逐步形成和谐的校园氛围。

学校复办至今，校内教学秩序井然，教育教学工作逐渐步入正轨。学校整体运行平稳顺畅。全体师生积极参与各级竞赛活动，取得喜人成绩。如，在学校复办的第一学期全校师生就有超过 150 人次参加镇级以上各类竞赛 30 多项，绝大部分项目都能获得奖励，获奖率达 98%。李善熙同学的作品《地震救灾机器人》在获得东莞市一等奖的同时，还代表东莞市参加广东省的青少年科技创新大赛。学校女子足球队斩获女子乙组季军，男子足球队获得了镇男子乙组第八名。教师有超过 25 人次在镇级以上学科竞赛中获奖，学生有超过 50 人次获得镇级奖励。

（二）基于校情，定向定标

根据上级关于集团化办学的文件精神和镇教育管理中心要求，结合学校复办的实际，学校相继出台各项管理制度，包括部门职责、教学管理、班级管理、学生管理、后勤管理、安全管理等，进一步完善《虎门镇赤岗小学教学常规管理规定》。坚持一把手负全责，层层落实责任，做到人人都管理，处处有管理，事事见管理。通过制度的落实，保证各项工作的顺利开展。在财务管理方面，建立财务管理规章制度，成立财务管理小组，凡大额支出，必须先研究，后列支，集体签字后核销，及时公开，增加财务工作的透明度。在安全管理上，校长负总责，主管行政具体抓，专人管，制定各种应急预案，全校配置灭火器和防火工具，实行安全责任追责制。此外，还经常开展安全教育。

此外，还根据学校德育工作的实际情况，初步在"赤岗小学"的校名与当地社区历史文化背景的基础上，形成赤岗小学育人课程的理念雏形——"赤子之心，屹立于岗。"确立学校的育人目标为：孩子们在校学习六年后，能成为具有"正直向善的赤子情怀、勇于担当的山岗人格"的赤小新人。基于以上的育人理念，把每周星期四的班队课设计成"赤子德育小课堂"，涵盖四大领域："班会课""队活动""心理健康（安全）""文明礼仪"，四周为一个循环，每周上一种类型的课，从一年级至六年每位学生都会循序渐进完成四大板块的知识网络，希望经过六年系统的学习，学生能够完成一个完整的德育课程学习，帮助学生形成健全的人格，锤炼出良好的心理品质。目前我们也就这个课程的开发申报相应课题，拟通过课题研究带动课程建设。

通过开展课内外丰富多彩的活动，让孩子在做中学，做中思，做中长；让孩子在活动中学习成长，在活动中成为榜样。如，为了树立学习的榜样，开展了评选"赤小阅读少年""赤小阅读小状元""赤小学习之星"等活动，并让这些优秀学生的事迹"上墙"。这些活动将成为常态化工作，每学期进行。为了促进学习兴趣培养，展现学生的才华，举办各类的学科竞赛活动。疫情停课期间还开展线上教学成果评比展示活动，涵盖所有学科，孩子们各显本领，各展所长。获奖人数众多，为每个获奖者颁发奖状、制作获奖海报，张贴校园内，发布班级群，孩子们自豪感十足，家长们赞叹不已。

（三）兢兢业业，真诚共进

学校还确立"让学校成为全体教职工幸福工作的家园"的工作目标，尽力为老师排忧解难。如，为临聘教师做好资格评定、申请继续教育账号，提供学习便利。尊重后勤工作人员，肯定每个人的工作。做好校本培训，让年轻老师站稳讲台。自己担任毕业班语文教学工作，并要求每位学科主管行政要随时接受老师们的随堂观课，每月要上 2—3 次学科教师指定课型的示范课例，并组织相关专题研讨活动。对全校教师一视同仁，劳有所获。虽然学校临聘的老师占比很大，但不论身份同样获得外出学习机会，强化"培训就是福利"的继续教育学习理念。每一位教师参加学科竞赛前主管行政手把手提供技术培训，组建团队，分工合作，共同研究，共同进步，强化"荣誉归个人，收获同分享"。

基于集团化办学探索的品牌建设

——以东莞市虎门镇赤岗小学"赤子教育"为例

学校品牌是公众认可、具有特定文化底蕴和识别符号的一种无形资产。自2019年到2022年，课题组结合本校实际情况，探索出基于集团化办学的"赤子教育"品牌学校建设的可行性路径，研发出"赤子教育"品牌办学案例。

（一）学校的概况

东莞市虎门镇赤岗小学（以下简称赤岗小学），位于虎门镇赤岗社区教育路2号，校园占地面积20513平方米，建筑面积约4500平方米。

近年来，虎门镇赤岗社区的经济获得迅猛发展，据不完全统计，在赤岗生活、务工的新莞人加上户籍人口有4万人之多，适龄入学儿童也随之逐渐增多，由于公办学校布局与人口居住密度不相匹配，学位供需矛盾、学生"接送难"以及安全问题日益突出，解决学生学位问题，成为虎门镇赤岗社区的当务之急。

在东莞市教育部门、虎门镇党委、虎门镇政府、虎门镇社会各界的大力支持下，2019年9月，赤岗小学因虎门镇教育资源整合停办9年后成功复办，通过集团化办学，与东莞市虎门镇中心小学组成"东莞市虎门镇中心小学教育集团"，由虎门镇中心小学对赤岗小学实行"一对一"帮扶指导，发挥名校、品牌学校的引领作用，借力优质教育教学资源，达到缩短成长周期，提高学校整体办学质量的发展目标。

（二）问题的提出

面对教育发展的新形式和新要求，学校复办之初面临着以下挑战。

（一）城市发展对教育的要求

《东莞市关于打造教育现代化强市的若干意见》《东莞市关于加快公办中小学建设的实施意见》等文件，对学校建设、教育质量、学位供给、师资建设、课程建设、课堂变革、学生发展、集团办学等方面都提出明确的指示与具体的要求。学校作为一所集团化办学、复办型的学校，也是东莞市"教育扩容提质千日攻坚行动"的重要一员，更是虎门教育推进公办学校扩容提质的重要培养对象，如何做好学校校园空间文化建设、提高教育教学质量、落实集团化办学机制，为学生提供优质的教育，为家长提供满意的教育，是集团化办学面临的重要挑战。

（二）学校自身发展的主要挑战

1. 办学思想体系有待完善

办学理念是学校精神的"内核"，科学的办学理念能够有效地引领办学实践活动，使学校的运行走上理性之路，也给学校的发展带来生机和活力。

2. 校园空间文化需要完善

校园文化是全面实施素质教育的有效载体，对学生成长有着重要的影响作用，因此，做好校园文化建设，是学校当前主要工作之一。

3. 学校管理体系有待完善

构建规范化、科学化、人性化、多元化的管理制度，为学校教育教学工作提供执行依据，为全面提高学校依法治校的制度管理水平提供重要保障，是学校当前亟待解决的问题。

4. 教育教学整体质量有待提升

由于学校刚复办，各方面工作也在逐渐落实的过程中，教学质量、学生整体素质不高，这给学校的教育教学工作带来不少的困难。

5. 师资队伍建设有待加强

教师队伍比较年轻，平均年龄在 29 岁左右，只有 3 年工作经验的教师近 20 人，占教师总数的 40%。编制外的教师流动性较大，这对教学工作、教师队伍的稳定性带来不少影响。因此，制定教师成长机制，加强教师队伍建设、培养教师的主人翁意识，形成较好的学校凝聚力，是提升学校办学质量的重要途径。

6. 特色课程建设有待探索

课程建设，是学校发展的核心。由于学校正处于规划阶段，在课程体系建设上，仍需要结合现状，努力探索，不断完善优化。

7. 校家社共育需要加强

薄弱的生源，侧面反映出家长和学生的素质、能力的参差不齐。学校虽已成立家委会，但其主要作用仅限于家长会、校园部分活动、协助课后服务等，在家校协同工作制度建设、家校协同分工部署、专业引领家长成长、家长与家庭教育以及家长参与教育活动层面仍然存在较大的不足。另外，学校当前与社区的联动比较单一，互动不足，还没有很好地利用周边的资源，一定程度上制约了学校的特色发展。因此，完善校家社三位一体的共育模式，是学校需要不断探索、逐渐完善的必要工作。

（三）"赤子教育"品牌学校建设实践的过程与方法

（一）找准定位，明确发展思路

1. 发展定位

在虎门镇中心小学教育集团龙头学校的示范与引领下，学校积极学习虎门镇中心小学的办学理念，汲取精华，取长补短，并结合办学的实际情况，构建赤岗小学的文化理念体系。

学校定位：全力提升学校整体办学质量，"五育并举"，提高学生的核心素养，增强教师服务意识与幸福感，将学校建设成学生快乐成长的乐园，家长放心满意的学园，教师幸福工作的家园。

文化定位：基于目前社会感恩意识的缺失与危机，结合学校受捐复办的特殊历程，我们将感恩文化作为学校办学文化主导思想，以更好地推进与当前社会发展相适应的新的感恩文化体系的构建。

2. 发展理念

教育理念：赤子教育。

赤子：本义是指刚出生的婴儿，也指纯洁善良的人，后比喻热爱祖国，对祖国忠诚的人。"赤子"最早是老子所用的比喻，《道德经》言："含德之厚，比于赤子。"道德修养深厚的人，就像"赤子"一样。赤子，代表着一种高尚的品格和深厚的修养，代

195

品牌：赤子教育

表着一种纯洁善良的性格。"赤"指的是区域地理位置，赤岗社区，赤岗小学；"子"指的是子弟、士子。学校推行赤子教育，与育人目标、本土文化以及区域文化多方面结合，表达出一种愿景、期望和祝福。

基于学校办学的主观要求和赤子的文化内涵，故将"赤子教育"作为教育理念，引领学校发展，希望全体教师能具有良好的道德品质和行为修养，爱生如子，一心一意做好教育服务；也希望全体学生具有"赤子情怀"，养成良好行为习惯，在生活和学习中，学会感恩，懂得感恩，具有求真向善，勇于担当的品格。

育人理念：赤子之心　屹立于岗。

赤子之心：《孟子·离娄下》说："大人者，不失其赤子之心者也。""赤子之心"即婴儿之心，婴儿之心当然纯洁无瑕，没有丝毫杂念。育人先育心，教育并非简单的知识文化的传递，而应注重唤醒心灵之美，思想之美，如赤子一般，纯洁又善良，也应当具有赤子的情怀、感恩的心灵和担当的勇气。

屹立于岗：屹立，释义为高耸挺立，就像山峰一样高耸而稳固地挺立着，后用来比喻人的意志十分坚定无法动摇。"岗"指的是一种岗位，也代表赤岗社区的区域地理位置，"屹立于岗"是希望全校的教师具有坚强的意志力，脚踏实地，持之以恒，坚守自己的岗位，无私奉献；也希望全体学生具有坚强的精神，为目标奋斗，走出自己精彩的人生，做对国家对家乡有贡献的人。

3. 发展目标

办学目标：三园三习惯。

"三园"，指的是学生快乐成长的乐园，家长放心满意的学园，教师幸福工作的家园。

"三习惯"，指的是养成讲文明的习惯，养成乐阅读的习惯，养成爱运动的习惯。

育人目标：将全校学生培养成正直向善、勇于担当、乐学健美的赤岗少年。

（二）"赤子教育"品牌学校建设实践探索的路径

学校品牌的建设是学校面对竞争环境必须采取的发展战略，在特色品牌学校创建的过程中，其关键在于校园文化的建设，以优质文化作引领，学校才能更好地发展。学校在找准定位、明确思路、构建框架以及做好细致规划的基础上，从理念文化、校园视觉标识、"三习惯教育"、"赤子"课程群等方面进行探索，努力创建"赤子教育"品牌，走出一条具有学校特色的品牌文化建设之路。

1. 完善以"赤子教育"为核心的理念品牌

学校确定以"赤子教育"为教育理念、以"感恩文化"为教育文化的理念系统，以

"赤子教育"为核心，加强对"赤子教育"文化内涵的探索和解读，多个角度深挖"赤子"的文化价值，将"赤子"的教育内涵快速落实，并加大对"赤子"文化在学校、社区的推广，进一步落实以"赤子"为引领的特色发展之路，逐步塑造赤岗小学"学校精神"，进而形成一种精神价值品牌。

2. 提升学校视觉识别形象品牌标识

学校根据对"赤子"文化和"感恩"文化的理解和认识，结合办学宗旨——德育为首，教学为主，和谐育人，全面发展，以"赤之神，赤之思，赤之行，赤之礼，赤之恩，赤之励"六部分为主题进行设计，应用在教学楼主体墙、校园橱窗、校园景观、运动形象及楼道文化等，采用统一的色彩搭配，视觉元素，注重整体的布局和细节的渲染，使校园每一面墙、每一个角落都能与人对话，熏陶和感染师生，达到润物无声的效果。

3. 提升学校"三习惯"办学特色品牌

围绕"养成三习惯"特色教育，学校开展习惯养成的系列活动，并明确将"三习惯"教育作为学校的特色品牌之一。从三个方面加强对"三习惯"教育的推进和特色打造。

一是规范活动开展，做好评价措施。对现有的活动形式、内容进行完善升级，包括活动开展的时间、内容、规模、参与对象以及多元化的评价机制，将活动的开展规范化、标准化、稳定化、可评化，形成完整的实施过程。

二是落实"三习惯"教育校本课程的建设工作。以低、中、高年级为单位，以认识体验、探究学习、实践创作的主线，构建起以文明、阅读、运动为中心的系统化的"赤子德育""赤子悦读""山岗体育"系列校本课程，以课程带动质量，提高教师教学质量与专业水平，提升学生学习的主体性，促进习惯的养成。

三是积极联动优秀资源，形成合力。通过制定规范的校外学习机制，以校外有效资源为单位，鼓励学生以学习组为形式，参与校外研学实践活动，开阔视野，增加社会参与感。同时，完善校园活动推广工作，通过赤小公众号、视频号等做好相关的文化宣传工作，树立"三习惯"养成教育品牌意识，提高社会认知度和认可度。

4. 提升社团课程育人的特色品牌

在社团课程开展基础上，结合学校办学特色、师资力量、学生兴趣、课程质量和效果的实际情况，以"追求精品，打造特色，形成普及"的课程思路，巩固现有基础，寻求新突破，丰富新内涵，认真打磨精品、特色课程，积极推广普及课程，逐步构建起精品引领、特色丰富、普及发展的社团课程体系，实现社团育人教育模式，促进学生的个性化能力发展。

制度规范，创新管理，才能较好地促进社团课程的开展。因此，完善社团课程的实施模式与评价机制尤为重要，其中包括社团课程开课调研、课程开发与遴选、课程实施目标与评价、课程管理模式、社团选课方式和途径、社团开展质量监查以及课程成果展示和反馈等。只有不断完善、优化社团课程的实施模式，才能让社团课程有据可依，有材可施，有评可测以及有果可展，最终以完善的实施模式，为社团课程的开展提供强而有力的保障，也为社团课程的效果与质量提供保证（具体实施过程如图 1 所示）。

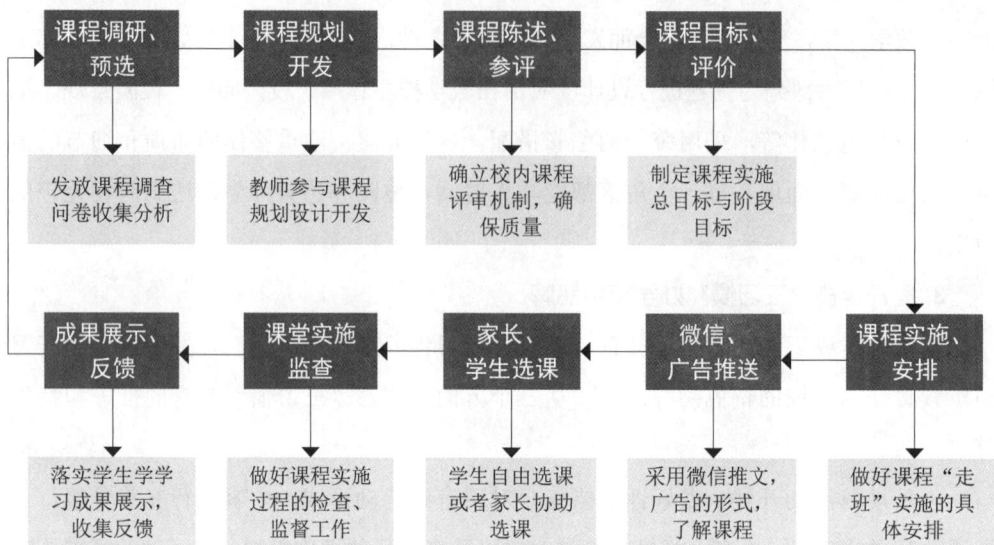

图 1　社团课程开展情况

5. 实施"六个一"工程，提升学生综合素养能力

让学生在有限的学校学习过程中，除了掌握有限而必要的知识之外，更重要的是养成良好的品德以及提升个人的综合素养能力，从而为走上社会、立足社会、服务社会打下坚实的基础。因此，学校大力推行"六个一"工程——人人都有一颗学会感恩之心，人人都有一项体育艺术专长，人人都会讲一口流利的英语，人人都有一本喜爱的书籍，人人都能写一手好字好文章，人人参与一项科学探究活动。从丰富校园活动的开展、社团课程的实施以及加强校本课程的研发三个方面，为学校"六个一工程"提供坚实的保障。

6. 开展"赤小良师"发展工程，提升教师专业素质能力

一是制定赤岗教师五年赋能工作计划。从学校骨干教师到镇学科带头人、镇优秀教师，再到市级学科带头人和市级名师，做好有步骤、有层次以及有进阶的教师价值转型三年攻坚战，做好五年工作赋能计划，促使教师在课程开发、创新评价、课堂变革以及能力培养等方面不断突破，焕发出新的生机，体现新时代教师的价值。

二是构建教师发展、成长平台。针对新教师，采取"同伴互助""师徒结对""做

课磨课"以及"骨干引领"的形式，提升新教师的教学设计能力、教学实施能力以及教学操作技能；针对班主任与学科教师，采取"专业培训""演讲试听""知识比拼"以及"主题沙龙"的形式，提高教师班级管理和课堂教学能力；针对骨干教师，采取"拜师学艺""参与名师工作室"等形式，提升其素养能力，引领学校师资队伍发展。

三是大力开展校本教研活动建设。健全校本教研的制度，包括教育科研工作评审奖励制度、校内教研活动工作机制以及外出参加学习的报告制度，保障教育科研的有效开展。积极鼓励教师参与镇级、市级的公开课、展示课、赛课活动，以教研组为单位，发挥集体智慧，采用"三个一"（说课、上课、评课）赛课的方式，培养更多的教学骨干；同时，通过"走出去，请进来"的方式，鼓励教师主动参与名师工作室学习、外出交流学习，为教师提供更好的学习机会。利用集团化办学契机，发挥集团校骨干教师的中坚力量，采用"师徒结对""骨干引领"的方式，促进学校教师整体科研能力的发展。

四是合理利用集团化办学的优势。发挥虎门镇中心小学集团校引领的作用，做好结对帮扶"每月一课""送课到校"等活动；定期邀请集团校的学科名师、各学科带头人和教学能手入校开展听课、评课工作，并针对新教师关于教学设计、班级管理、学法指导等内容，每学期开展多次有针对性的培训活动。与集团校建立师资"互送"机制，由集团总校定期委派优秀教师来学校进行教学工作，引领本校教师发展，也安排本校教师前往集团校参与学习，为新教师成长提供平台。积极与集团校开展"主题沙龙""做课磨课"以及"演讲比拼"的活动，通过定期的、稳定的互动，不断提升学校教师的专业技能。

7. 开展丰富的家校共育活动

一是成立"红马夹"家长义工组织，设立日常性的"护学岗"和活动性的"服务岗"，让家长参与每天的护学活动，并在学校开展重大活动时（如书香艺术节、科技体育节），协助参与秩序维持等服务类工作，让家长和孩子一起参与活动的同时，也有效解决了重大活动教师人手不够的问题。

二是开放课堂教学，定期让家长走进课堂，了解学生的学习状态，零距离接触课堂教学，评价"学"和"教"的效果；开放校园活动，让家长走进学校，观摩或参加各级各类学生活动，参与班级的日常管理，邀请家长从方法指导、过程参与、结果评价等方面介入，参与班级文化的建设。

三是逐渐优化家长培训制度。大力开展家庭教育指导，采用讲座式、座谈式、论坛式、分享式等方式聘请当地知名人士、优秀家长、优秀义工等走上家庭教育讲台，每年级全学期面授课 1—2 次，原则上以年级为单位组织进行。定期召开家长、教师研讨会，围绕社工家长学校工作计划提及的主题，积极组织优秀家长教师，对家长进行全面的指导培训，让家长教育孩子的方式更科学，更有效。

四是发挥家庭、社区、企业资源整合作用。设置家庭岗位，学做称职的家庭小主人。引导家长明确孩子也是家庭的成员，也要学做家务，通过家庭服务岗的设立，促使学生学做力所能及的家务，引导孩子更好地为家庭生活服务，从而促进学生良好习惯的养成和生活能力的提高。成立"赤小小义工"组织，根据活动的时效和内容，分别设立日常性的爱心岗、学习岗以及与学科学习结合的体验岗等社区实践岗位，组织小义工们开展工作，培养学生的社区服务意识和感恩意识。

8. 创新管理行动，健全管理制度

围绕着"科学化、规范化、精细化、人文化"的管理理念，打造出适合发展的一体化管理体系，为学校各项工作提供保障。

一是实施民主与集中相结合的管理制度。实施校长负责制，依法依规构建科学民主的决策、执行、民主管理与监督机制，成立"校长办公会"作为决策中心。依托学校工会、教职工代表大会、家校共育会、教导处、级部、教研组、学校少先队等组织机构，充分调动教师、家长、学生参与学校管理的积极性，主动参与学校管理工作，为学校管理提供决策咨询与评议。实施校务公开制度，对学校的重大事项，教职工与群众关注的焦点、热点、难点问题及时公开。实施民主评议领导干部制度，主要按干部德、能、勤、绩四个方面，通过召开座谈会或个别听取意见，或召开年度述职会议等形式，接受教职工评议。

二是加强领导班子思想业务双建设。加强新时期党的各项教育政策、社会主义核心价值观、党的优良作风等教育工作；加强传统文化、红色文化与"赤子文化"的有机融合，弘扬传统文化、革命文化，丰富学校育人内涵文化，树立以中华优秀传统文化和红色革命文化为引领，以"赤子"文化精神为动力的思想体系。定期检查行政骨干教师的教学情况、科研情况和学生的学习情况，定期了解学校领导班子对部门工作的指导和引领效果，善于倾听家长、教师的综合反馈意见，加强对领导班子业务能力考核标准。

三是建立健全规章制度与激励制度。制定合理可行的学期考评制度。在现有考评基础上，不断深化完善，逐渐加强学校对各处室、各年级组、各教研组的考评督查力度，通过有效的督查、考评、评估、协调、奖惩的措施，力争实现管理规范化。健全教师职务晋升、岗位升级制度。全面实施"教师发展性评价＋激励性评价"相互整合的策略，通过发展性评价促进教师专业发展，激发教师的发展需求，在实施发展性教师评价的同时，吸收激励性评价的积极因素，使得常规制度由集体化向个体化转化，促进常规管理的内向化和习惯化，为学校创新改革的年轻教师，搭建公正公平公开的平台。

四是推进学校管理数字化、智能化。构建"互联网＋"管理平台，研究和推进基于数据的学校治理，探索实施全面、公开、透明的学校信息系统，不断完善统计数据与调

查数据、过程数据与结果数据、线上数据与线下数据等多维数据的统一标准，建立完善的教师专业发展数据系统和学生成长数据系统，实现多维数据系统的耦合，全面反映学校发展的历史进程与现状，预测学校未来的发展趋势。

（四）"赤子教育"品牌学校建设实践探索初步成果

（一）丰富校园文化，探索品牌文化建设之路，形成赤岗品牌

学校以"赤子教育"为教育理念，以制度文化为保障，以物质文化为载体，以精神文化为根本，着力丰富校园文化，全面提升学校品牌，对多个文化进行分析规划，统筹整合，建立起统一、完整、有逻辑、有表达、有内涵以及有高度的赤岗文化。到2022年底，围绕"赤子之心 屹立于岗"的育人理念，已形成"赤子悦读""赤子德育"等两个在虎门镇有一定影响力和知名度的文化特色品牌项目。

（二）提高学生学习基础和品质，落实素质教育，提高综合素养

围绕着"质量有保证，体艺均见长"的办学愿景，以"三习惯"培养为途径，注重学生的基础和主动的学习态度的培养，重视学生的德育发展和综合素养的发展，以积极的理念、科学的方式、合理的平台、有效的载体，构建起系统的育人机制，并探索有效的课堂教学方法和教学质量测控模式，提高学生的学习基础和综合素养能力。到2022年底，学生的学习方式逐渐发生转变，灵活多样，个性化、兴趣化发展不断得到满足，综合素质发展不断提高，在各类镇级、市级比赛中大放异彩，成绩斐然。学生学业成绩和品质逐渐提升到虎门同类学校的中上水平，为下一阶段的学习打下扎实的基础。

（三）建设一支师德高尚、理念先进、业务精湛、善于合作的新时代教师队伍

学校认真落实中共中央、国务院《关于全面深化新时代教师队伍建设改革的意见》对新时代教师发展的能力与素养要求，加强与集团总校联动，落实赤岗教师人文关怀建设，完善教师成长机制与评价机制，提高教师队伍的专业素养能力，健全师德师风建设长效机制以及增强教师对信息科技变革的适应能力，促进教师稳健成长，努力培养出一批"四力"（即教学能力、科研能力、课程研发能力、信息技术能力）突出的教师，引

领学校发展。

到 2022 年底，学校教师队伍增加到 48 人，80% 的教师有着丰富的教学经验和较强的管理能力，教育科研课题与课程开发教师参与率达到 40% 以上；85% 的教师都能参与并较好完成镇级公开课，获得上级部门、同类学校的认可；同时，努力提高师资队伍实力，目前有市学科带头人及教学能手 5 人，镇级学科带头人 4 人，镇级优秀教师10 人。

（四）完善社团课程建设，构建"赤子教育"品牌课程体系

基于学校现有的课程，逐渐完善社团、德育课程的建设，以感恩文化为引领，构建系统化、全面的"赤子教育"课程体系，实现国家课程校本化、地方课程特色化、社团课程专业化以及活动课程多样化的"四化"实施模式。将课程与学校理念结合，与文化融合，突出课程的独特性、多样性、差异性、创新性和可选择性，满足学生的个性化需求，提升学生的综合素养能力。

到 2023 年底，已初步构建起系统、全面的"赤子教育"课程体系框架，特色校本课程 5 门；社团课程 36 门，其中精品社团课程 6 门，特色社团课程 5 门，普及社团课程 25 门；综合活动课程多姿多彩，内容丰富。

（五）有效联动社区，深化家校合作，形成和谐高效的育人整体

家庭、社区是学校教育的重要支持力量，是建设一所人民满意的学校的关键，也是推进"赤子教育"不可缺少的教育资源。到 2022 年底，学校与家长建立长期互动的关系，家长参与学校教育相关活动达 80% 以上，并对学校办学满意度达 90% 以上。学校有效利用社区优秀资源，建立完善的社区协同联动机制。

（六）建立一支以人为本的"四化四实施"的创新型管理队伍

学校推行"四化四实施"管理模式，即实施思想统一化管理、实施制度激励化管理、实施教师专长化管理以及实施学生个人化管理，促进学校各部门的管理科学化、规范化、精细化、人文化，从而形成一套完整的、有效的、适合学校特点的管理体系。到2022 年底，学校管理制度完善，各项工作有序开展；社区群众对学校领导班子的满意率达到 90% 以上，教师对学校管理满意度达到 95% 以上，且幸福感持续提升；学校成为东莞市、广东省依法治校示范校。

综上所述，经过近几年的探索，虎门镇赤岗小学无论是硬件还是软件，常规还是文化，都取得了良好的成绩。学校切实增强打造高质量教育的使命感和责任感，推进内涵攻坚与品牌引领，打造高品质多元化"品质课堂群"，提升办学境界。

征途漫漫，唯有奋斗。学校将全力贯彻上级提出的"打造高质量教育"的精神与要求，聚焦打造高品质教育的目标任务，全力以赴，在教育的百花园里，勤育桃李，让虎门镇赤岗小学"赤子教育"品牌建设更上一层楼。

后记

山间穿行，一路有你

从城市到乡村，不同的学校，有着不同的校情，不同的办学风格，广东省阮美好名校长工作室《品牌学校建设的多维度探索与实践》成果于2023年9月完成，由工作室主持人阮美好校长及其入室校长共同撰写，如何建设品牌学校成为一项重要的研究课题，成果以案例形式真实而全面地呈现教育思想引领品牌学校建设过程的成果，凝聚团队智慧与力量，有很强的参考意义。

本成果研究历时多年，以行动研究的方式切实解决学校内涵式发展问题。工作室围绕"品牌学校建设路径"这一主题组织了不少于20次专题研修活动，如：2022年3月的读书活动，主持人阮美好校长引领我们阅读《哲学导论》《教育哲学》《校本管理》《为了自由呼吸的教育》《变革学校》《为一所理想学校而来》《未来学校》等书，分享她的读书心得，为我们打开了哲学视野；2022年4月的"家校社协同育人"让我们对家校协同工作有了深刻的认识；2023年4月的"纵深推进依法治校，提升中层干部行政能力"让我们大开眼界，明晰学校提升中层干部行政能力的方向与策略；2023年6月的"千里求索 笃行致知 众行致远"北京名校跟岗研修，让我们深入了解作为教育改革前沿——北京的教改深度，收获满满、深受启发……丰富的研修活动涵盖学习现代教育理论、参与办学诊断、研读教育名著、探访名校等，助力学校的品牌内涵发展及培育。其中，我们感受深刻的是主持人阮美好校长理论联系实际，身体力行，走访每一位入室校长学员的学校开展办学诊断。这几年，阮美好名校长工作室团队分批走进学员学校实地考察，听校长汇报办学情况，深入一线课堂听课，观察校园环境，与学员学校班子深度交流学校管理等，全方位把脉学员学校的办学状态；高屋建瓴，给出专业意见，形成"一校一案"的诊断报告，助力学校品牌发展。需要特别说明的是，黄桂芳曾任赤岗小学校长，因此，其推进品牌学校建设的探索与实践成果是基于虎门镇赤岗小学的实际情况而展开的。在主持人阮美好校长的引领下，入室校长的办学水平迅速提升。每一所学员所在学校的发展都浸润着主持人的心血，凝聚着团队同行者的奋斗精神，都是一个个鲜活的办学案例，富有启发性。

一枝独秀不是春，百花齐放春满园。作为教育家型校长，主持人阮美好校长满腔热忱地带领学员们提炼办学成果，拟供同行借鉴，助力东莞加快建设现代化教育城市，助力广东省教育优质均衡发展，办好人民满意的教育。主持人严谨的治学态度，实事求是的工作作风，高瞻远瞩的发展目光，深厚的教育情怀和卓越的教育领导力，确实令人钦佩。由衷感谢主持人阮美好校长在百忙之中抽出时间，夜以继日地为提炼工作室团队的办学成果费心，感谢阮美好校长亲自统稿，认真细致地审校和指导，提高成果质量。由衷感谢广东省中小学校长培训中心对工作室的指导和帮助，感谢龚孝华教授为书稿作序。由衷感谢学员校长在百忙之中抽空奋力撰写，不吝赐稿。

教育是一场美好的修行，独行速，同行方可致远。教育行走是最美的风景。未来的教育，不仅要办好的学校，更要办好的教育。我们期盼继续跟随主持人阮美好校长穿梭在教育的芳草地，穿行在教育的山水中，执着追求教育的理想，点亮自己照亮别人，共同为教育高质量发展贡献智慧和力量，满足人民群众对美好教育的向往。

山间穿行，一路有你……

郭见明

二〇二三年九月二十三日